DROEMER

Über den Autor:
Desmond Shum, geboren 1968, wuchs auf in Shanghai und Hongkong. Nach dem Bachelor in Finanzmanagement an der Universität Wisconsin-Madison startete er durch als Finanzinvestor in Beijing. Heute lebt er mit seinem Sohn in England.

Desmond Shum

CHINESISCHES ROULETTE

Ein Ex-Mitglied der roten Milliardärskaste packt aus

Aus dem Englischen von
Stephan Gebauer

DROEMER

Die englischsprachige Originalausgabe erschien 2021 unter dem Titel
»Red Roulette: An Insider's Story of Wealth, Power,
Corruption and Vengeance in Today's China«
bei Scribner im Verlag Simon & Schuster, Inc., London.

Besuchen Sie uns im Internet:
www.droemer.de

Aus Verantwortung für die Umwelt hat sich die Verlagsgruppe Droemer Knaur zu einer nachhaltigen Buchproduktion verpflichtet.
Der bewusste Umgang mit unseren Ressourcen, der Schutz unseres Klimas und der Natur gehören zu unseren obersten Unternehmenszielen.
Gemeinsam mit unseren Partnern und Lieferanten setzen wir uns für eine klimaneutrale Buchproduktion ein, die den Erwerb von Klimazertifikaten zur Kompensation des CO_2-Ausstoßes einschließt.
Weitere Informationen finden Sie unter: www.klimaneutralerverlag.de

MIX
Papier aus verantwortungsvollen Quellen
FSC® C014496

Aktualisierte Taschenbuchausgabe August 2023
Droemer Verlag

Alle Abbildungen aus dem Archiv des Autors, wenn nicht anders angegeben.
Redaktion: Dr. Caroline Draeger
Covergestaltung: FAVORITBUERO, München
Satz: Adobe InDesign im Verlag
Druck und Bindung: GGP Media GmbH, Pößneck
ISBN 978-3-426-30316-0

2 4 5 3 1

Für Hongkong und Whitney Duan.
Ich wünschte, ich fände die richtigen Worte;
du sollst wissen: Ich mache mir Sorgen.

寧鳴而死，不默而生

Besser die Stimme erheben und sterben,
als schweigen und leben.

Fan Zhongyan (989–1052)

Einleitung

Am 5. September 2017 verschwand die fünfzigjährige Whitney Duan in Beijing. Zum letzten Mal gesehen worden war sie am Vortag in ihrem weitläufigen Büro im Genesis Beijing, einem Gebäudekomplex im Wert von mehr als 2,5 Milliarden Dollar, den sie gemeinsam mit mir gebaut hatte. Dort hatte sich Whitney in einem Arbeitsbereich, den Besucher erst erreichen, nachdem sie eine Reihe von Sicherheitskontrollen passiert und sich in einem Labyrinth aus gepflegten Gärten und zahlreichen Varianten von italienischem Marmor zurechtgefunden haben, Immobilienprojekte im Wert von Milliarden Dollar ausgedacht. Und jetzt war sie plötzlich fort.

Was war geschehen? Und wer ist Whitney Duan?

Whitney Duan war mehr als ein Jahrzehnt lang meine Frau und Geschäftspartnerin. Zum Zeitpunkt ihres Verschwindens waren wir geschieden, aber wir hatten viele Jahre eng zusammengearbeitet, wir waren Vertraute, und gemeinsam hatten wir eine atemberaubende Zeit erlebt. Wir hatten unseren Traum verwirklicht, in China große Dinge für China zu leisten. Wir waren beide aus der Armut aufgestiegen und wurden von der Sehnsucht angetrieben, etwas aus unserem Leben zu machen. Unser Erfolg erfüllte uns mit Ehrfurcht.

Wir hatten am Beijing Capital International Airport eine der größten Logistikdrehscheiben der Welt errichtet. Wir hatten das spektakulärste Hotel- und Geschäftszentrum in der chinesischen Hauptstadt entworfen und gebaut, das sich in erstklassiger Lage unweit des geschäftigen Stadtzentrums erhob. Wir hatten Hunderte Millionen Dollar mit Aktiengeschäften verdient. Wir hatten im Machtzentrum des Landes gearbeitet und gute Beziehungen zu

Ministerpräsidenten, hochrangigen Funktionären der Kommunistischen Partei und ihren Familien geknüpft. Wir hatten aufstrebende Parteikader beraten, die sich anschickten, die Kontrolle über ganz China zu übernehmen. Wir hatten auf soziale und politische Veränderungen gedrängt, um China zu einem besseren Land zu machen. Wir waren überzeugt, dass wir Gutes tun konnten, indem wir unsere Arbeit gut machten. Wir hatten es uns durchgerechnet: Wir hatten ein Nettovermögen von mehreren Milliarden angehäuft.

Und jetzt war Whitney verschwunden. Von meinem Wohnort in England aus kontaktierte ich ihre Haushälterin, die mir erklärte, dass Whitney an jenem Septembertag im Jahr 2017 nicht nach Hause gekommen war und dass sie seitdem nichts von ihr gehört hatte. Es war, als hätte sie sich in Luft aufgelöst.

Ich rief Mitarbeiter des Unternehmens an, das wir gemeinsam gegründet hatten, und erfuhr, dass Whitney nicht die Einzige war, die plötzlich vom Erdboden verschwunden war. Zwei Spitzenmanager ihrer Firma – sowie eine junge Assistentin, die außerdem als Haushälterin aushalf – wurden ebenfalls vermisst. Keine dieser Personen hatte seither ein Lebenszeichen von sich gegeben. Ich war erst Ende Juni aus Beijing abgereist, nachdem ich unseren Sohn bei seiner Mutter abgeliefert hatte, damit er den Sommer mit ihr verbringen konnte.

Ich fragte mich, ob mich vielleicht das gleiche Schicksal ereilt hätte, wenn ich noch ein paar Wochen länger in China geblieben wäre.

In China verschwinden regelmäßig Menschen ohne jede Erklärung. Die Kommunistische Partei hat das absolute Machtmonopol. In der chinesischen Verfassung sind theoretisch bestimmte Grundrechte garantiert, aber die von der Partei eingesetzten Ermittler ignorieren das Gesetz und ziehen nach Belieben missliebige Personen unter fadenscheinigen Vorwänden aus dem Verkehr, um sie für unbegrenzte Zeit festzuhalten. Mittlerweile entführen von der chinesischen Regierung entsandte Einsatzkräfte sogar im

Ausland Journalisten, Geschäftsleute, Buchhändler und Dissidenten, die der KPCh ein Dorn im Auge sind. Von der außerordentlichen Auslieferung von Terrorverdächtigen an die Vereinigten Staaten hat man gehört. Dies hier ist die chinesische Version.

Ich rief Whitneys Eltern an, aber sie wussten ebenfalls nichts. Ich fragte befreundete Parteifunktionäre, die Whitney ihre Position verdankten. Keiner von ihnen war bereit, etwas für sie zu tun. Jeder wollte unbedingt vermeiden, mit Whitney in Verbindung gebracht zu werden. Sie alle fürchteten sich vor der Zentralen Disziplinarkommission der Partei, in deren Händen sich Whitney meiner Meinung nach befand.

Je mehr ich herumfragte, desto klarer wurde mir, dass die Personen, die im System der Partei arbeiten, in ihren Beziehungen unablässig Gewinn- und Verlustrechnungen anstellen. Whitney war überaus nützlich für ihre Freunde gewesen. Sie hatte die Beförderung ungezählter Kader in der Kommunistischen Partei und im Staatsapparat arrangiert. Sie hatte die Karriere dieser Leute gefördert und viele Stunden damit verbracht, gemeinsam mit ihnen Strategien für ihr weiteres Vorankommen zu entwerfen. Doch jetzt, da Whitney in Gefahr war, ließen diese Leute sie fallen wie eine heiße Kartoffel.

Während ich mir den Kopf darüber zerbrach, was ich tun konnte, um meinem Sohn die verlorene Mutter zurückzugeben und die Ex-Frau zu retten, die mein Leben so grundlegend verändert hatte, dachte ich über die unglaublichen Geschehnisse in all den Jahren nach, die uns in diese Situation gebracht hatten.

Zum Zeitpunkt ihres Verschwindens hatte Whitney ein Vermögen angehäuft, das zu Beginn unserer Beziehung unvorstellbar für uns gewesen wäre.

Diese unglaublich talentierte Frau setzte sich in einer patriarchalischen Gesellschaft durch, bewegte sich mit unvergleichlichem Geschick in der an ein Spielcasino erinnernden politischen Umgebung des »neuen China« und nutzte ihr Bündnis mit der Familie eines mächtigen Mannes für einen fast unvorstellbaren Erfolg. Bis es eines Tages vorbei war. Sie verstand, wie China wirklich funktionierte – bis sie es von einem Tag auf den anderen nicht mehr verstand.

Ich war ihr Geschäftspartner und Ehemann. Wir erklommen die Gipfel gemeinsam. Dies ist meine Geschichte, und es ist ihre Geschichte.

1

Nichts an meiner Herkunft deutete darauf hin, dass ich mich eines Tages im wirtschaftlichen und politischen Machtzentrum Chinas wiederfinden würde. Ich wurde nicht in den roten Adel hineingeboren, also in die Gruppe der Nachkommen der elitären kommunistischen Führer, die im Jahr 1949 die Macht in China errungen hatten. Ich war weit davon entfernt, dieser Elite anzugehören. Und meine Persönlichkeit machte mich ebenfalls nicht zu einem geeigneten Kandidaten für eine Machtposition.

Ich wurde im November 1968 in Shanghai in eine Familie hineingeboren, die gespalten war. Da gab es die einen, die nach der chinesischen Machtergreifung verfolgt worden waren, und andere, denen dieses Schicksal erspart geblieben war. Nach kommunistischer Doktrin gehörte mein Vater einer der »fünf schwarzen Kategorien« an. Diese Kategorien waren »Grundbesitzer«, »reicher Bauer«, »Konterrevolutionär«, »schlechtes Element« und »rechtes Element«. Bis zur Revolution von 1949 waren meine Vorfahren Grundbesitzer. Sie waren doppelt belastet, wenn man das Verbrechen hinzuzählt, dass sie Verwandte im Ausland hatten. An jedem anderen Ort der Welt wäre dies ein Vorzug gewesen, aber im China der Fünfziger- und Sechzigerjahre bedeuteten wirtschaftlicher Erfolg und noch dazu internationale Verbindungen, dass man von den Kommunisten als »geborenen Ratte« geschmäht wurde. Die Geringschätzung, die unsere Familie in den Augen der Regierung verdiente, hinderte meinen Vater daran, eine gute Schule zu besuchen. Er hegte sein Leben lang einen tiefen Groll gegen die Welt.

Die Familie meines Vaters besaß Grundstücke in Suzhou, einer Kleinstadt im Mündungsdelta des Yangzi, die wegen ihrer malerischen Gärten und Kanäle auch als »chinesisches Venedig« bezeichnet wird. In unserer Familie erzählte man sich, dass der Shum-Clan im Jahr 1949, als sich die Kommunisten im Bürgerkrieg mit der von Chiang Kai-shek geführten Guomintang durchsetzen konnten, alle Wertgegenstände auf dem Anwesen der Familie vergraben hatte. Auf diesem Grundstück, das von der kommunistischen Regierung konfisziert wurde, steht heute ein staatliches Krankenhaus. Vor einigen Jahren beschrieb mir ein älterer Verwandter genau, wo die Wertgegenstände der Familie vergraben liegen, und versuchte, mich dazu zu bewegen, den Schatz auszugraben. Doch da der chinesische Staat alles, was unter der Erde ist, als sein Eigentum betrachtet, schien mir dieses Vorhaben wenig verlockend.

Mein Großvater väterlicherseits war vor der Revolution ein angesehener Rechtsanwalt in Shanghai gewesen. Als die Kommunisten das Land in einen immer engeren Würgegriff nahmen, hätte er wie viele andere wohlhabende Chinesen fliehen können, aber er konnte sich nicht mit der Aussicht anfreunden, sich in einen verarmten Flüchtling zu verwandeln. In seinen Augen konnte sich Hongkong, der bevorzugte Bestimmungsort für Auswanderer aus Shanghai, nicht mit seiner Heimatstadt messen, die damals als das »Paris des Ostens« galt. Er glaubte dem Versprechen der Kommunisten, sie würden gemeinsam mit den Kapitalisten das »neue China« errichten, und entschloss sich zu bleiben.

Mein Vater verzieh meinem Großvater diese schicksalhafte Entscheidung nie und machte das naive Vertrauen seines Vaters in die Kommunistische Partei dafür verantwortlich, dass ihm seine Jugend gestohlen wurde. Im Jahr 1952 schlossen die Behörden die Anwaltskanzlei meines Großvaters und vertrieben die ganze Familie, darunter meinen Vater, seine zwei Brüder und seine Schwester, aus ihrem dreistöckigen Reihenhaus in Shanghai, das mein Großvater vor der Revolution mit Goldbarren gekauft hatte. Daraufhin kehrte er mit der gesamten Familie nach Suzhou zurück. Nur mein Vater, der zu diesem Zeitpunkt zehn Jahre alt war, blieb in Shanghai, um die Schule abzuschließen.

Es war eine schwere Zeit für ihn. Er kam bei wechselnden Verwandten unter und war, wenn es ums Essen und einen Platz zum Schlafen ging, auf deren Gnade angewiesen. Oft ging er mit leerem Magen zu Bett. Ein Onkel, der vor der kommunistischen Machtergreifung ein erfolgreicher Geschäftsmann gewesen war, behandelte ihn sehr gütig, obwohl die Revolution ihm übel mitgespielt hatte. Die neue Regierung beschlagnahmte sein Unternehmen und degradierte ihn zum Rikschafahrer in einer der Fabriken, die sein Eigentum gewesen waren. Die Kommunisten verstanden sich meisterhaft auf derartige Strafmaßnahmen, die dazu dienten, den kostbarsten Besitz eines Mannes zu zerstören: seine Würde und Selbstachtung.

Als Spross einer kapitalistischen Juristenfamilie in einem kommunistischen Land lernte mein Vater, sich unauffällig zu verhalten. Auf sich allein gestellt zu sein, machte ihn widerstandsfähig und lehrte ihn, sich unter widrigen Bedingungen zu behaupten. Aber seine Notlage vertiefte nur seinen Groll gegenüber seinem Vater, der sich die Chance hatte entgehen lassen, mit seiner Familie aus China zu fliehen.

Die Erfahrung, allein und hungrig in Shanghai aufzuwachsen, weckte bei meinem Vater eine tiefe Angst vor engen Beziehungen zu den Menschen in seiner Umgebung. Er hasste es, jemandem etwas schuldig zu sein, und verließ sich nur auf sich selbst – eine Haltung, die auch ich mir aneignen sollte.

Noch heute fühle ich mich nicht wohl, wenn ich jemandem etwas schulde. Erst als ich die Frau kennenlernte, die meine Ehefrau werden sollte, lernte ich, wie sehr man sich auf diese Art isolieren kann. Wenn du im Gezeitenwechsel des Lebens nie jemandem verpflichtet bist, erklärte mir Whitney, wird dir ebenfalls nie jemand verpflichtet sein, und es wird dir nie gelingen, tiefer gehende Beziehungen zu knüpfen.

Ich lebte jahrelang in Furcht vor meinem Vater, aber mittlerweile habe ich verstanden, dass er ein einsamer Mensch war, der allein gegen die Welt kämpfte.

Aufgrund seines für die Partei inakzeptablen Klassenhintergrundes konnte mein Vater keine der besseren Hochschulen besuchen. Stattdessen wurde er einer pädagogischen Hochschule in Shanghai zugewiesen, wo er zum Chinesischlehrer ausgebildet wurde. Mit mehr als 1,80 Metern war er für einen Mann seiner Generation sehr groß und wurde zum Star der Volleyballmannschaft seiner Hochschule. Sein ungeheurer Fleiß und seine Sportlichkeit weckten vermutlich die Aufmerksamkeit meiner Mutter. Die beiden lernten sich im Jahr 1962 an der pädagogischen Hochschule kennen. Meine Mutter war ebenfalls attraktiv, mit gut 1,75 Metern sehr groß für eine Chinesin und ebenfalls eine Sportlerin – sie war Leichtathletin. Obwohl sie die tristen Mao-Uniformen trugen und ihre Gesichter auf den briefmarkengroßen Schwarz-Weiß-Fotos jener Zeit völlig ausdruckslos sind, waren die beiden ein gut aussehendes Paar.

Die Familie meiner Mutter hatte ebenfalls Verwandtschaft im Ausland, entging jedoch der Verfolgung. Mein Großvater mütterlicherseits stammte aus der Provinz Guangdong unweit von Hongkong. Wie viele chinesische Großfamilien aus dem Süden hatte auch die meiner Mutter Verwandte in aller Welt. Sieben Brüder und Schwestern meines Großvaters waren nach Indonesien, Hongkong und in die Vereinigten Staaten ausgewandert. Vor der kommunistischen Machtergreifung im Jahr 1949 hatte der Vater meiner Mutter Firmen in Hongkong und Shanghai geleitet. Ende der Vierzigerjahre vertrat er die Eigentümer in Verhandlungen mit einem Arbeitnehmervertreter namens Jiang Zemin aus der Zahnpastafabrik Shanghai. Jiang sollte im Jahr 1989 zum Vorsitzenden der KPCh aufsteigen und wurde 1993 Staatspräsident. Als die Kommunisten 1949 Shanghai einnahmen, zog die Familie meiner Mutter nach Hongkong um, aber nach einem Zerwürfnis mit meinem Großvater kehrte meine Großmutter mit den drei Kindern nach Shanghai zurück. Das Paar ließ sich jedoch nie scheiden, und mein Großvater unterstützte meine Großmutter bis zu seinem Tod mit Geldsendungen.

Die Familie meiner Mutter litt nicht unter der kommunistischen Herrschaft. Nach der Revolution von 1949 nutzte die Kommunistische Partei Familien wie die ihre als Einnahmequellen, da die Verwandten aus dem Ausland Devisen schickten. Das half China, im Kalten Krieg das von den Vereinigten Staaten verhängte Handelsembargo zu überstehen. Die Partei bezeichnete die Verwandten, die aus dem Ausland Geld überwiesen, als »patriotische Auslandschinesen«, womit dem Apparat signalisiert wurde, die in China zurückgebliebenen Familien nicht zu drangsalieren. Schließlich boten die Kommunisten meinem Großvater an, die Leitung der Hongkonger Niederlassung des staatlichen Erdölkonzerns China National Petroleum Corporation zu übernehmen.

Meine Großmutter mütterlicherseits war eine ungewöhnliche Persönlichkeit. Als junge Frau war sie eine Schönheit. Sie stammte aus einer wohlhabenden Familie in der Küstenstadt Tianjin, die vor der kommunistischen Machtergreifung das Geschäfts- und Handelszentrum Nordchinas war. Sie lebte in einem Reihenhaus in Shanghai, das die Familie behalten durfte. Jeden Tag stand sie um vier Uhr morgens auf, um Gymnastik in einem nahe gelegenen Park zu machen. Anschließend kaufte sie sich zum Frühstück eine Tasse Sojamilch und ein *youtiao*, einen in Öl ausgebackenen Teigkringel, und zog sich ins Haus zurück, wo sie rauchte (was zu jener Zeit kaum eine chinesische Frau tat) und Patiencen legte. Sie lebte von den Geldsendungen meines Großvaters aus Hongkong und arbeitete nicht einen einzigen Tag ihres Lebens. Selbst in den finstersten Momenten der Kulturrevolution, als Tausende im Westen ausgebildete Menschen ermordet wurden, nur weil sie mit westlichen Vorstellungen von Wissenschaft, Demokratie und Freiheit sympathisierten, hatte meine Großmutter Hausbedienstete. Dank ihrer Verbindung zu einem »patriotischen Auslandschinesen« blieb sie unbehelligt.

Bis ins hohe Alter blieb sie gesellig und hatte einen großen Bekanntenkreis. Ich liebte es, sie an Wochenenden in ihrem Haus zu besuchen. Sie mahlte Sesamkörner zu einer schmackhaften Paste und setzte mir gedämpfte *baozi* vor, mit Fleisch und Gemüse gefüllte faustgroße Teigtaschen, die eine Spezialität ihrer Heimatstadt Tianjin waren.

Meine Mutter hatte eine sehr viel glücklichere Kindheit als mein Vater. Sie hatte das zugängliche Wesen ihrer Mutter geerbt, war bei ihren Schulkameraden beliebt und hatte eine heitere Lebenseinstellung. Meine Eltern waren gegensätzliche Charaktere, was sich vor allem zeigte, wenn es darum ging, ein Risiko einzugehen: Meine Mutter ließ sich mit Freuden auf Wagnisse ein, während mein Vater ihnen aus dem Weg ging. Meine Mutter nutzte später ihr verblüffendes Gespür für Investitionsmöglichkeiten, was es meinen Eltern erlaubte, vom Immobilienboom in Hongkong und Shanghai zu profitieren.

Im Jahr 1965 heirateten meine Eltern mit Erlaubnis der Partei. Die Parteibürokratie wies den beiden Posten als Lehrer in verschiedenen Sekundarschulen zu. So funktionierte das damals: Die Partei kontrollierte einfach jeden Aspekt des Lebens. Man konnte sich weder den Arbeitsplatz noch den Hochzeitstag selbst aussuchen. Mein Vater unterrichtete Chinesisch und Englisch an der Xiangming-Sekundarschule in Shanghai; Englisch hatte er aus dem Radio gelernt. Er trainierte die Mädchenvolleyballmannschaft der Schule, die regelmäßig um die Stadtmeisterschaft von Shanghai kämpfte. Seine jahrelange gewissenhafte Vorbereitung machte sich schließlich bezahlt, als ihm das Parteikomitee der Schule den Ehrentitel »Modelllehrer« verlieh.

Die Schule, an der meine Mutter unterrichtete, war mit dem Fahrrad eine Stunde von unserem Haus entfernt. Sie war Mathematiklehrerin und bei ihren Schülern sehr beliebt. Neben ihrer Gewissenhaftigkeit zeichnete sie aus, dass sie in der Lage war, die Dinge auch mit den Augen eines anderen zu betrachten. Vater hingegen war ein Mensch, der die Dinge entweder auf seine Art oder gar nicht machte. Meine Mutter war flexibler. Diese Eigenschaft kam ihr im Mathematikunterricht sehr zugute, vor allem in einer chinesischen Sekundarschule, wo der Lehrplan sehr anspruchsvoll ist. Da sie imstande war, sich in ihre Schützlinge hineinzuversetzen, konnte sie ihnen leichter einen Weg zur Lösung des Problems aufzeigen. Sie machte ihren mäßigenden Einfluss geltend, als die Schule von politischen Kampagnen erfasst wurde und Schüler und Lehrer übereinander herfielen und einander Verstöße gegen das ideologische Dogma unterstellten. Wenn in den »Kritikversammlungen« ein Schüler in die Ecke getrieben wurde, schritt meine Mutter ein und beendete die Konfrontation, bevor sie zu gehässig wurde. Sie war die einzige Lehrerin an der Schule, die das wagte. Ihr Status als Tochter eines »patriotischen Auslandschinesen« gewährte ihr einen gewissen Schutz, was es ihr erlaubte, bedrängten Schülern zur Seite zu stehen. Es war, als werfe sie einem Ertrinkenden ein Seil zu und ziehe ihn an Land. Die Schüler vergaßen nie, was meine Mutter für sie tat. Sie halten noch heute Ehemaligentreffen ab, bei denen sie sich an diese Erlebnisse erinnern.

Meine Mutter war das zweite von drei Kindern. Sie hatte zwei Brüder. Nach der Heirat meiner Eltern machten sich meine Onkel über ihre Schwester lustig, weil sie sich einen Mann ausgesucht hatte, der einer der minderwertigen »fünf schwarzen Kategorien« angehörte. Sie ließen meinen Vater bei jeder Gelegenheit spüren, dass sie einen höheren Status genossen und mehr Geld besaßen, obwohl sie dieses Geld nur der monatlichen Sendung meines Großvaters aus Hongkong verdankten. Einer meiner Onkel kaufte sich von diesem Geld das erste Motorrad in der Nachbarschaft und rieb meinem Vater den neuen Besitz unter die Nase.

Ich wurde in der Kulturrevolution geboren. Die Partei schickte meine Eltern aufs Land, damit sie von den Bauern lernten. Dieses vom Vorsitzenden Mao erfundene Programm zerstörte Millionen Menschenleben und stürzte die chinesische Wirtschaft in eine tiefe Krise. Anders als Hunderttausende Einwohner Shanghais, die in abgelegene arme Regionen verbannt wurden, hatten meine Eltern und ich das Glück, nie die Aufenthaltsgenehmigung für die Stadt zu verlieren. So konnten meine Eltern abwechselnd unter den chinesischen Bauern leben, weshalb ich nie allein war.

Ich war ein kräftiges Baby und wuchs schnell, weshalb ich meinem chinesischen Namen alle Ehre machte, denn Dong bedeutet in dieser Schreibung »Säule«. Aufgrund meiner Größe – ich bin gut 1,90 Meter groß – und meiner Sportlichkeit fiel mir unter Gleichaltrigen häufig die Führung zu. Meine Eltern förderten meine Liebe zum Lesen. Von klein auf gaben sie mir Comics über die Figuren der chinesischen Mythologie, die Helden der kommunistischen Revolution und des Befreiungskriegs gegen Japan zu lesen, daran erinnere ich mich noch gut. Ich wuchs mit den Geschichten über Xiao Gazi auf, ein Kind, das im Zweiten Weltkrieg zur Waffe greift und japanische Invasoren tötet. Diesen Patriotismus verinnerlichte ich – und ich liebte das Erzählen. Meine Spielkameraden versammelten sich um mich, damit ich ihnen die Geschichten erzählte, die ich las und die ich durch selbst erfundene ergänzte. Ich erinnere mich noch an ein verrücktes Abenteuer über eine Höhle, die sich auftat und die Fahrzeugkolonne eines chinesischen Generals verschlang.

Die Comics, in denen es von Helden wimmelte, die sich opferten, um das Vaterland und die kommunistische Revolution zu verteidigen, weckten in mir eine tiefe Liebe zu China. Sie gaben die Richtung für mein späteres Leben vor und nährten bei mir die Überzeugung, dass ich mich ebenfalls in den Dienst des Aufbaus meines Landes stellen musste. Mir wurde beigebracht, China als großartiges Land zu betrachten und an seine Versprechen zu glauben.

In Shanghai lebten wir in dem Haus, das die Kommunisten im Jahr 1952 meinem Großvater väterlicherseits weggenommen hatten. Es war ein Reihenhaus im englischen Stil in einer Seitenstraße des Huaihai-Boulevards, einer wichtigen Verkehrsader in der ehemaligen Französischen Konzession, einem begrünten Viertel, das vor der Revolution von 1949 Teil des französischen Kolonialreichs gewesen und von den Franzosen verwaltet worden war. Die Kommunisten wiesen den früheren Hauseigentümern oft einen kleinen Winkel ihres alten Heims zu, um die gewaltige Macht des Staates zu demonstrieren. Uns wurden zwei Zimmer im ersten Stock zugeteilt. In das alte Wohnzimmer meines Großvaters im Erdgeschoss zog ein Arzt mit seiner Familie ein. Er hatte vor der Revolution in England studiert, und in seiner Wohnung türmten sich ausländische medizinische Fachzeitschriften. Über uns im zweiten Stock wohnten entfernte Verwandte. Wir insgesamt zehn Bewohner teilten uns ein Bad und eine Küche. Um die Ecke befand sich eine der besten Bäckereien Shanghais, und den ganzen Tag hing der verlockende Duft frisch gebackenen Brots über der Straße.

Meine Eltern schliefen in einem Doppelbett in einem Winkel des Zimmers. Mein Bett stand in einer anderen Ecke. Die Betten waren durch eine Kommode voneinander getrennt. Neben meinem Schlafplatz stand ein kleiner Tisch und darauf unser kostbarster Besitz, ein Radio. Mein Vater saß stundenlang auf einem Stuhl vor dem Gerät, um Englisch zu lernen. Und wenn meine Eltern zum Kochen in die Küche hinuntergingen, legte ich meine Hausaufgaben weg und schaltete das Radio ein, um mir Geschichten über die chinesischen Helden der Vergangenheit anzuhören, wobei ich mit dem einen Ohr dem Erzähler lauschte und mit dem anderen auf die Schritte meiner Eltern auf der Treppe horchte. Sie wollten, dass ich mich aufs Lernen beschränkte. Wie viele chinesische Kinder war ich ein Schlüsselkind. Ich kam mittags allein nach Hause und kochte mir mein Essen selbst. Schon in jungen Jahren machte ich mir auch mein Frühstück selbst.

Mein Vater konnte sich nicht mit seinem Schicksal abfinden und hegte ungebrochen seinen Groll. Doch er ließ seine Unzufriedenheit an mir aus. Er zerrte mich häufig in die Mitte des Raums, wo er mich im schummrigen fluoreszierenden Licht einer Glühbirne, die an zwei Drähten von der Decke herabhing, unbarmherzig verprügelte. Er schlug mit einem Gürtel, mit dem Handrücken oder einem steinharten hölzernen Lineal auf mich ein. Dabei war ich ein Vorzeigekind. Ich gehörte zu den Ersten in meiner Klasse, die in die Kleine Rote Garde aufgenommen wurden, eine Jugendorganisation der Kommunistischen Partei. Ich war zum Klassensprecher ernannt worden und galt als geborene Führungspersönlichkeit. Aber meinem Vater war all dies gleichgültig. Er schlug mich trotzdem.

Eines Tages vergaß ich eine Hausaufgabe. Chinesische Lehrer sind sehr beflissen, wenn es darum geht, die Eltern über Fehltritte ihrer Kinder zu informieren. An jenem Abend verprügelte mich mein Vater so brutal, als gäbe es kein Morgen. Die Frau des Arztes im Erdgeschoss hörte mich wimmern, kam die Treppe herauf, klopfte an die Tür und forderte meinen Vater in ruhigem Ton auf, endlich aufzuhören. Er gehorchte. Meine Eltern hatten Respekt vor dieser Familie, was vor allem daran lag, dass der Arzt im Westen studiert hatte. Seine Frau wurde meine Retterin. Wann immer mein Vater über mich herfiel, flehte ich zum Himmel, dass meine Schreie die Nachbarin dazu bewegen würden, heraufzukommen.

Meine Eltern waren der Meinung, ich hätte es sehr gut. Sie sagten, andere Eltern bestraften ihre Kinder, indem sie sie zwängen, stundenlang auf einem gezahnten Waschbrett zu knien, das ihnen die Haut von den Knien schälte. Aber dieses Argument überzeugte mich nicht. Ich träume immer noch von diesen Schlägen. Ich wache schweißgebadet und mit rasendem Herz auf. Mein Vater und ich haben uns nie über die Vergangenheit ausgesprochen. Er deutete nicht ein einziges Mal an, dass er es im Nachhinein bereute, mich so brutal misshandelt zu haben.

Meine Mutter verteidigte ihre Schüler, aber mir stand sie nie bei. Stattdessen strafte sie mich mit Unzufriedenheit, die sie jedoch nicht mit Schlägen, sondern mit Worten ausdrückte. Ich war schon über dreißig, als sie immer noch regelmäßig erklärte, ich sei »dümmer als eine Viehherde und blöder als ein Korb voll Gemüse«.

»Dumme Vögel müssen früh fliegen lernen«, sagte sie zu mir, womit sie mir sagen wollte, dass ich sehr viel härter als andere Kinder arbeiten müsse, wenn ich etwas aus mir machen wolle.

Ich wuchs also in einem von Erniedrigung und Strafe geprägten Elternhaus auf. Komplimente gab es bei uns so selten wie Eier. Meine Eltern hielten mir meine Fehler vor. »Bilde dir bloß nichts ein«, pflegte meine Mutter jedes Mal zu sagen, wenn ich über einen kleinen Erfolg berichtete. Schließlich beschränkte ich mich meinen Eltern gegenüber im Wesentlichen darauf, Kritik zu vermeiden, anstatt Lob zu ernten. Es ging nicht darum, Erfolge anzustreben, sondern darum, Fehlschläge zu vermeiden. Ich lebte in der ständigen Angst, nicht gut genug zu sein. Gleichzeitig machte ich früh die Erfahrung, dass zwischen der Welt außerhalb meines Elternhauses, wo ich Anerkennung als Führungspersönlichkeit, als Geschichtenerzähler, als Sportler und sogar als liebenswerter Mensch fand, und der Welt unserer winzigen Wohnung, in der ich mit meinen Eltern lebte, für die ich eine große Enttäuschung war, ein tiefer Graben klaffte. Diese Erfahrung dürften viele chinesische Kinder machen, denn in diesem Land sind die Erwartungen hoch und die Kritik allgegenwärtig. Chinesische Eltern glauben, dass Kinder nicht aus Erfolgen, sondern aus Fehlschlägen lernen. Und zeit meines Lebens nahm die Spannung zwischen den beiden Welten nur immer weiter zu.

Dennoch werde ich meinen Eltern stets dafür dankbar sein, dass sie mir halfen, früh lesen zu lernen, und dass sie mich darin bestärkten, viel zu lesen. Sie beide wussten genau, welche Lektüre mich fesseln würde. Zunächst machten sie mich mit den Comics bekannt. Bald ging ich zu *wuxia xiaoshuo* über, den Kampfkunstromanen, die später Filme wie den Kassenschlager *Tiger and Dragon* des Regisseurs Ang Lee inspirierten.

Da ich als Einzelkind in einer Gesellschaft aufwuchs, in der zu jener Zeit noch jedermann Geschwister hatte, war ich oft allein. Also las ich. Die Kampfkunstbücher entführten mich wie die jungen Leser heutiger Harry-Potter-Romane schon damals in eine Fantasiewelt. Diese Romane waren voll von komplexen Beziehungen an königlichen Höfen, Kämpfen auf Leben und Tod, Liebe und Hass, Rivalität, Rache und Verschwörungen. Meine Lieblingsgeschichten entwickelten sich alle ähnlich: Ein Junge muss mit ansehen, wie seine Eltern ermordet werden. Er lebt im Elend, muss um Nahrung betteln und im Winter gegen das Erfrieren kämpfen. Er wird vom Mörder seiner Eltern gejagt, der die ganze Familie auszulöschen versucht. Er verirrt sich in der Wildnis und gerät in eine Höhle, in der er einem Wandermönch begegnet, der ihn in die Geheimnisse der Kampfkunst Wushu einweist. Nach Jahren der Bedrängnis kehrt er als erwachsener Mann heim, nimmt Rache und eint die Meister der Kampfkünste, um allen Menschen unter dem Himmel Frieden zu bringen. Ich sah mich selbst in dieser Geschichte, ich bekämpfte und besiegte meine eigenen Dämonen.

Meine Grundschule war nicht weit vom Jinjiang-Hotel entfernt, das bis 1949 eine der bekanntesten Sehenswürdigkeiten Shanghais gewesen war. Zu meiner Schulzeit war es eines von nur noch zwei Hotels in der Stadt, in denen ausländische Reisende abstiegen. Da unsere Schule so nahe beim Jinjiang lag, brachte die Propagandaabteilung der Stadtverwaltung oft ausländische Reisegruppen zu uns, um ihnen die Errungenschaften des chinesischen Bildungswesens vorzuführen. Die Kommunistische Partei unterteilte die Welt in Feinde und Verbündete, und im Bemühen um internationale Unterstützung bemühte sich das Regime sehr um die »ausländischen Freunde«, darunter linke Intellektuelle, Journalisten und Politiker. Jedes Mal, wenn eine Gruppe »ausländischer Freunde« in der Schule auftauchte, führten die besten Mathematikschüler an der Tafel ihre Rechenkünste vor, und die besten Sportler wurden in eine Sportstunde geschickt. All das war Teil der großen kommunistischen Tradition, verblüffte Besucher hinters Licht zu führen und von der Überlegenheit des Sozialismus chinesischer Prägung zu überzeugen.

Eines Tages erschien ein Vertreter der riesigen, nach sowjetischem Vorbild organisierten Sportbürokratie in unserer Schule, und die sportlichsten Schüler wurden angewiesen, sich bis auf die Unterhose auszuziehen. Der Bürokrat untersuchte meine Hände und Füße und entschied, dass ich Schwimmer werden sollte. Mein Vater ging mit mir in ein städtisches Hallenbad in der Nähe meiner Grundschule und brachte mir das Schwimmen auf die traditionelle chinesische Art bei: Er warf mich ins Becken. Ich kämpfte mich an die Oberfläche und schluckte eine große Menge Wasser. Wenige Wochen später war ich bereit für ein Probetraining bei einem örtlichen Schwimmteam. Im Alter von sechs Jahren sicherte ich mir einen Platz in der Mannschaft.

An sieben Tagen in der Woche lief ich von da an zu Fuß zum Training in einem vierzig Minuten von meinem Elternhaus entfernten Schwimmbad. Ich stand jeden Morgen um halb sechs Uhr auf, machte mir das Frühstück und marschierte durch die verwinkelten Gassen Shanghais zum Schwimmbad. Ich fand es spannend, immer neue Abkürzungen zu finden. Wenn ich in eine mir unbekannte Gasse einbog, wusste ich nie, wo ich wieder herauskommen würde. Ich lernte rasch, dass es viele Wege gab, um denselben Ort zu erreichen. Wir schwammen von sieben bis acht Uhr, und anschließend machte ich mich zu Fuß auf den Weg zur Schule. Oft fand am Nachmittag ein weiteres Training statt. An Wochenenden nahmen wir an Wettkämpfen teil. Ich wurde rasch der Jahrgangsbeste im Rückenschwimmen; im Kraul war ich der Zweite in der Rangliste. Mein stärkster Rivale war ein Junge aus der Nachbarschaft, der es schließlich bis ins chinesische Nationalteam schaffte. Wir gingen normalerweise zusammen zum Schwimmbad. Wenn mich mein Vater am Vorabend geschlagen hatte, versuchte ich in der Umkleidekabine die Spuren auf Armen, Beinen und Rücken zu verbergen. Aber der andere Junge bemerkte die Verletzungen. Also sagte ich ihm, er könne sich glücklich schätzen, weil sein Vater ihn nicht verprügelte. Er lächelte traurig.

Unser Betreuer, Coach Shi, war ein typischer chinesischer Trainer: klein, gedrungen, übellaunig. Die Winter in Shanghai sind kalt, aber da die Stadt südlich des Yangzi liegt, wurde entsprechend den von der Zentralregierung vorgegebenen Richtlinien nirgendwo geheizt. An Wintermorgen ließ uns Coach Shi zu Beginn des Trainings einige Bahnen delfinschwimmen, um die dünne Eisschicht zu zerschlagen, die sich in der Nacht an der Oberfläche des Beckens gebildet hatte. Manchmal schütteten die Trainer aus großen Thermosflaschen heißes Wasser ins Becken und sahen uns dabei zu, wie wir uns wie Fische, die um Futter kämpfen, im vergeblichen Bemühen, der eisigen Kälte zu entkommen, in den wärmeren Bereichen abstrampelten. Die Trainer amüsierten sich köstlich.

Es hatte Vorteile, dem Team anzugehören. Nach dem Nachmittagstraining bekamen wir ein ordentliches Essen. Reis und Fleisch waren zu jener Zeit noch rationiert, aber in der Mannschaftskantine verwöhnten sie uns mit Fleisch – nicht nur mit Fett –, mit gutem Gemüse und vor allem mit etwas, was wir alle liebten: Hin und wieder bekamen wir ein Ei. Einmal im Jahr schenkten sie uns ein Hühnchen, das wir mit nach Hause nehmen konnten. Ich lernte, mir Extrarationen zu sichern, die ich unter meinen Mannschaftskameraden verteilte, um mir ihre Loyalität zu erkaufen. Nahrung war in jenen Tagen kostbar; man konnte sie einsetzen, um sich in den Leitwolf des Rudels zu verwandeln.

Das Schwimmtraining trug wesentlich dazu bei, mich zu der Person zu machen, die ich heute bin. Es lehrte mich Selbstvertrauen und Beharrungsvermögen. Ich erkannte, wie beglückend es sein kann, ein Ziel zu verfolgen. Durch das Schwimmen begegnete ich Menschen, die nichts mit meinem normalen Umfeld zu tun hatten. Noch heute spüre ich die Wirkung dieser Erfahrungen.

Als Junge hatte ich nur sehr nebulöse Vorstellungen von der Politik. Ich erinnere mich noch, wie ich in den Jahren, als die Kulturrevolution das Land ins Chaos stürzte, an Propagandaplakaten vorbeiging, auf denen zur erbarmungslosen Vernichtung der Klassenfeinde aufgerufen wurde. Ich hörte die Soldaten in einer Kaserne unweit der Schule Parolen gegen ideologische »Abweichler« skandieren und den »Großen Vorsitzenden Mao« preisen. Ich sah politische Häftlinge mit Spotthüten, die auf offenen Lastern quer durch die Stadt zur Hinrichtung gefahren wurden.

Dann starb am 9. September 1976 Mao. Ich verstand genauso wenig wie die übrigen Achtjährigen in meiner Klasse, was das für das Land bedeutete. Als die Schulleitung die Nachricht verkündete, begannen unsere Lehrer zu weinen, und wir brachen ebenfalls in Tränen aus. Es wurde uns verboten, zu spielen oder zu lächeln. Einige Schüler handelten sich eine Rüge ein, weil sie zu viel Lärm machten.

Etwa ein Jahr später kehrte der altgediente Revolutionär Deng Xiaoping nach jahrelangem Rückzug ins innere Exil an die Macht zurück. Deng zog die Fäden bei der Verhaftung der »Viererbande«, des radikalen inneren Kreises von Mao. Im Jahr 1979 leitete er jene historischen Reformen ein, die China schließlich in die Wirtschaftsmacht verwandelten, die es heute ist. Aber meine Familie sollte diese Zeitenwende nicht in China erleben. Meine Eltern hatten andere Pläne.

2

Im Sommer 1978 brach ich nach dem Ende des Schuljahres mit meiner Mutter nach Hongkong auf. Sie sagte mir, wir würden einen kurzen Ausflug unternehmen; also verabschiedete ich mich nicht einmal von meinen Freunden. Es sollte eine Reise werden, auf der ich vieles zum ersten Mal tat: Unter anderem reiste ich zum ersten Mal im Flugzeug und trank meine erste Coca-Cola. Beides beeindruckte mich nicht allzu sehr.

Wir warteten in einer schläfrigen Grenzstadt namens Shenzhen auf die Erlaubnis, nach Hongkong auszureisen. Der Ort hatte zu jener Zeit 36000 Einwohner. (Heute leben dort fast 13 Millionen Menschen, und Shenzhen ist der Sitz der Technologieriesen Tencent und Huawei.) Wir brauchten eine behördliche Genehmigung, um das Land verlassen zu können. Jeden Tag flehte meine Mutter die grimmig dreinblickenden Grenzpolizisten, die den Menschenstrom aus China kontrollierten, um Erlaubnis an, die Grenze überqueren zu dürfen. Nach zwei Wochen ließen sie uns endlich durch. Erst später begriff ich, dass meine Mutter nicht einfach nur Verwandte besuchen wollte. Sie wartete auf eine »befristete Ausreisegenehmigung«, die uns in Wahrheit die dauerhafte Auswanderung ermöglichen sollte.

Das Vorhaben, Shanghai zu verlassen, war ein spontaner Entschluss. Nach dem Ende der Kulturrevolution im Jahr 1976 versuchte die Regierung erneut, sich bei den Auslandschinesen das Kapital zu beschaffen, das gebraucht wurde, um die chinesische Wirtschaft zu retten. Vertreter des Amts für auslandschinesische Angelegenheiten in Shanghai forderten meine Mutter auf, ihrem Vater nahezulegen, er solle einige unserer wohlhabenderen Verwandten in Indonesien und anderswo dazu bewegen, in Shanghai zu investieren. Dies war der Beginn eines Gesprächs mit den Behörden über ein Ausreisevisum, das es meiner Mutter erlauben würde, ihren Vater in Hongkong zu besuchen. Meine Eltern wollten kein Kapital nach Shanghai locken, sondern sahen eine Chance, aus China hinauszukommen. Mein Vater hatte es meinem Großvater sein Leben lang nachgetragen, dass dieser nicht ins Ausland geflohen war, als er im Jahr 1949 die Chance dazu gehabt hatte. Jetzt, da sich eine weitere Chance bot, wollte er nicht denselben Fehler begehen wie sein Vater.

Wir kamen mit zehn Hongkong-Dollar in der britischen Kronkolonie an, was etwas mehr als zwei US-Dollar entsprach. Mein Großvater gewährte uns Zuflucht in seiner 70-Quadratmeter-Wohnung mit zwei Schlafzimmern. In einem Zimmer schlief mein Großvater. Das andere bewohnte der ältere Bruder meiner Mutter, der sieben Jahre früher ausgewandert war, mit seiner vierköpfigen Familie. Meine Mutter und ich quetschten uns in das winzige Wohnzimmer. Ich schlief auf einer ausklappbaren Couch. Ich vermisste unsere Zweizimmerwohnung in Shanghai. Trotz der Enge war sie doch ein Heim gewesen. In Hongkong hatte ich lediglich eine Schlafstelle.

Meine Mutter stürzte sich in das Hongkonger Leben. Da ihr Vater in ihrer Kindheit Kantonesisch mit ihr gesprochen hatte, hielten die Leute sie für eine Einheimische. Und dank ihres Mathematikstudiums fand sie einen Job als Buchhalterin in einer Textilfabrik. Nach Feierabend besuchte sie einen Buchhaltungskurs, um ihre Fähigkeiten zu erweitern.

Meine Mutter kehrte mehrfach nach Shanghai zurück, um die Behörden dazu zu bewegen, meinen Vater ebenfalls ausreisen zu lassen. Die Ausgaben für diese Reisen hätten sie beinahe ruiniert. Unter der Herrschaft Deng Xiaopings stellten die Behörden in Shanghai die Verfolgung von Menschen ein, die Verwandte im Ausland hatten. Doch der chinesische Staat sträubte sich weiterhin dagegen, ganze Familien ausreisen zu lassen. Die Regierung erschwerte die Familienzusammenführung, es war das Druckmittel der Wahl gegenüber den Auslandschinesen. Nachdem meine Mutter die zuständigen Beamten zwei Jahre lang hartnäckig bearbeitet hatte, gaben sie schließlich nach. Sie erinnert sich noch heute an den Namen des Beamten, der schließlich die Ausreise meines Vaters bewilligte.

Die Aussicht auf das Wiedersehen mit meinem Vater beunruhigte mich. Aber er hörte immerhin auf, mich zu schlagen. Die Gegenwart all der Verwandten, die sich in der Wohnung meines Großvaters drängten, gewährte mir ein gewisses Maß an Schutz. Abgesehen davon, waren meine Eltern derart damit beschäftigt, sich über Wasser zu halten, dass wir voneinander kaum mehr sahen als etwa die Besatzungen von zwei Schiffen, die in der Nacht aneinander vorübergleiten. Nicht dass unsere Beziehung sich dadurch irgendwie verbesserte. Mein Vater bewies mir gegenüber stets große Härte; er behandelte mich nie liebevoll. Nach seiner Ankunft in Hongkong blieb ich auf der ausziehbaren Couch, und meine Eltern schliefen in einem Bett hinter einem behelfsmäßig aufgehängten Vorhang.

Meinem Vater fiel die Eingewöhnung in der Kronkolonie schwerer als meiner Mutter. Er war 37 Jahre alt und beherrschte den kantonesischen Dialekt nicht. In Shanghai hatte er als Lehrer an einer Oberschule Auszeichnungen gewonnen, aber Hongkong erkannte Lehramtsbefähigungen aus Festlandchina nicht an. Mein Großvater war freundlich zu ihm, aber mein Onkel und dessen Frau schauten auf ihn herab und ließen ihn unentwegt spüren, dass er unfähig war, eine angemessene Arbeit zu finden – irgendetwas Besseres, als im größten Tiefkühllager Hongkongs gefrorenes Fleisch herumzukarren.

Es sollte gerade diese Halsstarrigkeit meines Vaters sein, die ihm die Kraft gab, sich zu behaupten. Auch er besuchte nach der Arbeit die Abendschule und machte schließlich einen MBA-Abschluss in Betriebswirtschaft. Er arbeitete auch am Wochenende und wenn er krank war, und oft verließ er das Büro erst spätabends. In einem Unternehmen, in dem es normal war, dass »Dinge vom Lastwagen fielen«, erwarb sich mein Vater den Ruf unerschütterlicher Redlichkeit. Er stieg in der Hierarchie auf und wurde nach sieben Jahren zum Geschäftsführer der Firma ernannt. Ich erinnere mich noch an den Abend, an dem uns sein Chef einlud, um die Beförderung zu feiern. Damals fuhr ich zum ersten Mal in meinem Leben in einem Rolls-Royce. Ich war hingerissen von den schimmernden Walnussarmaturen.

Ich brauchte Jahre, um mir dessen bewusst zu werden, aber mitzuerleben, wie sich meine Eltern in Hongkong anstrengten, um unsere Familie aus der Armut zu befreien, hatte eine nachhaltige Wirkung. Wir waren in einer verzweifelten Lage. Drei Jahre lang hausten wir im Wohnzimmer meines Großvaters. Wir hatten kein eigenes Bad. Es fiel uns schwer, unseren Lebensunterhalt zu verdienen. Aber meine Eltern wussten beide aus Erfahrung, wie das Leben am anderen Ende der Fahnenstange aussah und was zu tun war, um sich aus der misslichen Lage zu befreien. Also machten sie sich an die Arbeit. Ich lernte diese Lektion von ihnen.

Mein Großvater wohnte in Mei Foo Sun Chuen, einer aus 99 Hochhaustürmen bestehenden Wohnanlage für die Mittelschicht im Bezirk Kowloon. Irgendwann konnte mein Vater das Leben mit Schwager und Schwägerin nicht mehr ertragen, und wir zogen in eine eigene Wohnung in einem heruntergekommenen Viertel namens Yau Mai Tei um, wo es von Gangstern, Drogenhändlern und Prostituierten wimmelte. Auch dieser Stadtteil gehörte zu Kowloon. Der Chef meines Vaters ließ uns kostenlos im zweiten Stock eines schäbigen Hauses in einem kahlen Einzimmerstudio wohnen, das mit Spanplatten in mehrere Sektionen unterteilt war. In einem Winkel befanden sich eine Dusche und eine defekte Toilette, aber wir mussten sie zumindest nicht mit zwei weiteren Familien teilen.

Nachts übernahmen die Ratten die Herrschaft über die Wohnung und kletterten über uns hinweg, während wir schliefen. Wenn ich aus der Schule heimkehrte, schlich ich durch das dunkle Treppenhaus und einen schummrigen Flur, ohne zu wissen, wer oder was mich hinter der nächsten Ecke erwartete. In der Wohnung angekommen, verriegelte ich sie oft doppelt. Manchmal schlief ich ein, und meine Eltern mussten gegen die Tür hämmern, um mich aufzuwecken, damit ich ihnen öffnete.

Der Umzug nach Hongkong war ein Schock für mich. Das hatte auch damit zu tun, wie meine Eltern damit umgingen. Sie hatten mich über ihre Absichten im Unklaren gelassen. Ich glaubte, es sei einfach ein verlängerter Urlaub, in dem ich auch ein bisschen zur Schule ging. Erst als ich das erste Halbjahr in der neuen Schule hinter mir hatte, verriet mir meine Mutter, dass wir in Hongkong bleiben würden.

Das Leben in der Kronkolonie unterschied sich vollkommen von der in China. In Shanghai umarmten meine Freunde und ich einander ständig und mischten uns gegenseitig in unsere Angelegenheiten ein. Das Konzept der Privatsphäre gab es auf dem Festland eigentlich nicht. In den Siebziger- und Achtzigerjahren war es vollkommen normal, dass Jungen und sogar Männer Hand in Hand die Straße entlanggingen.

Hongkong war eine andere Welt. Ich erinnere mich noch daran, wie ich zum ersten Mal versuchte, einen Gleichaltrigen zu umarmen, einen Schulkameraden, der im selben Block wohnte. Da wir oft zusammen spielten, schien es mir vollkommen natürlich, den Arm um ihn zu legen. Er machte einen Satz zurück, als hätte ihn der Schlag getroffen. »Was soll das?!«, rief er. Ich war fassungslos. Zum ersten Mal wurde mir bewusst, dass die Menschen in Hongkong anders miteinander umgingen. Sie brauchten mehr persönlichen Freiraum und suchten in Freundschaften weniger Nähe. Auf dem Festland hingen Freunde wie Kletten aneinander. Jeder nahm am Leben des anderen Anteil. Wenn sie den Eindruck hatten, dass du zugenommen hattest, sagten sie es dir geradeheraus. Hattest du Geldprobleme, wollten sie den genauen Betrag wissen. Sie wären füreinander ins Gefängnis gegangen. In Hongkong drängten sich die Leute einander nicht so auf. Sie gaben einander Raum.

Abgesehen davon, dass ich ein anderes Sozialverhalten erlernen musste, hatte ich erst einmal eine neue Sprache zu erlernen. Als ich in Hongkong in die Schule kam, verstand ich keine der beiden Unterrichtssprachen. In der Grundschule wurde auf Kantonesisch unterrichtet. Obwohl es technisch ein chinesischer Dialekt ist, war es für jemanden wie mich, der mit dem in Shanghai gesprochenen Dialekt und mit Mandarin, also dem Hochchinesischen, aufgewachsen war, praktisch unverständlich. Und dazu kam das Englische. Es fiel mir sogar schwer, das Alphabet zu erlernen. Meine Eltern baten eine Cousine, mir Englischnachhilfe zu geben. Sie kam in unsere Wohnung und half mir bei der Aussprache: »Apple … bee … orange.« Es schien mir unmöglich, mir irgendetwas einzuprägen. Mit ihrer Unterstützung kämpfte ich lange Zeit, um mir die Grundlagen anzueignen. Ich war im Grunde stumm.

In der Grundschule hüpfte ich von einer Klasse zur anderen. In Shanghai hatten in dem Jahr nach Maos Tod alle Grundschüler die Klasse wiederholen müssen, weil die Schulen durch die Gedenkfeiern ein Schuljahr an Lehrzeit verloren hatten. In Hongkong verbrachte ich das erste Halbjahr in der dritten Klasse in der St. Clement's Elementary School, einer Episkopalschule. Aber im folgenden Halbjahr brachten mich meine Eltern in eine Schule für Angehörige von Polizisten, weil dort das Niveau niedriger war, sodass ich ein Schuljahr überspringen konnte. Außerdem waren meine Eltern der Meinung, eine Schule für Polizeiangehörige wäre gut für meine Disziplin.

Das Gegenteil war der Fall: An dieser Schule herrschten raue Sitten. Ich war an Raufereien zwischen Jungen gewöhnt. Aber dort prügelten sich auch Mädchen mit Jungen. Ich erinnere mich daran, dass ein Junge einem Mädchen einen Schlag versetzen wollte. Sie wich aus und schlug ihm mit der Faust ins Gesicht. *Was für ein Treffer!*, dachte ich. Mehrere Jungen aus meiner Klasse landeten wegen Autodiebstahls in einer Jugendstrafanstalt. Wenige Jahre zuvor hatte Hongkong sogar eine Korruptionsbekämpfungskommission eingerichtet, um die ausufernde Gesetzlosigkeit bei den Strafverfolgungsbehörden unter Kontrolle zu bringen. Wie es schien, waren in Hongkong Ordnungshüter und Kriminelle aus dem gleichen Holz geschnitzt.

Ich wurde schikaniert, weil ich ein leichtes Ziel bot und nicht dazugehörte. Besonders aggressiv waren die älteren Jungen, und ich verbrachte die Pausen damit, mich irgendwo zu verstecken. Ich war kein harter Junge und wusste nicht, wie man kämpft. Selbst wenn ich einen Kopf größer als die Schläger war, lief ich vor ihnen davon. Es kam mir auch nicht zugute, dass ich aus Festlandchina kam. Kurze Zeit nach unserem Umzug nach Hongkong lief im Lokalfernsehen eine Comedy-Serie an, deren Hauptfigur ein Einwanderer aus Festlandchina namens Ah Chan war, ein ungehobelter Hinterwäldler, zu dumm und zu faul, um sich an die rasante Geschwindigkeit des Lebens in der Kronkolonie anzupassen. Nun wurde ich in der Schule zu »Ah Chan«. Auch daheim verspotteten mich meine Vettern, weil ich nicht schnell genug war, um mit dem Rhythmus Hongkongs mitzuhalten. Im Lauf der Zeit wurde ich flinker und ließ mich von anderen formen, wieder und wieder. Offenbar weckte irgendetwas an mir bei anderen den Wunsch, mich zu verändern. Oft ließ ich es bereitwillig geschehen, wenn auch nur bis zu einem bestimmten Punkt.

In Hongkong musste ich mich zudem der Realität stellen, dass wir ein Leben in Armut führten. In Shanghai hatten wir gelebt wie alle anderen, aber in Hongkong drehten meine Eltern jeden Cent um, allein um die Familie durchzubringen, während meinen Schulkameraden das Geld locker in der Tasche saß. Anstatt den Bus zur Schule zu nehmen, legte ich den drei Kilometer langen Weg jeden Tag zu Fuß zurück. So konnte ich das Geld für die Fahrkarte behalten und mir einen Imbiss leisten. Ich orientierte mich unbewusst am Vorbild meiner Eltern und lernte schon in jungen Jahren, was ich zu tun hatte, um mich im Leben zu behaupten. Ich schwor mir, dass niemand auf mich herabschauen sollte, wenn ich erwachsen wäre.

Der Umzug nach Hongkong war der erste von vielen für mich, und so wie das Schwimmen wurde die Wanderschaft zu einer Konstante in meinem Leben. In den folgenden Jahrzehnten sollte ich von Asien nach Amerika, dann wieder zurück nach Asien und von dort nach Europa umziehen. Diese andauernden Wechsel lehrten mich, auch dramatische Veränderungen zu akzeptieren und mit Menschen aus aller Welt zurechtzukommen. Überall, wo ich landete, lernte ich, ein Stück Heimat zu finden und mich den Umständen und unterschiedlichen Kulturen anzupassen. Wie ein Chamäleon wechselte ich gleichsam die Hautfarbe abhängig vom Ort, an dem ich mich gerade aufhielt. Eine Gewissheit gab mir dieses Wanderleben: Neues würde mich nicht umbringen; was auch immer geschehen mochte, ich würde mich behaupten.

Dank meines Beharrungsvermögens gelang es mir, Kantonesisch und Englisch zu lernen. Ich kehrte in die St. Clement's Elementary School zurück. In der ganzen Zeit las ich weiter eifrig. In St. Clement's wurden die Schüler in zwei Schichten unterrichtet. Ich fing um 12:30 Uhr an und ging um 18:00 Uhr nach Hause. Die Vormittage verbrachte ich in einer Bibliothek in der Nachbarschaft, wo ich Romane und Sachbücher verschlang.

Im Alter von zwölf Jahren bestand ich die Aufnahmeprüfung am Queen's College, der ältesten und angesehensten öffentlichen Sekundarschule der Kronkolonie. Unter den namhaften Absolventen dieser reinen Jungenschule war Sun Yat-sen gewesen, der Vater des modernen China. Mit einer Körpergröße von mittlerweile 1,60 Metern war ich im siebten Schuljahr der größte Junge in meiner Klasse.

Zu Beginn des Schuljahres kam ein Sportlehrer in die Klasse und fragte, wer von uns schwimmen könne. Ein paar von uns hoben die Hand. Ich war seit unserer Ankunft in Hongkong nicht mehr geschwommen. Der Lehrer brachte uns in ein öffentliches Schwimmbad, das gegenüber der Schule im Victoria Park lag. »Zeig mir, was du kannst«, sagte er. Ich sprang ins Wasser und schwamm ein paar Bahnen. Er nahm mich in die Schulmannschaft auf.

Ich gewann Wettkämpfe und brach die Schulrekorde auf den Kurzstrecken (50 und 100 Meter). Im Alter von fünfzehn Jahren gehörte ich einem wettkampforientierten Schwimmverein an. Eines Tages saß bei einem Training in einem öffentlichen Becken zufällig ein Mitglied des Trainerstabs des Nationalteams von Hongkong auf der Tribüne. Er trat an mich heran und sagte: »Sieht gut aus, was du da machst.« Er lud mich zu einem Probetraining ein, und ich wurde in die Nachwuchsmannschaft der Kronkolonie aufgenommen.

Wie schon in meiner Kindheit in China schulte das Schwimmen meine Entschlossenheit und meine Ausdauer. In Hongkong waren die Winter nie wirklich kalt; dort musste ich also keine Eisschicht zerschlagen, um schwimmen zu können. Aber wir schwammen bei Regen und Sonnenschein, Kälte und Hitze, und zwar immer unter freiem Himmel. Es gab Tage, an denen ich mich gut fühlte, und Tage, an denen ich in schlechter Verfassung war. Und an den Tagen, an denen ich mich nicht gut fühlte und der Mannschaftskamerad, der hinter mir schwamm, mit seinen Fingern meine Füße berührte, musste ich mich zwingen, alles aus mir herauszuholen, um nicht derjenige zu sein, der die Bahn blockierte. Und am Ende des Trainings kletterte ich mit dem Gefühl aus dem Becken, etwas geleistet zu haben. Wie bei meinem Vater wurde Hartnäckigkeit eine meiner größten Stärken. *Egal, wie groß die Herausforderung,* sagte ich mir, *du wirst es immer aus dem Becken schaffen.*

Die Zugehörigkeit zu der Mannschaft vergrößerte meinen Bewegungsradius. Wir trainierten überall in der Kronkolonie und nahmen an ganz unterschiedlichen Orten an Wettkämpfen teil. Die Jungen aus reichen Familien wurden von einem Chauffeur im BMW zum Training gebracht; die ärmsten Teammitglieder wuchsen in Sozialbauten auf. Ich nahm sogar in Japan und in Guangzhou am Perlfluss an Jugendmeisterschaften teil. Der Besuch in Japan war meine erste Reise in ein Land außerhalb des chinesischen Kulturkreises.

Im ersten Schuljahr am Queen's College brachte ich miserable Noten nach Hause: Ich war der 34. unter den 40 Schülern meiner Klasse. Ich hatte fleißig gelernt, um in die Schule aufgenommen zu werden, aber als ich einmal dazugehörte, ließ die Anspannung abrupt nach, und ich wollte nur noch Spaß haben. Anstatt meine Hausaufgaben zu machen, spielte ich stundenlang Fußball und Basketball im nahe gelegenen Victoria Park. Meine Eltern waren zu sehr mit der Arbeit beschäftigt, um sich um meine schulischen Probleme kümmern zu können. Sie beschränkten sich darauf, mich für meine schlechten Noten zu rügen. Aber im Lauf der Zeit wurden meine Leistungen besser, und am Ende des dritten Schuljahres war ich ein durchschnittlicher Schüler.

Zu der Zeit, als ich ans Queen's College kam, verwandelte ich mich von einem Zuwanderer aus Shanghai in einen echten Hongkong-Chinesen. Ich verbrachte sehr viel mehr Zeit mit Altersgenossen als mit meinen Eltern. Sobald ich unsere winzige Wohnung verließ, lösten sich meine Selbstzweifel auf, und ich strotzte vor Selbstvertrauen: Ich war ein guter Schwimmer, ich war groß, ich war beliebt. Mittlerweile sprach ich Kantonesisch wie ein Einheimischer und fühlte mich an der neuen Schule wohl.

Ich wusste, ich hatte einen Hang zur Eitelkeit. Schon in jungen Jahren starrten mich die Leute an. Kein Wunder, denn in China und Hongkong sind Männer durchschnittlich 1,65 Meter groß, und ich war immer einen Kopf größer als meine Altersgenossen *und* die meisten Erwachsenen. In China spricht man ganz unverhohlen über das Aussehen anderer. Wenn man starke Akne hat, sagen die Leute: »Meine Güte, so viele Pickel.« In meinem Fall sagten sie: »Meine Güte, so groß und gut aussehend.« In der Folge war ich mir meines Aussehens sehr bewusst. Und ich entwickelte das ausgeprägte Bedürfnis, nicht nur ihrer Vorstellung von einer »großen und gut aussehenden« Person zu entsprechen, sondern auch sicherzustellen, dass sie keinen Grund hatten, auf mich herabzuschauen.

An den meisten Tagen ging ich nach der Schule gemeinsam mit

einer Gruppe von Klassenkameraden heim, die wie ich in Kowloon lebten. Wir fuhren im Bus von der Schule in den schicken Central District und nahmen von dort eine Fähre nach Kowloon. Normalerweise blödelten wir auf der Überfahrt herum, aber an einem Tag fiel mir etwas Ungewöhnliches auf. Ich sah einen Mann aus dem Westen, der in einem chinesischen Bautrupp arbeitete. Mit dem bleichen Gesicht unter dem Schutzhelm fiel er unter den chinesischen Kollegen, deren Haut von der subtropischen Sonne Hongkongs gebräunt war, auf wie ein bunter Hund. Ich dachte: *Das könnte ich in zehn Jahren sein, und jeder, an dem ich vorbeigehe, sieht mich komisch an.* Und ich beschloss, dass mir das nie passieren sollte, ich wollte nie als unpassend auffallen. Bis Mitte vierzig litt ich unter der Sorge, einen schlechten Eindruck zu machen. Das meinen die Chinesen, wenn sie von dem Bedürfnis sprechen, »das Gesicht zu wahren«. Ich wollte um jeden Preis vermeiden, meine Umgebung zu enttäuschen, und sehnte mich danach, dazuzugehören. Dennoch hatte ich immer das Gefühl, dass mich die Leute anstarrten.

Dabei war es nie mein Ziel, eines Tages viel Geld zu verdienen. Meine Mutter pflegte zu sagen, Geld sei kein Allheilmittel, und ich glaubte ihr. Aber das Gesicht zu wahren, war in meinen Augen sehr wohl ein Allheilmittel. Ich war darauf geeicht, um jeden Preis zu vermeiden, mich selbst und damit auch meine Familie zu blamieren.

Ich war ein durchschnittlicher Schüler, aber ich war überzeugt, dass das nicht an mangelnden Fähigkeiten lag, sondern weil ich nicht an herausragenden Leistungen interessiert war. In der Schule hatten wir ein Debattierteam. Da meine Noten durchwachsen waren, wurde ich nie aufgefordert, mich diesem Team anzuschließen. Aber ich ging zu den Debatten und versuchte im Geist, die Argumente beider Seiten zu entkräften. Natürlich hielt ich meine Argumente für besser als die der Teilnehmer.

Im vierten Jahr am Queen's College, ich war mittlerweile sechzehn Jahre alt, wurde mir klar, dass ich bei der Prüfung für das

Hong Kong Certificate of Education, die am Ende des fünften Jahres abzulegen war, gut abschneiden musste, wenn ich nicht an einer der schlechteren Schulen landen wollte. Ich wusste, dass meine Eltern nicht genug Geld hatten, um mir ein Studium zu finanzieren. Also entschloss ich mich dazu, mich in meine Studien zu vertiefen und mich um gute Noten zu bemühen.

Meine Lehrer brauchten eine Weile, um sich an mein neues Ich zu gewöhnen. Ich hatte mir den Ruf eines Klassenclowns erworben, weil ich während des Unterrichts unentwegt schwatzte. Im Musikunterricht hatte ich mich geweigert, Noten lesen zu lernen. Aber ich war seit jeher ein eifriger Leser.

Im Chinesischunterricht im vierten Schuljahr schrieb ich einen Aufsatz über den Dichter Xu Zhimo. Xu war ein blendend aussehender Mann gewesen, der für seine romantischen Abenteuer ebenso berühmt war wie für seine lyrischen Gedichte. Sein Hauptwerk entstand in den Zwanzigerjahren des 20. Jahrhunderts, als zahlreiche Warlords China untereinander aufgeteilt hatten, gerade als Japan mit einer Invasion drohte. Xu hielt nichts von der Vorstellung, die Kunst müsse einen gesellschaftlichen Nutzen haben oder dem Gemeinwohl dienen, sondern er meinte, es genüge, Schönheit zu vermitteln. Ich sprach mich gegen Xus Vorstellung von der Kunst um ihrer selbst willen aus: Wie hatte er nach poetischer Schönheit suchen können, während das Land im Chaos versank?

Am Ende einer Unterrichtsstunde forderte mich die Chinesischlehrerin auf, noch kurz dazubleiben. »Hast du diesen Aufsatz wirklich selbst geschrieben?«, fragte sie. »Bist du allein zu diesem Ergebnis gelangt?« Sie glaubte, ich hätte den Essay irgendwo abgeschrieben. Aber ich hatte ihn selbst erarbeitet.

Am Ende des Jahres gehörte ich zu den Besten zehn in meiner Klasse. Bis zum Ende des fünften Jahres hatte ich mich unter die besten fünf Schüler vorgearbeitet, und ich bestand die Prüfung, sodass ich am Queen's College bleiben und das letzte Schuljahr dort absolvieren konnte.

Der Aufstieg im Ranking der Klassenbesten lehrte mich viel über meine Fähigkeiten. Ich bin nicht an sich faul, aber ich neige dazu, es ruhig angehen zu lassen. Nachdem ich einmal am Queen's College aufgenommen worden war, entspannte ich mich. Ich tat nur das Notwendige. Der Grund dafür war, dass ich im Innersten fest davon überzeugt war, dass ich jederzeit Gas geben und jede Aufgabe bewältigen konnte, wenn es nötig wäre. Diese Eigenschaften sollten mich mein gesamtes Berufsleben über begleiten.

Nachdem ich die sechste Klasse abgeschlossen hatte, eröffnete mir mein Schwimmtrainer, dass ich mit größerem Trainingseinsatz das Olympialimit auf den 50 Metern Freistil schaffen und im Jahr 1988 mit der Mannschaft Hongkongs an den Spielen in Seoul teilnehmen könnte. Der Direktor des Queen's College bot meinem Vater an, mich für das Training vom Unterricht zu befreien. Es überraschte mich, dass mein Vater einverstanden war, aber er hatte stets große Ehrfurcht gegenüber Autoritätspersonen. Er war mit allem einverstanden, was der Schulleiter vorschlug.

Ich kostete die verlängerten Ferien aus. Meine Klassenkameraden sahen mir durch die Fenster der Schule neidisch zu, wie ich auf dem Sportplatz meinen Absprung übte. Den Lehrern missfiel das, aber ich hatte die Erlaubnis zum Training erhalten, und zwar von keinem Geringeren als dem Direktor. Am Ende schaffte ich die Olympianorm nicht; ich verfehlte sie um weniger als eine Sekunde, was im normalen Leben ein Wimpernschlag, aber im Sport eine Ewigkeit ist. Ich hatte die durch den Umzug aus Shanghai verlorenen Trainingsjahre nicht aufholen können. Aber ich war nicht am Boden zerstört, weil ich es nicht ins Olympiateam geschafft hatte. Ich hatte die Vorbereitung genossen. *Egal, wie groß die Herausforderung,* sagte ich mir, *du wirst es immer aus dem Becken schaffen.*

Im Sommer verdiente ich erstmals eigenes Geld als Schwimmlehrer für Kinder im South China Athletic Club. Ich war jetzt siebzehn Jahre alt. Die Schwimmstunden begannen um sieben Uhr morgens und endeten um sieben Uhr abends. Meine Schüler pinkelten ungeniert ins Schwimmbecken, weshalb ich mir einen üblen Ausschlag zuzog. Das hinderte mich jedoch nicht daran, mit umgerechnet tausend US-Dollar in der Tasche meiner neu entdeckten Leidenschaft für modische Kleidung zu frönen. Das war eine große Veränderung für mich. Seit meine Mutter bald nach unserer Ankunft in Hongkong als Buchhalterin in einer Textilfabrik untergekommen war, hatte sie mich mit Markenkopien und als mangelhaft ausgesonderter Kleidung eingekleidet. Doch jetzt entdeckte ich unter Anleitung meines Freundes Steven aus dem Schwimmteam der Schule die Welt der Mode.

Steven entstammte einer wohlhabenden Familie und hatte immer genug Geld, sich luxuriöse Dinge zu gönnen. Er nahm mich mit in ein Bekleidungsgeschäft, wo ich meinen ersten Markenartikel erstand: ein orangefarbenes Poloshirt von Ralph Lauren. Ich bewegte mich rasch weiter zu Yohji Yamamoto und Issey Miyake. Steven brachte mir das Shoppen bei, und ich erlernte rasch die subtile Kunst, beiläufig einen Blick auf das Preisschild zu werfen. Meine Mutter sagte immer, Geld allein mache nicht glücklich. Aber ohne Geld kann man nichts tun. Jetzt, da meine Brieftasche nicht mehr leer war, wurde mir bewusst, dass es mich frei machte – es gab mir die Freiheit, mir meine Wünsche zu erfüllen, die Welt zu erkunden und meine Neugier zu befriedigen.

Es geschahen noch andere Dinge, die mir zeigten, was es bedeutete, Geld zu haben. Meine Eltern hatten eine neue Wohnung gekauft. Sie war nur 50 Quadratmeter groß, aber zum ersten Mal in meinem Leben hatte ich mein eigenes Zimmer. Es wurde mein Heiligtum.

Meine Eltern waren – und sind – unglaublich sparsam, und in dieser Beziehung komme ich nach ihnen. Wenn ich koche und Gemüse und Fleisch schneide, achte ich auch heute noch darauf, kein Gramm genießbaren Materials zu vergeuden. Ich lasse nie Essen auf dem Teller. In der Schule lernten wir ein chinesisches Gedicht auswendig, das folgende Zeile enthielt: »Jedes Reiskorn ist mühsam erarbeitet.«

Wir hatten zwei Jahre lang in einer Wohnung gelebt, in der es von Ratten nur so wimmelte und die dem Chef meines Vaters gehörte. Eines Tages kam es zu einem Zerwürfnis zwischen meinem Vater und dem Firmenchef. Die geringfügigste Respektlosigkeit konnte das übermäßig ausgeprägte Ehrgefühl meines Vaters verletzen – und verstärkt wurde diese Empfindlichkeit dadurch, dass er keine Miete für die Wohnung zahlte. Als es zum Streit zwischen meinem Vater und seinem Chef kam, zogen wir aus. Meine Eltern investierten einen Großteil ihrer Ersparnisse in die neue Wohnung, und mein Vater kündigte.

Er hatte keinen neuen Job in Aussicht und brauchte ein Jahr, um wieder eine feste Arbeit zu finden. Er trat in eine Handelsfirma ein, aber daraus wurde nichts. Er versuchte sich an verschiedenen Geschäften, die jedoch alle scheiterten. Schließlich fand er einen Job bei dem auf Hähnchenfleisch spezialisierten amerikanischen Unternehmen Tyson Foods, dessen Management von seiner Erfahrung bei der Kühllagerung beeindruckt war und ihn als ersten Mitarbeiter aus dem chinesischen Kulturraum einstellte. Tyson drängte auf den chinesischen Markt, und mein Vater erkannte, dass Hähnchenteile, welche die amerikanischen Verbraucher verschmähten, auf diesem Markt großes Potenzial hatten. Füße, Hinterteil, Innereien, Kaumagen, Hals und Herz – die Chinesen wussten diese Teile zu schätzen. Tyson schickte meinen Vater in die Vereinigten Staaten, wo er Änderungen im Produktionsprozess vorschlug, um diese wertvollen Erzeugnisse zu nutzen. Seine Freunde und Kollegen lachten über sein neues Arbeitsgebiet. In der chinesischen Umgangssprache bedeutet *mai ji* – Hühner verkaufen – so viel wie Zuhälterei. Aber es war mein Vater, der zuletzt lachte. Denn ein paar Jahre später verkaufte Tyson in Asien Hühnerabfälle im Wert von 100 Millionen Dollar und füllte die Bäuche chinesischer Konsumenten mit in Amerika erzeugten »Phönixklauen«, wie die Hühnerfüße im Chinesischen heißen.

Die Erfahrungen meines Vaters bei Tyson waren eine erste Lektion für mich über die Unwägbarkeiten der amerikanisch-chinesischen Beziehungen. Die Hähnchenpipeline, die Arkansas mit China bald verband, war ein Spielball der Politik. Wann immer es zu Spannungen in der Beziehung zu den Vereinigten Staaten kam, erhöhte die chinesische Regierung unvermittelt die erforderliche Quarantänezeit für importierte Hühnerfüße von zwei Tagen auf zwei Wochen. Angesichts der Gefahr, dass Tonnen tierischer Erzeugnisse in den Lagern zu verrotten drohten, musste mein Vater Wege finden, die Vorschriften zu umgehen und die Produkte über die chinesische Grenze zu bringen. Er war ein Zauberer. Er bewies so großes Geschick, dass Tyson ihn zum »Verkäufer des Jahrhunderts« ernannte.

Allerdings lieferte das Unternehmen meinem Vater auch einen weiteren Beweis dafür, dass das Leben nicht fair war, vor allem nicht zu ihm. Als er im Jahr 2003 in den Ruhestand ging, enthielt Tyson ihm eine Pension vor. Die Begründung lautete, als ausländischer Mitarbeiter habe er keinen Anspruch auf Ruhestandsleistungen. Meine Mutter drängte ihn, eine bessere Behandlung zu verlangen, was er jedoch nicht tat. Es widersprach seinem Charakter.

Am Ende des sechsten Schuljahres brach Steven, mein zum Modeberater gewandelter Mannschaftskamerad, in die Vereinigten Staaten auf, wo er an der University of Southern California studieren wollte. Ich fühlte mich alleingelassen, während ich für die Olympischen Spiele trainierte. Anstatt Briefe zu schreiben, tauschten wir Tonbandaufnahmen aus. Ich schloss die Tür meines Zimmers und schüttete dem Kassettenrekorder mein Herz aus. Im Gegenzug erklärte mir Steven genau, wie ein Autokauf in den Vereinigten Staaten ablief: Seine Mutter hatte ihm die Wahl zwischen einem Volvo, einem BMW und einem Mercedes gelassen, und die Entscheidung fiel ihm schwer. Meine Eltern fragten mich: »Warum sprichst du mit einer Maschine statt mit uns?«

Das Leben in Hongkong verstärkte den Hang zur Unabhängigkeit, den ich bereits in Shanghai verspürt hatte. Meinen Eltern hatten so große Mühe, sich in die neue Umgebung einzufügen, dass sie weder Zeit noch Energie hatten, sich mit meinen Problemen zu beschäftigen. Die Blasen, in denen wir uns bewegten, drifteten immer weiter auseinander. Ich freundete mich mit einheimischen Jugendlichen an, während die Bekannten meiner Eltern allesamt Einwanderer aus Festlandchina waren. Meinen Eltern gefiel nicht, dass ich mich anders verhielt. »Du bist nicht wie wir«, beklagte sich meine Mutter. Aber in gewisser Hinsicht irrte sie sich. Mein Vater war in den Fünfzigerjahren in Shanghai ebenfalls gezwungen gewesen, sich unabhängig zu machen. Und wie er wusste ich, dass ich, wenn nötig, hart arbeiten konnte.

Unser Familienleben trat in ein Stadium des Kalten Kriegs ein. Ich war nicht gerne mit meinen Eltern zusammen, und ich vermute, dass sie mir gegenüber ähnlich empfanden. An den Samstagen arbeiteten sie halbtags, wie es in Hongkong üblich war. Um ihnen aus dem Weg zu gehen, tat ich so, als schliefe ich länger, und brach sofort nach dem Aufstehen zum Training auf. Den Rest des Tages verbrachte ich außer Haus.

Mein Vater misshandelte mich nicht mehr, aber er hörte nicht auf, mich anzubrüllen. Er stürmte aufgeregt in mein Zimmer und begann zu schreien. War ich morgens zu spät für die Schule, schlug er mit der Faust an die Tür. Hörte ich mir am Sonntag im Radio die *American Top 40* an, hämmerte er ebenfalls gegen die Tür und befahl mir, die Musik leiser zu drehen. »Warum musst du dir die ganze Zeit diesen Mist anhören?«, fragte er.

Ich begann, abends auszugehen und Bier zu trinken. Als ich damit anfing, erlebte ich zwei Überraschungen. Die erste war, dass ich viel Alkohol vertrug. Meine Freunde waren bereits nach einer Flasche beschwipst, während ich noch keine Wirkung spürte. Damals war das sowohl beunruhigend als auch teuer, doch später im Geschäftsleben sollte es sich als Vorteil erweisen, dass ich ziemlich viel vertragen kann.

Die zweite Überraschung hatte mit meiner Befangenheit oder vielmehr mit meinem Mangel an Befangenheit zu tun. Wenn ich trank, legte ich meine Zurückhaltung ab, wurde zugänglicher und offener. Aufgrund meiner Größe war ich schon als Teenager einigermaßen beeindruckend. Die Leute empfanden meine Gegenwart als einschüchternd. Dazu kam, dass ich von Natur aus nicht gesellig war. Aber wenn ich trank, entspannte ich mich. Die Leute in meiner Umgebung bemerkten, dass ich mich in eine andere Person verwandelte und zugänglicher und warmherziger wurde. Ich kam aus der Deckung. Da ich sehr neugierig war, wollte ich herausfinden, wie der Alkohol mich und meine Beziehung zu meiner Umwelt veränderte. Innerlich sehnte ich mich danach, sozialer zu sein. Der Alkohol machte das möglich.

Ich versuchte auch, Mädchen kennenzulernen, hatte jedoch keine Ahnung, wie ich das anstellen sollte. Einmal rief mich ein mir unbekanntes Mädchen aus einer Partnerschule an und fragte mich, ob ich mit ihr ausgehen wolle. Ich war so nervös, dass ich einen Freund, dessen Vater Polizist war, bat, mich zu dem Stelldichein zu begleiten. Wir trafen uns in einem McDonald's. Ich wusste nicht, was ich sagen sollte. Die Erziehung an einer reinen Jungenschule mochte ihre Vorteile haben, aber ich konnte nicht mit Mädchen umgehen.

Trotz der ständigen Spannungen in der Familie pflegten wir eine Hongkonger Tradition: Fast jeden Sonntag gingen wir gemeinsam zu einem Brunch, wo es Dim Sum gab, gedämpfte oder frittierte, herzhafte Happen. Wir waren eine große Gruppe, und die Erwachsenen sprachen über Geschäfte. Die Freunde meiner Eltern stammten alle aus Shanghai. China öffnete sich gerade für ausländische Investoren, und die Freunde meiner Eltern hatten Handelsfirmen gegründet und machten grenzüberschreitende Geschäfte. Die Bekannten meines Vaters bemerkten, dass ich ihnen gerne zuhörte. Der Handel mit China interessierte mich. Ich hatte bereits begonnen, die Asien-Ausgabe des *Wall Street Journal* zu lesen. Ich hatte die Autobiografie des amerikanischen Automanagers Lee Iacocca und Donald Trumps *The Art of the Deal* gelesen. Mir gefiel die Vorstellung, Geschäfte zu machen, etwas Neues aufzubauen, der Welt meinen Stempel aufzudrücken.

In Hongkong war der Handel beinahe der einzige Karriereweg. Wir hatten keine Politiker, und der Staatsdienst interessierte mich nicht. Ein Leben als Künstler konnte man sich in der Kronkolonie nicht leisten, denn Hongkong war kulturell gesehen ein Brachland. In dieser extrem wettbewerbsorientierten Gesellschaft, in der die Leute unbedingt vorankommen wollten, bot ein Posten im Handel die beste Möglichkeit, sich zu beweisen.

Stevens Umzug in die Vereinigten Staaten verstärkte meinen Wunsch, aus Hongkong herauszukommen. Aber als die Cousine, die mir seinerzeit Englisch beigebracht hatte, anbot, mich in Australien aufzunehmen, wo sie mittlerweile studierte, lehnte ich ab. In meinen Augen war Australien nicht mehr als ein sehr großer Felsen. Ich wollte Steven ins »Land der Freien« folgen, vorzugsweise an die kalifornische Goldküste. Ich war mit amerikanischen Filmen und amerikanischer Musik aufgewachsen. Auf meiner ersten Audiokassette war Musik der Band Bananarama; die drei Girls mochten Briten sein, aber in meinen Ohren klangen ihre New-Wave-Hits amerikanisch. Für mich kam nicht infrage, in ein anderes Land als die Vereinigten Staaten zu gehen.

Am Ende des siebten Schuljahres bewarb ich mich bei der University of California in Berkeley, bei der UCLA, der Washington University in St. Louis und der University of Wisconsin. Berkeley und die UCLA erteilten mir eine Absage, aber die beiden anderen Universitäten boten mir einen Studienplatz an. Zu jener Zeit kostete die Washington University 10 000 Dollar im Jahr, während das Studium in Wisconsin halb so teuer war. Im Ranking von *U.S. News & World Report* nahmen die beiden Hochschulen den siebzehnten und achtzehnten Rang ein. Mein Vater entschied, dass ich nach Wisconsin gehen sollte. Meine Eltern waren inzwischen finanziell besser gestellt, aber 5000 Dollar waren zu jener Zeit sehr viel Geld.

Bevor ich in die Vereinigten Staaten aufbrach, machte ich am Ende des Frühjahrs 1989 einen Verwandtenbesuch in Shanghai. Nach dem Tod des ehemaligen Parteichefs Hu Yaobang im April waren damals im ganzen Land Proteste ausgebrochen. Hu war 1987 abgesetzt worden, weil er sich geweigert hatte, Studentenproteste gewaltsam niederzuschlagen. In der Folge gingen Millionen Menschen auf die Straße und nutzten Hus Tod, um mehr Freiheit und Maßnahmen gegen die ausufernde Korruption zu fordern, durch die sich die Familien hochrangiger Parteifunktionäre bereicherten. In Shanghai gingen Hunderttausende auf die Straße und forderten Reformen. Ich nahm eher zufällig an diesen Kundgebungen teil: An einem Tag Ende Mai 1989 war ich auf der Nanjing-Straße, der wichtigsten Einkaufsstraße der Stadt, unterwegs, auf der es von Demonstranten wimmelte, die in Trillerpfeifen bliesen, nach Freiheit riefen und auf Plakaten eine Öffnung des Landes forderten. Für Autos gab es kein Durchkommen, auf den Bürgersteigen drängten sich Zuschauer. Um voranzukommen, musste man sich dem Marsch anschließen. Ich ließ mich vom Strom mitziehen. Die Leute starrten mich an, als sei ich dort fehl am Platz. Vermutlich lag es an meiner Kleidung: Auf dem Festland kleideten sich die Leute anders als in Hongkong, vor allem anders als ein hoch aufgeschossener und modebewusster Teenager.

In Shanghai wohnte ich bei einem Onkel, der in der Zeit der Kulturrevolution arg gelitten hatte. An einem Abend saßen wir gemeinsam vor den Fernsehnachrichten, als ihm Tränen in die Augen traten. »Das wird böse enden für diese jungen Leute«, sagte er. »Sie verstehen das nicht. Die Kommunisten kamen an die Macht, indem sie Protestkundgebungen manipulierten, Massenbewegungen organisierten – und diese unterdrückten, sobald sie ihren Zweck erfüllt hatten. Ein neugeborenes Kälbchen fürchtet den Tiger nicht. Auf diese Art kann man die Kommunisten nicht besiegen.«

Ich kehrte am 2. Juni 1989 nach Hongkong zurück. In der Nacht des 3. Juni erklärte die Kommunistische Partei dem chinesischen Volk den Krieg. In Beijing massakrierten Truppen bei der Räumung des Tiananmen-Platzes Hunderte von Studenten und andere Demonstranten. In Shanghai gelang es, die Proteste ohne Gewaltanwendung zu unterdrücken, was dem örtlichen Parteichef Jiang Zemin nach dem Massaker auf dem Platz des Himmlischen Friedens die Beförderung zum Vorsitzenden der KPCh sicherte.

Ich verfolgte die Niederschlagung der chinesischen Demokratiebewegung gemeinsam mit meinem Vater daheim vor dem Fernseher. Wir mussten beide weinen. Im Rückblick betrachtet war dies ein einschneidender Moment, vergleichbar mit dem 11. September 2001. Wir erinnern uns noch heute genau, wo wir an diesem Tag waren. Mein Vater war nach seinen persönlichen Erfahrungen mit den Kommunisten überzeugt, dass die Partei im Grunde böse war. Er hatte erlebt, wie sie sich im Handumdrehen gegen das eigene Volk gewandt hatte. Und er hatte das Schlimmste erwartet.

Als die Geschehnisse in China ihren Lauf nahmen und die Regierung Jagd auf Studentenführer machte, die nur wenige Jahre älter als ich waren, riefen mir meine Eltern in Erinnerung, dass sie ein neues Leben in Hongkong begonnen hätten, um mir eine bessere Zukunft zu ermöglichen. All die Opfer, erklärten sie, hätten sie gebracht, damit mir das Schicksal der Menschen auf dem Festland erspart bliebe. Ich sei zu jung und führe ein zu beschütztes Leben, um die chaotischen Vorgänge zu verstehen. Die Krise verstärkte meinen Wunsch, Hongkong zu verlassen, mich der Kontrolle meiner Eltern zu entziehen und irgendwo auf der Welt Freiheit und Abenteuer zu suchen, und sei es in Wisconsin.

3

Ende August 1989 machte ich auf der Reise nach Madison einen Zwischenstopp am Los Angeles International Airport. Steven holte mich in seinem hellblauen 3er-BMW ab und brachte mich zur UCLA und zur USC. Wir besuchten die Sehenswürdigkeiten von Los Angeles, und einige Tage später begleitete er mich nach Milwaukee, da er dort Verwandte hatte.

Seine Verwandten nahmen uns mit in ein japanisches Restaurant. Ich war mit dem Schwimmteam von Hongkong ja schon einmal in Japan gewesen, aber Sushi aß ich zum ersten Mal im Mittleren Westen der USA. Zum Abschluss der köstlichen Mahlzeit steckte ich mir einen großen Klumpen Wasabi in den Mund. Ich weiß nicht mehr genau, was mir mehr zu schaffen machte: die peinliche Situation oder das Höllenfeuer, das der extrem scharfe Meerrettich in meinen Nebenhöhlen entflammte.

Von Milwaukee aus flogen wir in einem Kleinflugzeug nach Madison. Durch das Fenster sah ich, dass das ganze Land unter uns grün war. Ich hatte mein bisheriges Leben im Betondschungel von Shanghai und Hongkong verbracht, und jetzt fragte ich mich, ob ich dazu verdammt war, ein College in den Wäldern zu besuchen. Steven half mir, mich in meinem Zimmer im Studentenwohnheim einzurichten. Wir lernten meinen Mitbewohner kennen, einen nicht sehr gesprächigen Ringer aus Minneapolis, und am nächsten Tag kehrte Steven nach Kalifornien zurück.

Der Stundenplan im ersten Semester ließ mir viel Freizeit. Da ich eine Weile brauchte, um Anschluss zu finden, verbrachte ich die Nachmittage anfangs im Fitnessstudio gegenüber meinem Wohnheim, wo ich Gewichte stemmte. Das Schwimmteam der Universität trainierte in einem Becken gleich nebenan. Einmal sah ich mir das Training an und sprach den Trainer an. Ich hatte keine Ahnung, wie hoch das Niveau der Schwimmwettbewerbe der Big-Ten-Universitäten war. Ich fragte ihn, ob ich mich dem Team anschließen könne. Er lud mich zu einem Probetraining am nächsten Tag ein. Am folgenden Nachmittag war ich zur Stelle, sprang ins Wasser und begann zu kraulen. Nach ein paar Bahnen schrie er: »Du bist dabei!« Es hatte sich bezahlt gemacht, im Winter von Shanghai morgens das Eis auf der Oberfläche des Schwimmbeckens zu zerschlagen.

Im Schwimmteam fand ich im ersten Studienjahr emotionalen Rückhalt. Ich war der einzige Asiat unter lauter weißen Schwimmern, aber ich fühlte mich in der Gruppe akzeptiert. Wir veranstalteten Partys, bei denen auch reichlich Alkohol floss. Der Trainer, ein robuster Mann Anfang fünfzig namens Jack Pettinger, kümmerte sich um mich und lud mich an Thanksgiving, das die meisten ausländischen Studenten allein in ihren Zimmern verbrachten, zum Essen in sein Haus ein. Er holte mich im Studentenwohnheim ab. Ich hatte keine Ahnung, was sich beim Autofahren in Amerika gehörte. Meine Eltern hatten nie ein Auto besessen. Als er vorfuhr, stieg ich hinten ein. »Heh! Hältst du mich für deinen Chauffeur?«, bellte er. »Setz dich hier neben mich.« In China setzt man sich nicht neben eine ältere Person, und ich glaubte, dieselbe Regel gälte in Amerika. Ich hatte versucht, respektvoll zu sein. Ich musste noch viel lernen.

Da ich in Hongkong das siebte Schuljahr abgeschlossen hatte, stieg ich in Wisconsin ins zweite Studienjahr ein. Steven hatte es an der USC auf die Dean's List geschafft und zählte damit zu den Besten. Dasselbe strebte ich in Wisconsin an. In meinem ersten Jahr hätte ich es beinahe geschafft, aber von da an kam ich nie mehr in die Nähe dieser Auszeichnung. Ich wurde zu ein paar Partys von Studentenverbindungen eingeladen, aber dort fiel ich immer wie ein bunter Hund auf – zumindest hatte ich das Gefühl. Erst nach der Jahrtausendwende strömten chinesische Studenten in großer Zahl nach Wisconsin. Ich traf schon 1989 dort ein.

Als Neuankömmling wusste ich kaum etwas über die neuesten Fernsehserien, die immer das Hauptthema der Gespräche zu sein schienen. Es fiel mir schwer, Pointen zu verstehen – geschweige denn, dass ich selbst Witze hätte machen können. Mir fiel auf, dass viele Amerikaner eine ganz andere Vorstellung von der Freundschaft hatten als die Menschen in Asien. Die Beziehungen in Amerika waren eher oberflächlich. Neue Bekannte in Wisconsin begegneten mir mit Begeisterung und verhielten sich, als wären wir die engsten Freunde. Aber ich hatte das unangenehme Gefühl, dass sie nicht da sein würden, wenn ich jemanden brauchte, der wirklich an meinem Leben Anteil nahm.

Trotzdem mied ich im ersten Semester Studenten aus Hongkong. Da ich im Studentenwohnheim lebte und mit dem Schwimmteam trainierte, kam ich kaum mit Landsleuten in Kontakt. Wenn ich doch jemanden aus der Heimat kennenlernte, bemühte ich mich nicht weiter um eine freundschaftliche Beziehung. Einmal ging ich zu einer Party, die von Studenten aus der Kronkolonie organisiert worden war. Ich begann, mit jedermann Englisch statt Kantonesisch zu sprechen. Meine Landsleute deuteten das als Angeberei und luden mich nicht wieder ein. In Wahrheit wollte ich mich nur in die neue Umgebung einfügen, während ich zwischen Wohnheim, Vorlesungssaal, Cafeteria und Schwimmbecken meine Kreise zog.

Im zweiten Jahr zog ich aus dem Studentenwohnheim aus und kehrte dem Schwimmteam den Rücken. Der Trainer versuchte, mich zum Bleiben zu bewegen, weil meine Teilnahme sich positiv auf den Notendurchschnitt der Mannschaft auswirkte, aber ich musste mich auf das Studium konzentrieren. Ich hatte mich für ein Doppelstudium von Finanzen und Rechnungswesen entschieden, das ein Jahr länger dauerte und die Arbeitsbelastung erhöhte. Nun freundete ich mich auch mit Studienkollegen aus Asien an. Mein neuer Mitbewohner stammte aus Indonesien und brachte mich in Kontakt mit einer großen Gruppe japanischer, taiwanesischer und koreanischer Studenten. Ich ging sowohl mit amerikanischen als auch mit asiatischen Mädchen aus. Und bei Ausflügen nach Chicago genoss ich die Atmosphäre der Großstadt, die ich vermisst hatte. Trotz meines knappen Budgets entwickelte ich eine Vorliebe für gutes Essen und guten Wein.

An einem Tag im letzten Studienjahr stieß ich auf die Besprechung eines Chicagoer Restaurants namens »Everest«, das ein Degustationsmenü mit siebzehn Gängen anbot. Das weckte meine Neugier, und ich reservierte umgehend einen Tisch für mich und eine Freundin. Am Tag des Restaurantbesuchs fasteten wir und waren entsprechend hungrig, als wir uns an unseren Tisch setzten. Der Sommelier geleitete uns geduldig durch die Weinkarte. Als ich den Kellner fragte, wann der Hauptgang komme, waren wir bereits am Ende der Mahlzeit angelangt. Bis dahin waren alle Gänge winzige Portionen auf riesigen Tellern gewesen. Das war meine erste Begegnung mit der Nouvelle Cuisine.

Da ich unmittelbar nach der Niederschlagung der chinesischen Demokratiebewegung in die Vereinigten Staaten gekommen war, hatte ich dank eines von Präsident George H.W. Bush unterzeichneten Präsidialdekrets Anspruch auf eine Greencard. Aber ich verzichtete darauf. Die Vereinigten Staaten waren mir zu fremd, und ich hatte den Verdacht, dass meine Entwicklung stagnieren würde, wenn ich dauerhaft dort bliebe. Die Kultur der Studentenverbindungen prägte auch die Beziehungen in der Unternehmenswelt, und aus meinen Erfahrungen bei den Partys, die ich besucht hatte, schloss ich, dass ich kaum Gemeinsamkeiten mit amerikanischen Vorgesetzten und Kollegen haben würde. Nach vier Jahren in Wisconsin machte ich im Mai 1993 meinen Abschluss und kehrte nach Hongkong zurück.

Die Erfahrungen in den Vereinigten Staaten veränderten mich tiefgreifend. Schon in Hongkong und China fiel ich wegen meiner Größe und meiner Kleidung durchs Raster. Aber die Zeit in den Vereinigten Staaten prägte mich noch individualistischer. Ich freundete mich mit meiner Eigentümlichkeit an. Meinen Eltern missfiel das. Sie bedauerten, dass ich nicht in Hongkong geblieben war. »Du hättest dich besser entwickelt«, erklärte meine Mutter nach meiner Rückkehr. »Du wärst nicht so eigensinnig geworden. Du würdest weniger mit uns streiten.« Sie waren beide überzeugt, es sei die schlechteste Entscheidung ihres Lebens gewesen, mich nach Amerika zu schicken.

Für mich war die Zeit in Wisconsin befreiend gewesen. Die Erlebnisse dort bereiteten mich auf ein Leben als Weltbürger vor. Ich freundete mich mit Menschen aus dem ganzen Land und aus aller Herren Länder an, mit Menschen von unterschiedlicher Hautfarbe und verschiedenen religiösen Überzeugungen und politischen Ansichten. Hätte ich diese Reise in die Vereinigten Staaten nicht unternommen, so wäre ich nie so erfolgreich geworden, wie ich es schließlich werden sollte. Mein Englisch war wie verwandelt: Unter dem Einfluss von Amerikanern aus dem Mittleren Westen und von Ausländern eignete ich mir einen Akzent an, der eher wie der Arnold Schwarzeneggers als wie der eines Hongkong-Chinesen klang.

Wieder daheim, machte ich mich auf die Arbeitssuche und schickte zwanzig Bewerbungen an Investmentbanken. Wenige Tage später wurde ich von Morgan Stanley und Goldman Sachs zu Bewerbungsgesprächen eingeladen. Aber ich setzte beide Interviews in den Sand. Der Interviewer bei Morgan Stanley sagte mir, ich solle auf seinen Anruf warten, und in meiner Ahnungslosigkeit schlug ich ihm vor, einfach eine Nachricht auf meinem Anrufbeantworter zu hinterlassen, da ich ohnehin vorhätte, vor dem Arbeitsantritt in Urlaub zu fahren. Beim Interview mit Goldman Sachs ließ ich mich auf eine Diskussion über Rassismus ein und erhob die Stimme. Keine der beiden Banken meldete sich bei mir.

Ich nahm einen Posten als Aktienhändler bei der Brokerfirma Citibank Vickers an. Ich hatte erwartet, dass es eine aufregende Tätigkeit sein würde. In meiner Generation hatte alle Welt Michael Douglas als Gordon Gekko in *Wall Street* gesehen und seine Worte »Gier ist gut« nicht vergessen. Aber ich stellte rasch fest, dass die Tätigkeit eines Brokers bei Weitem nicht so abenteuerlich war, wie sie dargestellt wurde. Zumindest in Hongkong kam es in diesem Job nicht darauf an, was man wusste, sondern darauf, wen man kannte. Hatte man wohlhabende Kontakte, konnte man es schaffen. Aber als Nachwuchsbroker mit begrenzten Verbindungen musste ich darauf warten, dass mir mein Vorgesetzter Aufträge zuschob, die ihm zu klein oder zu mühsam schienen. Die Klienten riefen mich nicht an, um zu kaufen oder zu verkaufen, sondern um zu plaudern. Mir wurde rasch klar, dass es gleichgültig war, ob ich oder irgendein anderer einen Anteil an der Hongkong & Shanghai Banking Corp. oder irgendeine andere Aktie verkaufte. Ich fragte mich: *Was unterscheidet das hier vom Verkauf von Schuhen?*

Trotzdem ahmten meine Kollegen und ich die überdrehte, vergnügungssüchtige Kultur nach, die wir im Film gesehen hatten. Die Börse Hongkong schloss jeden Tag um vier Uhr nachmittags, und nach einem Besuch im Fitnesscenter machten wir uns auf den Weg in die Bars in der Lan Kwai Fong, einer gewundenen Straße unweit des Finanzzentrums. Das machte man eben so. Als frischgebackener Broker sagte ich mir, das Feiern erfülle einen beruflichen Zweck. Um erfolgreich zu sein, brauchte man eine umfangreiche Kontaktliste. Ich schwirrte herum wie eine kopflose Fliege, wie eine chinesische Redewendung es beschreibt, und trieb mich in den Bars herum, um geschäftliche Kontakte zu knüpfen. Aber Geld verdiente ich eigentlich nicht.

Nach einer Weile hatte ich das Kreditkartenlimit überzogen und musste meine Eltern bitten, meine Schulden zu bezahlen. Ich war wieder bei ihnen eingezogen. Sie hatten den Immobilienboom in Hongkong genutzt und waren einmal mehr in eine bessere Gegend umgezogen. An manchen Tagen kam ich erst im Morgengrauen nach Hause. Nachdem ich mehrfach die ganze Nacht unterwegs gewesen war, setzten mich meine Eltern vor die Tür. Ich fand eine 45-Quadratmeter-Wohnung im Viertel Tianhou. Das Queen's College war nur zwei Blocks entfernt. Ich kannte die Gegend und fühlte mich heimisch.

Nach neun Monaten als Börsenmakler machte ich mich auf die Suche nach einem anderen Job. Ich suchte eine Tätigkeit, in der ich meine Ausbildung nutzen konnte, eine Position, die mir Karrierechancen eröffnete. Im Juni 1994 stellte ich mich bei einer Private-Equity-Firma namens ChinaVest vor. Die Büros der Firma nahmen das gesamte Penthouse eines Büroturms im Central District ein. Die Location schien mir sehr exklusiv. Sie fragten mich, was ich über Unternehmensbeteiligungen wisse. Ich hatte den Begriff Private Equity erst am Vortag nachgeschlagen; in meinem Finanzlehrbuch aus dem College fanden sich lediglich drei Zeilen dazu. Es war ein neues Gebiet. Ich plapperte nach, was ich in dem Lehrbuch gelesen hatte, und bekam den Job.

ChinaVest war im Jahr 1981 von Bob Theleen gegründet worden, einem wortgewandten ehemaligen CIA-Mitarbeiter. Die weiteren Gründungspartner waren seine Frau Jenny, die in Singapur aufgewachsen war und in Frankreich studiert hatte, sowie zwei weitere Amerikaner. Dass ich eingestellt wurde, hing direkt mit den Veränderungen in China zusammen. Die Jahre 1989 bis 1992 waren eine schwierige Zeit für China gewesen. Nach der Niederschlagung der Demokratiebewegung auf dem Platz des Himmlischen Friedens im Jahr 1989 hatte der reaktionäre Flügel der KPCh unter der Führung von Ministerpräsident Li Peng die marktwirtschaftlichen Reformen teilweise rückgängig gemacht, die private Unternehmenstätigkeit unterdrückt und Geld in den ineffizienten Staatssektor gepumpt. Die Folge war ein dramatischer Rückgang jeglicher wirtschaftlichen Aktivität. Aber im Jahr 1992 verlor Deng Xiaoping, der mächtigste Mann in der Kommunistischen Partei, die Geduld mit den Konservativen und reiste nach Shenzhen an der Grenze zu Hongkong, wo er zur Fortsetzung der marktwirtschaftlichen Reformen aufrief. Dengs »Reise nach Süden« löste eine neue Welle des kapitalistischen Eifers aus. Davon profitierte vor allem Hongkong. Im Jahr 1993 besuchte der amerikanische Börsenguru Barton Biggs nach einer sechstägigen Chinareise die Kronkolonie und erklärte, er sei in Bezug auf China

»auf der richtigen Wellenlänge, vollkommen auf dem Laufenden und absolut zuversichtlich«. Nach Biggs' Bekenntnis zum chinesischen Markt strömten zwei Milliarden Dollar in die an der Hongkonger Börse notierten Aktien von Unternehmen, die im Chinageschäft tätig waren.

Theleen und sein Team nutzten diesen Boom und setzten ihre Kenntnis chinesischer Geschäftspraktiken ein, um Beteiligungen an Firmen zu erwerben, die auf dem Festland aktiv werden sollten. Sie investierten in Fast-Food-Ketten wie TGI Fridays und Domino's sowie in taiwanesische Elektronikfirmen. Sie sicherten sich einen Kontrollanteil an Tait Asia, einer Tochter der ältesten Handelsfirma in der Region, die sich auf Schnelldreher wie Bier und Zigaretten spezialisiert hatte.

Zwei Jahre lang bereitete ich für meinen ersten Vorgesetzten Alex Ngan Tabellenkalkulationen vor, machte Besprechungsnotizen und analysierte mögliche Investments. Ngan war ein strenger Vorgesetzter, aber die Arbeit war ungemein spannend. Spitzenmanager aus verschiedensten Branchen wurden in unserem Büro vorstellig und legten uns ihre Ideen vor. Es war eine gute Schule, eine anspruchsvollere Version jener Gespräche zwischen meinen Eltern und ihren Freunden, die ich als Junge verfolgt hatte. Noch besser war, dass ich dafür bezahlt wurde, mir diese wertvollen Informationen anzuhören, und dass ich der Jüngste im Raum war.

Die Firma übertrug mir die Betreuung von Tait Asia, womit ich plötzlich für Heineken und Marlboro zuständig war. Der Appetit der Chinesen auf Bier und Zigaretten war gewaltig. Innerhalb weniger Jahre stieg der Umsatz von Heineken-Bier auf dem chinesischen Markt von null auf 40 Millionen Dollar – und Tait Asia hatte die Vertriebsrechte.

China hatte Importbier mit hohen Zöllen von mehr als 40 Prozent belegt, um die heimischen Brauereien zu schützen. Tait Asia aber brachte das Bier nach Hongkong und verkaufte es an Unternehmen, die einen Weg fanden, um das Produkt zollfrei nach China einzuschleusen. Wir wollten nicht wissen, wie das funktionierte, solange Umsatz und Gewinn stiegen. Natürlich war ChinaVest nicht das einzige Unternehmen, das so arbeitete. Jeder, der Geschäfte mit China machte, handelte auf diese Weise und umging die Regeln, um Gewinn zu machen. Ich lernte rasch, dass in China alle Regeln umgangen werden konnten, sofern man das hatte, was die Chinesen als *guanxi* bezeichnen: Beziehungen innerhalb des Systems. Und da der Staat die Regeln laufend änderte, maß niemand ihnen mehr große Bedeutung bei.

Einmal bot ein chinesischer Marineoffizier Tait Asia an, das Bier auf einem Kriegsschiff nach China zu schmuggeln. Ich konnte es nicht glauben. Ich war mit der Vorstellung von einer heldenhaften Volksbefreiungsarmee aufgewachsen, die im Zweiten Weltkrieg gegen die Japaner gekämpft, China vom korrupten Regime Chiang Kai-Sheks befreit und den Amerikanern einen Waffenstillstand in Korea abgerungen hatte. Und jetzt schmuggelte die chinesische Kriegsmarine Bier?

Ich war neu in der Firma, und alles war ungewohnt für mich. Aber es verblüffte mich, dass ChinaVest überhaupt nichts darüber wissen wollte, auf welchen Wegen Tait Asia, immerhin ein Unternehmen, an dem die Firma Anteile hielt, ein Produkt nach China schleuste. ChinaVest hatte absichtlich eine Blackbox gebaut, in der sehr viel Geld von einer Hand in die andere wanderte. Um nicht gegen die amerikanischen Exportbestimmungen zu verstoßen, musste die Führung von ChinaVest so tun, als wüsste sie nichts von den Praktiken ihrer Geschäftspartner. Viele westliche Unternehmen, die auf dem chinesischen Markt tätig waren, wählten eine solche Vorgehensweise nach dem Motto: Was ich nicht weiß, macht mich nicht heiß. Menschenunwürdige Arbeitsbedingungen in Fabriken, die schicke Sportschuhe herstellen? »Das hätte niemand vermutet.« Zwangsarbeiter in Gefängnissen, die Jeans nähen? »Das muss ein Irrtum sein.« Undurchschaubare Geschäfte mit Armee und Polizei? »Davon wussten wir nichts.«

Ich lernte die Geschäftswelt gerade erst kennen und musste das Handwerk noch erlernen. Ich war nicht in der Position, um Urteile zu fällen. Wenn meine Vorgesetzten diese Praktiken für akzeptabel hielten, dann waren sie vermutlich unproblematisch. Und je besser ich das Chinageschäft kennenlernte, desto klarer wurde mir, dass alle Beteiligten – die amerikanischen Unternehmen, die Unternehmen aus Hongkong, die europäischen Unternehmen und natürlich auch die chinesischen – die Regeln zurechtbogen und umgingen. Dies war das Erste, was ich über den Handel mit China lernte. Diese Lehre legte den Grundstein für meine zukünftige Arbeit und zeigte mir, wie man in China vorankommen konnte.

Theleen verstand es meisterhaft, die Leute aus dem Westen mit seiner Kenntnis Asiens einzuwickeln. Im Herbst 1994 lud ChinaVest seine wichtigsten Investoren zu einem Treffen in Beijing ein. Unter den Teilnehmern waren Vertreter von Familienunternehmen aus dem Mittleren Westen und Großinvestoren wie die Ford Foundation und der öffentliche Rentenfonds Kaliforniens. Bob wollte ein großes Spektakel inszenieren und schickte mich nach China, damit ich bei der Organisation der Veranstaltung half. Ich holte die Gäste mit drei Hongqi-Limousinen am Flughafen ab. (Die »Rote Flagge«-Limousine war eine plumpe Kopie des Lincoln Continental.) Wir brachten unsere Besucher im Diaoyutai-Gästehaus unter, wo Richard Nixon und Henry Kissinger im Jahr 1972 während des legendären ersten amerikanischen Staatsbesuchs im kommunistischen China gewohnt hatten. Jedes Mal, wenn wir in der Stadt unterwegs waren, schalteten unsere Fahrer die Sirenen ein, damit die übrigen Autos den Weg frei machten. Unsere Gäste waren beeindruckt. Viele waren zum ersten Mal in China und nicht an eine solche Behandlung gewöhnt, deren Zweck darin besteht, Besucher durch Schmeichelei zu überwältigen. Einer der Gäste, der Spross einer wohlhabenden Familie in Ohio, sah mich an und erklärte: »Das ist eine andere Welt.« Theleen hatte den Trick von den Chinesen gelernt, die diese Schock-und-Ehrfurcht-Gastfreundschaft meisterhaft beherrschen. Es gelang ihm, bei seinen Investoren den Eindruck zu erwecken, China sei ein Rätsel, das nur ChinaVest lösen könne.

Als die Gäste abgereist waren, legte mir das Gästehaus eine hohe Rechnung vor. Einige unserer Gäste hatten sich bei den Retro-Kugelschreibern bedient und Notizblöcke, Glasgefäße und Aschenbecher aus ihren Zimmern mitgehen lassen. Die Firma war gerne bereit, für weitere Geschäfte diesen kleinen Preis zu bezahlen.

Auf der Suche nach Investitionschancen begann ich, China zu bereisen. Ich besuchte Luoyang in der Provinz Henan, das für seine Pfingstrosen und die buddhistischen Drachentor-Grotten berühmt ist, aber als ich im Sommer 1995 dort eintraf, war es nicht mehr als ein schmutziges postkommunistisches Loch. Ich sah mir eine Motorradfabrik an; diese Branche erwachte gerade erst zum Leben, da die Chinesen begannen, ihre Fahrräder durch Motorroller zu ersetzen. In der Küstenprovinz Fujian machte ich in einer Fabrik halt, die Fernsehgeräte produzierte und sich später in den weltgrößten Hersteller von Computerbildschirmen verwandeln sollte. Im Hinterland der Provinz Anhui, die lange Zeit als ärmste Region Chinas galt, war ein Polizeiwohnheim die einzige erträgliche Unterkunft, die ich finden konnte. Zurück in der Provinzhauptstadt Hefei, die alles andere als ein idyllischer Ort war, feierte ich die Rückkehr in die Zivilisation in einem schäbigen Viersternehotel.

China war so arm, dass keines der neu entstandenen Privatunternehmen ausreichende Einnahmen erzielte, um sich in ein interessantes Investitionsziel zu verwandeln. Dennoch spürte ich, dass die jahrzehntelang von den Kommunisten unterdrückte wirtschaftliche Energie nur darauf wartete, freigesetzt zu werden. Das Einzige, was angehende Unternehmer brauchten, war die Bereitschaft der Regierung, ihnen eine Chance zu geben.

Ich hatte das Gefühl, endlich an etwas teilzuhaben, was größer als ich war. Ich hatte China früh lieben gelernt. Daher war es nur natürlich, dass ich an dieser neuen chinesischen Geschichte teilhaben wollte. Niemand konnte ahnen, wie der nächste Tag verlaufen würde, und als ich in mein Heimatland zurückkehrte, war ich mir alles andere als sicher, ob ich das Ziel erreichen würde, etwas aus mir zu machen. Aber ich hatte das Gefühl, das Richtige zu tun.

Das erste chinesische Technologieunternehmen in Privatbesitz, an dem sich ChinaVest beteiligte, war AsiaInfo, eine Firma, die das Rückgrat des chinesischen Internets entwickeln sollte. Edward Tian, der einen Doktortitel der Texas Tech im Fachbereich Management von Bodenschätzen hatte, und Ding Jian, der einen Mastertitel in Informationswissenschaft der UCLA und einen MBA der Cal Berkeley besaß, hatten die Firma im Jahr 1993 in Texas gegründet. AsiaInfo war es gelungen, sich bei Dell, Cisco Systems und anderen Firmen Software und Ausrüstung zu beschaffen, um ein System aufzubauen, das die Chinesen untereinander und China mit dem Rest der Welt verbinden sollte. Das Internet kam im Jahr 1994 nach China. Am Ende jenes Jahres hatten 30 000 Haushalte einen Internetanschluss. Heute haben in dem Riesenreich fast eine Milliarde Menschen Zugang zum Netz. Das sind 20 Prozent der Internetnutzer auf dem Planeten.

Tian war kein Techniker, aber ein ausgezeichneter Verkäufer. Fasziniert hörte ich ihm zu, als er in seinem Verkaufsvortrag versuchte, seinem Land dabei zu helfen, Anschluss an die Revolution in der Telekommunikation zu finden, die den Globus erfasst hatte. Tian beschrieb seine Rückkehr nach China als Teil des jahrhundertelangen Stroms patriotischer Chinesen, die nach der Ausbildung im Ausland die Heimreise antraten, um ihr Vaterland aufzubauen. Tian erklärte weiter, den Anstoß zur Gründung von AsiaInfo habe ihm eine Rede des Senators (und späteren Vizepräsidenten) Al Gore im Jahr 1991 gegeben, in der Gore das Internet als »Informationsautobahn« beschrieben hatte. Nur zwei Jahre später hatte Tian in den Vereinigten Staaten vor dem Fernseher gesessen und zugesehen, wie sich in den Städten Chinas Millionen Studenten versammelt hatten, um für Demokratie einzutreten, und wie ich hatte er geweint, als die Volksbefreiungsarmee in Beijing Hunderte Menschen getötet hatte. Wie viele andere Chinesen hatte sich Tian daraufhin dem Kapitalismus, dem freien Informationsfluss und dem Unternehmertum zugewandt, um ein neues China aufzubauen. Er verknüpfte das Versprechen des technologischen Fortschritts mit dem größerer Freiheit in China. »Mit unserer Technologie«, verkündete er, »kann die Aufklärung wie Wasser durch die Leitungen fließen.«[1] Als er von patriotischen chinesischen Studenten sprach, die in ihr Heimatland zurückkehrten, hatte ich das Gefühl, Teil einer großen gemeinsamen Anstrengung zu sein. Mittlerweile ist mir klar, dass es ein kalkuliertes Manöver war, mit dem Tian westliche Investoren beeindrucken und chinesische Parteifunktionäre einwickeln wollte. Er verstand es, eine Geschichte zu erzählen, die in den Ohren beider Seiten gut klang. Dennoch wurde sein Erfolg in China zum Fanal für Zehntausende Heimkehrer wie mich.

Ich war der Analyst des Projekts. Tian verlangte einen Geldbetrag, der meinen Chefs bei ChinaVest maßlos schien. Er behauptete, AsiaInfo habe einen Wert von 100 Millionen Dollar, obwohl die Einnahmen des Unternehmens kaum 15 Millionen Dollar betrugen. AsiaInfo wuchs rasch, aber es wurde von einem Haufen Technologieexperten geleitet, die keinerlei Erfahrung mit Tabellenkalkulationen hatten. Dennoch prognostizierte Tian, sein Unternehmen werde seine Einnahmen innerhalb von drei Jahren um 600 Prozent erhöhen.

ChinaVest war nicht die einzige Firma, die Interesse an AsiaInfo hatte. Am Ende sollte die Investmentfirma Wargburg Pincus zwölf Millionen Dollar investieren. Wir steuerten sieben Millionen bei, und Fidelity Ventures machte rund eine Million Dollar locker. Das war die bis dahin größte außerbörsliche Kapitalbeteiligung an einem Unternehmen in China. Als AsiaInfo am 3. März 2000 an die Börse gebracht wurde, stieg sein Aktienkurs im NASDAQ am ersten Handelstag von 24 auf mehr als 110 Dollar und ging mit 75 Dollar aus dem Handel, was einem Zuwachs von 314 Prozent entsprach. Jeder Partner von ChinaVest war damit auf dem Papier um acht Millionen Dollar reicher geworden. Und Chinas rasanter Aufstieg hatte gerade erst begonnen.

Die Begegnung mit einigen Beteiligten des AsiaInfo-Geschäfts gab mir einen Vorgeschmack auf die Methode, die China anwenden würde, um sich in der Weltwirtschaft durchzusetzen: Das Rezept bestand darin, unternehmerisches Talent mit politischen Verbindungen zu verknüpfen.

Edward Tian war ein Schlüsselakteur. Schon vor AsiaInfos Börsengang in New York hatte ihn ein chinesisches Staatsunternehmen, das von Jiang Mianheng, dem Sohn des chinesischen Parteichefs Jiang Zemin, gegründet worden war, zu einer Firma namens Netcom gelockt, deren Mission darin bestand, das ganze Land an ein Glasfaserkabelnetz anzuschließen und China im Schnellverfahren eine Spitzenposition in der Informationstechnologie zu sichern. Einige der Städte, die Netcom mit Breitbandanschlüssen versorgte, waren bis dahin nicht einmal ans Telefonnetz angeschlossen gewesen. Anfang des 21. Jahrhunderts verlegten die Techniker von Netcom innerhalb von zehn Monaten fast 10000 Kilometer Glasfaserkabel und verbanden die siebzehn größten Städte Chinas mit dem Internet.

Tians Fähigkeit, ein Telekommunikationsunternehmen zu leiten und eine große Vision zu vermitteln, war grundlegend für den Erfolg dieses gewaltigen Vorhabens. Aber ohne die Unterstützung von Jiang Mianheng wären auch seine Anstrengungen mit Netcom nicht erfolgreich gewesen. Nur in Kombination mit Jiangs politischen Verbindungen konnte Tians überbordende Zuversicht den technologischen Aufstieg Chinas einleiten. Die Verbindung von technischen Kenntnissen und politischer Rückendeckung wurde zum Muster für Chinas Aufbruch in die Zukunft und ermöglichte es ehrgeizigen Menschen wie mir, etwas aus ihrem Leben zu machen.

Das AsiaInfo-Geschäft bewies, dass auch ausländische Firmen an diesem Spiel teilhaben konnten. Sie waren genauso interessiert daran, die Verbindungen der Söhne und Töchter hochrangiger Parteifunktionäre zu nutzen, um sich im chinesischen System eine Vorzugsbehandlung zu sichern.

Unter den Bankern, die AsiaInfo für die Transaktion anwarb, war ein junger Mann namens Feng Bo. Fengs Vater war ein Autor und Herausgeber namens Feng Zhijun, der in den Fünfzigerjahren in einer politischen Kampagne als »Rechter« gebrandmarkt und ins Arbeitslager geschickt worden war. Nachdem im Jahr 1976 die Mitglieder der »Viererbande« (des radikalen inneren Kreises von Mao) verhaftet worden waren, war Feng Zhijun freigelassen worden und stieg rasch zu einer führenden Figur in der Demokratischen Liga Chinas auf – einer von acht politischen Parteien, die das kommunistische Regime nach der Machtergreifung im Jahr 1949 nicht zerschlagen hatte, weil sie geeignet waren, die Fassade eines pluralistischen politischen Systems aufrechtzuerhalten. Feng Zhijun saß zehn Jahre im Ständigen Ausschuss des Nationalen Volkskongresses, der chinesischen Pseudolegislative, und hatte Zugang zu internen Informationen über politische Veränderungen, die sich auf ausländische Firmen auswirken konnten.

Fengs Sohn Feng Bo war ein mittelmäßiger Student gewesen. Nachdem er bei der Hochschulzulassungsprüfung in China schlecht abgeschnitten hatte, schickte sein Vater den siebzehnjährigen Bo im Jahr 1987 in die Vereinigten Staaten zu einem amerikanischen Freund in der Hoffnung, sein Sprössling werde seinen Weg finden. Feng Bo landete im kalifornischen Marin County, besuchte einen Englischkurs am örtlichen Community College, und lernte am Stinson Beach surfen. Um über die Runden zu kommen, arbeitete er als Kellner, bereitete Sushi zu und kochte in einem chinesischen Restaurant. Er probierte sich aus an der Avantgarde-Fotografie und träumte davon, Regie bei Arthousefilmen zu führen. Dann lernte er in Nordkalifornien lernte Sandy Robertson kennen, den Leiter von Robertson Stephens, einer Investmentbank in San Francisco, die sich auf die New Economy spezialisiert hatte und mit der Internetblase wuchs (und schließlich mit ihr untergehen sollte). Robertson erfuhr, dass Feng Bos Familie großen politischen Einfluss besaß, bildete ihn zum Investmentbanker aus, gab ihm einen Spitzenposten in seiner Firma und ermutigte ihn, die Verbindungen seiner Familie zu nutzen, um mit dem Internet verbundene Investitionschancen in China ausfindig zu machen. Berichten zufolge brüstete sich Robertson im April 1994 in einem Schreiben an Ron Brown, den Handelsminister in der Regierung Clinton, mit Feng Bos Beziehungen zum chinesischen Regime.[2] Feng Bo hatte mittlerweile eine Amerikanerin geheiratet, mit der er zwei Kinder hatte.

Die Art und Weise, wie Robertson Feng Bos Beziehungen nutzte, machte für mich das Innenleben eines politischen Systems sichtbar, das kommunistische Parolen verbreitete, während sich die Familien hoher Parteifunktionäre dank der Wirtschaftsreformen bereicherten. Die Söhne und Töchter der Parteioberen hatten sich in eine Art von Aristokratie verwandelt: Sie heirateten untereinander, führten ein Leben, das nichts mit dem des chinesischen Normalbürgers zu tun hatte. Und sie verdienten ein Vermögen damit, den Zugang zu ihren Eltern, zu Insiderinformationen und zu behördlichen Genehmigungen zu verkaufen, auf die jedermann angewiesen war, der sich einen Anteil an den Reichtümern Chinas sichern wollte.

Nach dem AsiaInfo-Geschäft engagierte ChinaVest Feng Bo als ersten Repräsentanten der Firma in Beijing. Im Herbst 1997 verließ Feng Bo die Firma, um auf eigene Faust Investitionsmöglichkeiten zu nutzen. Er ließ sich schließlich von seiner amerikanischen Ehefrau scheiden und heiratete Zhuo Yue, eine Enkelin von Deng Xiaoping. Ich hatte den Eindruck, dass Feng Bo die Nähe zur Familie Deng nutzte, um sehr reich zu werden. Er verwandelte sich in einen Angeber und tauschte den Traum von der Avantgardefilmkunst gegen die Zurschaustellung gewaltigen Reichtums ein: Eine Weile sah man ihn in einem roten Rolls-Royce Cabrio mit militärischen Nummernschildern durch Beijing fahren. Sogar in seinem engeren Kreis gab es Leute, denen das ein bisschen übertrieben schien: Im Allgemeinen verhielten sich die Angehörigen des roten Adels in der Öffentlichkeit zurückhaltender.

Kurze Zeit nach Feng Bos Ausstieg versammelte sich das Management von ChinaVest. Kurz vor der Sitzung nahm mich Jenny Theleen, die Frau des Firmengründers Bob Theleen, beiseite: »Sagen Sie, Desmond, was halten Sie davon, nach Beijing umzuziehen?«, fragte sie beiläufig. »Sie könnten unser neuer Repräsentant in China werden.« Ich hielt das zuerst für einen Scherz, aber ihr Gesichtsausdruck war vollkommen ernst. Ich war 29 Jahre alt, als sich der Kreis schloss: In China geboren, war ich in Hongkong und den Vereinigten Staaten ausgebildet worden, und jetzt würde ich nach China zurückkehren. Wenige Minuten später informierte Bob das versammelte Management über meine Beförderung.

4

Als ich Ende 1997 in Beijing eintraf, entdeckte ich ein neues China. Seit Deng Xiaoping im Jahr 1992 die Reformen wieder hatte aufleben lassen, hatte sich die Wirtschaftsleistung verdoppelt, und bis 2004 sollte sie es ein weiteres Mal tun. Überall erzählte man sich Geschichten von Menschen, die es vom Tellerwäscher zum Millionär gebracht hatten, von Leuten, die im Handumdrehen Reichtümer angehäuft hatten, von finanziellen Sensationen. Die ungestüme Energie des Landes war ansteckend. Überall schossen Privatunternehmen aus dem Boden; es schien, als wolle jeder sein eigener Herr sein. Die Festlandchinesen hatten Jahrzehnte in Armut gelebt, die ihnen der Kommunismus aufgezwungen hatte. In den Neunzigerjahren entdeckten sie das Geld, das Eigentum, Autos und Luxusgüter wieder – und blickten nicht mehr zurück.

Die Partei förderte den Konsum und bot dem Volk einen ungeschriebenen Gesellschaftsvertrag an, den Deng in der Aussage »Reich zu werden, ist glorreich« zusammenfasste. Im Grunde erklärte die Partei: Verzichtet auf die Freiheit, und wir lassen euch Geld verdienen. Das war die Abmachung.

Doch die meisten Unternehmen blieben klein. Ein Privatunternehmen mit einem Umsatz von zwei Millionen Dollar galt bereits als groß; nur im Süden bauten die Produzenten riesige Exportunternehmen auf, die Sportschuhe, Weihnachtsbeleuchtung, Spielzeug und Mikrowellenherde für den amerikanischen Markt produzierten. Wanxiang, das sich in den folgenden Jahren in einen der größten Autozubehörproduzenten der Welt verwandeln sollte, stand gerade erst am Anfang seiner Entwicklung, und Jack Ma, ein ehemaliger Englischlehrer, der die Internetsensation Alibaba gründen sollte, war noch auf der Suche nach wohlhabenden Investoren. Ich traf mich im Café des Ritz-Carlton in Hongkong mit Jack, und er lachte über meine Forderung nach einem Geschäftsplan. »Goldman Sachs bietet mir nur für eine Idee fünf Millionen Dollar«, sagte er. »Warum soll ich Ihnen einen Geschäftsplan vorlegen, wenn wir lediglich über drei Millionen Dollar reden.«

Das kommunistische System samt zentraler Lenkung und Wirtschaftsplanung hatte Mühe, sich den Veränderungen anzupassen. Die alten Gesetze waren nicht mehr anwendbar. Aber wenn die Partei neue Gesetze entwarf, schufen die Ministerien absichtlich große Grauzonen, damit die Behörden stets die Möglichkeit hatten, missliebige Marktteilnehmer zu verfolgen.

Die Auflösung des staatlichen Systems der Arbeitseinheiten (Danwei) in den Städten, wo die Arbeiter in von der Fabrik bereitgestellten Wohnungen gelebt, ihre Kinder in die fabrikeigene Schule geschickt und gemeinsam in der Fertigungsstraße gearbeitet hatten, öffnete ein riesiges Gebiet für Investitionen und Reichtum: das Baugewerbe.

Die Korruption durchdrang das System, und Funktionäre der Kommunistischen Partei und ihre Familien nutzten ihre Beziehungen nach Kräften, um verbündeten Bauunternehmern gute Grundstücke zu sichern. Hochrangige Parteifunktionäre setzten die Korruptionsbekämpfung ein, um sich politischer Gegner zu entledigen. Als ich in Beijing eintraf, beschäftigte gerade der Fall des Bürgermeisters der Hauptstadt die Gerichte. Chen Xitung wurde beschuldigt, bei einem Projekt zum Bau von Feriensiedlungen für die Parteielite Millionen unterschlagen zu haben. In Wahrheit bestand sein »Verbrechen« darin, dass er die sogenannte Beijing-Clique angeführt hatte, eine Parteifraktion, die im Clinch mit der »Shanghai-Clique« lag, an deren Spitze Parteichef Jiang Zemin stand. Im Jahr 1998 wurde Chen zu einer Gefängnisstrafe von sechzehn Jahren verurteilt. Sein Sturz wurde in dem nur oberflächlich als Fiktion getarnten Reißer *The Wrath of Heaven* von Bernard R. Gray beschrieben, in dem die wachsende Kluft zwischen der offiziellen Version einer ehrbaren Parteiführung und der in der

Bevölkerung verbreiteten Einschätzung thematisiert wurde, die Parteielite sei eine Kabale geldgieriger Apparatschiks, deren Leben nichts mehr der Realität der Normalbürger zu tun hatte.

Als ChinaVests Repräsentant in Beijing konnte ich fühlen, wie der jahrzehntelang durch die materielle Knappheit gebremste Wirtschaftsmotor brummte. Das kommunistische System war nicht in der Lage gewesen, die materiellen Bedürfnisse der Bevölkerung zu erfüllen. Aber das änderte sich, und zwar schnell. Fernsehgeräte, Kühlschränke, Ventilatoren, Mikrowellen und Waschmaschinen fanden reißenden Absatz. Aber es fiel mir schwer, jemanden dazu zu bewegen, mir gleichsam einen Blick unter die Motorhaube zu gewähren, damit ich mir ansehen konnte, wie China wirklich funktionierte. Unsere Investitionen waren im Wesentlichen auf ausländisch finanzierte Unternehmen beschränkt, die Fabriken bauten, Vertriebsketten zusammenbastelten und technologisches Know-how ins Land brachten, das China in ein weltweites Produktionszentrum verwandelte. Diese Aktivität wurde noch intensiver, als China im Jahr 2001 die Bedingungen für seinen Eintritt in die Welthandelsorganisation aushandelte.

Ich war nicht auf meine Aufgabe vorbereitet. Schließlich hatte ich weder in der Wirtschaft noch in der Partei Verbindungen. Ich war kaum dreißig Jahre alt. Ich konnte nicht einmal Moutai trinken, einen aus Sorgumhirse gebrannten hochprozentigen Schnaps, der wie Kerosin schmeckt und als Getränk der kommunistischen Granden ein fester Bestandteil des chinesischen Nationalmythos ist. Ich musste mir selbst eingestehen, dass ich keine Ahnung hatte, wie ich mit Festlandchinesen umgehen sollte. Es war ein anderer Menschenschlag. Ich fühlte mich, als wäre ich auf einem fremden Planeten gelandet.

Zunächst einmal war ich nicht zu Small Talk über Politik imstande, der im Chinageschäft unerlässlich ist. Ich kam aus einem ganz anderen sozioökonomischen Umfeld. Ich strebte eine Karriere an, während es meinen chinesischen Gesprächspartnern in erster Linie darum ging, zusätzliches Geld einzustreichen. Meine

Bewegungsfreiheit war unbegrenzt: Ich konnte jederzeit nach Hongkong reisen. Für sie war eine Auslandsreise der Höhepunkt des Jahres. Ich konnte einkaufen gehen, wo immer ich wollte, und kannte Marken, von denen sie nie gehört hatten. Aber ich wusste nicht, wie man mit Geldscheinen gefüllte »rote Umschläge« unauffällig weitergab. All das wirkte sich aus. Ich war ein Fremder in meinem Heimatland. Ich hatte die einzigartige »Klebrigkeit« der zwischenmenschlichen Beziehungen in China vergessen, die ich als Kind in Shanghai kennengelernt hatte.

Zurück in meiner Geburtsstadt, traf ich mich mit einem Spitzenmanager der Fuxing Group, einem rasch wachsenden Konglomerat. Wir führten beim Tee ein angenehmes Gespräch über die Geschäftsbereiche des Unternehmens, aber es war klar, dass er nicht am Geld von ChinaVest interessiert war. Es ging das Gerücht um, dass sich Fuxing mit der Familie von Staatspräsident Jiang Zemin verbündet hatte. Der Konzern hatte keinen Grund, einer ausländischen Firma zu erlauben, einen Blick hinter den Vorhang zu werfen und sich ein Bild von den inneren Abläufen des Unternehmens zu machen. Der Mann gelangte vermutlich nach fünf Minuten zu folgendem Schluss: *Dieser Idiot weiß überhaupt nichts über China*. Und er hatte recht.

In Beijing lebte ich in der Scheinwelt der Auslandschinesen. Ich hatte eine schöne Wohnung gegenüber dem Außenministerium. Ein Fahrer kutschierte mich in einer schwarzen Hongqi-Limousine durch die Stadt. Ein Freund scherzte, ich werde so umsorgt, dass eine Kindermädchen-Sekretärin mein Büro, ein Kindermädchen-Koch meine Küche und eine Kindermädchen-Freundin – ein Model aus Shanghai – mein Schlafzimmer managte.

Meine sozialen Kontakte waren im Wesentlichen auf Leute aus dem Westen, englischsprachige Asiaten sowie Einheimische beschränkt, die Anschluss an Auslandschinesen suchten. ChinaVest hatte sein Büro im Swissôtel, wo auch andere westliche Firmen untergebracht waren. Ich trainierte, umgeben von Ausländern, im Fitnessstudio des Hotels und feierte mit Ausländern im Hard

Rock Cafe, das im Jahr 1994 eine Niederlassung in Beijing eröffnet hatte.

Ich war Stammgast in einer Bar namens Half Moon Café. Das Lokal befand sich in einer Nebengasse in der Nachbarschaft eines heruntergekommenen Restaurants, in dem ein Sichuan-Feuertopf angeboten wurde. Das Half Moon Café war ein beliebter Treffpunkt für Leute aus dem Westen und auf den Hund gekommene Angehörige der Beijinger Halbwelt. Chinesische Musiker spielten dort Jazz, eine Kunstform, die in China beliebt gewesen war, bevor die Kommunisten diese »Musik der Bourgeoisie« verboten hatten.

Der Inhaber der Bar war Jin Xing, ein chinesischer Tänzer und Choreograf, der in den Achtzigerjahren in New York bei Martha Graham, Merce Cunningham und anderen Legenden des Modern Dance studiert hatte. Im Jahr 1995 hatte er sich der ersten publik gemachten Geschlechtsumwandlung in der chinesischen Geschichte unterzogen und war seitdem eine Frau.

Wann immer ich die Bar betrat, benachrichtigte der Barkeeper Jin, und sie setzte sich zu mir. Ich hatte das Gefühl, dass sie sich immer ein bisschen zu sehr freute, mich zu sehen; also schränkte ich meine Besuche im Half Moon ein. Aber das war Beijing. Jedermann war auf der Suche nach Abenteuern und sehnte sich nach etwas Neuem, wobei das Neue oft Geld war, aber auch persönliche Freiheit und das, was die Chinesen als westlichen Lebensstil betrachteten.

Nachdem sie viele Jahre am Verlassen des Landes gehindert worden waren, begannen die Chinesen in großer Zahl auszuwandern. Auch viele attraktive junge Chinesinnen hegten den Wunsch, aus dem Land herauszukommen. Bei einer Party, zu der ein Ausländer eingeladen hatte, lernte ich eine junge Frau kennen, und auf der Suche nach gemeinsamen Interessen kamen wir auf das Schwimmen zu sprechen und verabredeten uns im Bad des chinesisch-japanischen Freundschaftszentrums im Osten der Stadt, das ein olympisches Becken hatte.

Mein Date kam in einem der knappsten Bikinis, die ich je gesehen hatte, aus der Umkleidekabine. In einem öffentlichen Schwimmbad im China der Neunzigerjahre hatte das zwangsläufig zur Folge, dass die an eine derart gewagte Zurschaustellung des weiblichen Körpers nicht gewohnten Angehörigen des Volkes sie mit weit aufgerissenem Mund anstarrten. Ich war ihr gleichermaßen hingerissener wie peinlich berührter Begleiter. Kurze Zeit später heiratete sie einen deutschen Geschäftsmann und zog nach Düsseldorf. Solche Erfahrungen verschafften mir eine Ahnung davon, was hinter den Kulissen vorging, und verstärkten gleichzeitig das Gefühl, das Land so gar nicht zu kennen. Obwohl ich in China geboren war und drei Dialekte wie ein Einheimischer sprach, hatte ich das Gefühl, die Geschehnisse von außen zu betrachten.

Ende des Jahres 1999 lernte ich einen Entrepreneur namens Lan Hai kennen. Er war der Sohn eines Generals der Volksbefreiungsarmee. Lan war ein Visionär auf dem Gebiet der Telekommunikation und machte gute Geschäfte mit Software, als Paging der letzte Schrei war. Mitte der Neunzigerjahre war der Pager in der sich wandelnden chinesischen Gesellschaft ein Statussymbol, so wie er es Jahre zuvor im Westen gewesen war. Während man Monate – und oft ein Schmiergeld – investieren musste, um von der abgewirtschafteten staatlichen Telefongesellschaft einen Festnetzanschluss zu bekommen, gaben die oft von Privatunternehmen angebotenen Pager vielen Chinesen die Möglichkeit, einen technologischen Entwicklungsschritt zu überspringen. Ungezählte Paging-Firmen nahmen riesige Callcenter in Betrieb und verschickten im ganzen Land Mitteilungen. Ende der Neunzigerjahre hatten fast 100 Millionen Chinesen einen Pager. Dann tauchte eine weitere disruptive Technologie – die Mobiltelefonie – auf, und da die Handys eine Funktion für Textnachrichten beinhalteten, geriet das Paging rasch ins Hintertreffen. Lans Firma PalmInfo versuchte, die Callcenter am Leben zu erhalten, indem sie verstärkt Sekretariats- und Bankdienstleistungen anbot. ChinaVest war an Palm-

Info interessiert, und wir halfen Lan schließlich, vier Millionen Dollar aufzutreiben. Ende 1999 bot mir Lan einen Job an und gab den Anstoß zu einer weiteren einschneidenden Veränderung in meinem Leben.

Lans Angebot kam zu einem Zeitpunkt, als ich bereits Zweifel hatte, ob eine Karriere im Bereich der Kapitalbeteiligungen das Richtige für mich war. Ich hatte das Gefühl, am Ufer eines Flusses zu stehen und die Modernisierung eines Landes vorbeitreiben zu sehen. Nachdem ich bei ChinaVest eingestiegen und zum Repräsentanten des Unternehmens in Beijing befördert worden war, sah ich, wie sich mein Leben in diesem Geschäft entwickeln würde: Es war anzunehmen, dass ich mit vierzig Jahren Partner der Firma sein und einige Jahre später wie meine Chefs eine Villa in Hongkong mieten würde. Dieses Szenario ließ wenig Raum für Fantasie. In der Private-Equity-Branche pflegten wir zu sagen, dass wir zehn Kilometer von der Front entfernt waren. Aber es reizte mich, direkt am Kampf teilzunehmen und nicht nur in Geschäfte zu investieren, sondern ein Geschäft aufzubauen. Ich wollte ein Teil der China-Geschichte sein, nicht einfach nur jemand, der von der Entwicklung profitierte. Obendrein hatte ich es stets genossen, unbekanntes Terrain zu erkunden – von den Gassen Shanghais bis zum Herzen Amerikas. Ich sehnte mich nach einer neuen Herausforderung. Ich wollte etwas Großartiges tun. Und ich lebte in einer Zeit, in der in China Großartiges möglich war. Außerdem hatte ich das Gefühl, dass ich Erfahrung als Unternehmer brauchte, wenn ich ein guter Investor sein wollte. Zu jener Zeit kannten sich in der Wagniskapitalbranche alle mit den Zahlen aus, aber die wenigsten konnten ein Unternehmen führen. Ich wollte einer von denen sein, die es konnten.

Im Frühjahr 2000 fing ich als Geschäftsführer bei PalmInfo an; Lan räumte diesen Posten, um Vorsitzender des Board zu werden. Mit der Geldspritze von ChinaVest übernahmen wir ein ganzes Stockwerk in einem schicken Bürogebäude gleich neben dem Kempinski Hotel in der exklusiven East Side von Beijing. Wir warben Manager von Motorolas chinesischer Niederlassung ab und stellten weitere hundert Mitarbeiter ein. Wir eröffneten sogar eine Niederlassung im kalifornischen Irvine. Wir wollten zeigen, dass wir ein vielversprechendes Unternehmen waren. Auf unseren Visitenkarten standen ein Dutzend Tochtergesellschaften. »Hmm«, bemerkte eine Spitzenmanagerin bei einem staatlichen Telekommunikationsunternehmen, als sie meine Visitenkarte mit spitzen Fingern begutachtete, »jetzt seid ihr also ein internationales Konglomerat.«

Die Resultate von PalmInfo ließen zu wünschen übrig. Wir verbrannten außergewöhnlich viel Geld, und unser Einnahmestrom war eher ein Rinnsal. Es gelang uns nicht, chinesische Banken dazu zu bewegen, unsere Dienste in Anspruch zu nehmen. Und selbst wenn Unternehmen an der Technologie interessiert waren, hatten wir Mitbewerber. Wir nutzten eine proprietäre Software, aber nachdem einer unserer Mitarbeiter gekündigt hatte, tauchte rasch ein neues Unternehmen auf, das denselben Dienst wie wir zu einem niedrigeren Preis anbot. An wen konnten wir uns wenden, um unsere Rechte zu schützen? An niemanden. China war das Paradies für Diebe geistigen Eigentums und überschwemmte die Welt nach Herzenslust mit Raubkopien von Software und DVDs. Im Jahr 2000 zeigte keine chinesische Strafverfolgungsbehörde auch nur das geringste Interesse daran, sich unserer Sache anzunehmen.

Ende des Frühjahrs 2001, anderthalb Jahre nach Start unseres Unternehmens, gab es keinen Zweifel mehr daran, dass wir etwas ändern mussten. Wir zogen in ein kleineres Büro um. Wir entließen die neu eingestellten Mitarbeiter wieder. Es war unübersehbar, dass ich ebenfalls überflüssig geworden war. Also kündigte ich. Und da mich nichts mehr in Beijing hielt, machte ich mich auf den Weg nach Shanghai, wo mittlerweile meine Eltern wieder lebten.

Die Karriere meines Vaters war entgegengesetzt zu meiner gelaufen. Er hatte Tysons Umsatz in China von null auf mehr als 100 Millionen Dollar im Jahr erhöht. Er war so erfolgreich, dass Tyson entschied, eine Niederlassung auf dem Festland zu eröffnen und meinen Vater als leitenden Repräsentanten nach Shanghai zu schicken. Für ihn war die Heimkehr ein Triumph. Er hatte China als Lehrer verlassen, über dessen Kopf die dunkle Wolke einer unvorteilhaften Klassenzugehörigkeit hing. Er hatte sich vom Lagerarbeiter zum Repräsentanten eines milliardenschweren Konzerns hochgearbeitet. Jetzt kehrte er als *meiguo maiban* in seine alte Heimat zurück, wie es seine Freunde ausdrückten: als »amerikanischer Käufer«. Dies war vor der kommunistischen Ära der übliche Begriff zur Beschreibung der Repräsentanten amerikanischer Firmen gewesen. Mittlerweile war diese Bezeichnung ein zweischneidiges Schwert, denn sie implizierte scherzhaft, dass mein Vater ein Knecht des Yankee-Imperialismus war, drückte jedoch gleichzeitig Respekt für seinen Erfolg aus. Mein Vater verstand sie als Anerkennung der Tatsache, dass er es geschafft hatte. Ein Eckbüro in einem verglasten Wolkenkratzer und eine schicke Wohnung im Stadtzentrum festigten sein Selbstwertgefühl zusätzlich.

Die Blüte Shanghais beruhte keineswegs allein auf dem Handel mit Hühnchenteilen. Die Xiangming-Sekundarschule etwa, an der mein Vater unterrichtet hatte, war abgerissen worden, um Platz für eine hochmoderne Karaokebar zu schaffen. Ich zog in eine Zweitwohnung in dem Vorort Sheshan ein, die meine Eltern für Wochenendausflüge gekauft hatten. Dort wurde gerade der eleganteste private Golfklub der Stadt gebaut.

Alles kam rasch voran, nur ich nicht. Ich hatte mich daran gewöhnt, Fortschritte zu machen, und jetzt musste ich mir meine Niederlage eingestehen. Zum ersten Mal in meinem Leben begann ich, Selbsthilfebücher zu lesen. Ich verschlang alles von Dale Carnegies *How to Win Friends and Influence People* über die chinesischen Philosophen Konfuzius und Mengzi bis zu den spirituellen buddhistischen Lehren von Nan Huai-Chin. Ich übte mich in Selbstkritik und versuchte, mich selbst zu entdecken. In dieser Zeit verstand ich endlich den Sinn des chinesischen Sprichworts »Um springen zu können, musst du erst lernen, in die Knie zu gehen«.

Nan Huai-Chin war ein ehemaliger Kung-Fu-Meister, der mitten im Zweiten Weltkrieg eine vielversprechende Karriere beim Militär aufgab, um sich in ein buddhistisches Kloster zurückzuziehen. Im Jahr 1949 floh er vor der kommunistischen Revolution nach Taiwan, wo er einer der populärsten Autoren auf dem Gebiet von Religion und chinesischer Philosophie wurde. Als ich seine Werke las, wurde mir klar, dass ich so damit beschäftigt gewesen war, das nächste Lebensziel zu verfolgen, dass ich mir nie Zeit zum Nachdenken genommen hatte. Nun begann ich, mich mit der Frage zu beschäftigen, warum ich gescheitert war, anstatt darüber nachzudenken, warum PalmInfo gescheitert war. Woran fehlte es mir?

Ich gelangte zu dem Schluss, dass ich zu schnell vorangestürmt war und ohne ein klares Ziel vor Augen durch die Vorhaben geschlittert war. Die Details langweilten mich, aber je mehr ich studierte, desto klarer wurde mir, dass die Details wichtig waren. Seit den Verwicklungen um PalmInfo litt ich unter Schlaflosigkeit. Ich begann zu meditieren und lernte, einen klaren Kopf zu bekommen, sodass ich wieder gut schlafen konnte. Ich arbeitete daran, meinen Atem unter Kontrolle zu bringen, eine Fähigkeit, die mir sehr zugutekommen sollte, als das Leben gehetzter wurde. Ich versuchte, Nans Aufforderung Folge zu leisten, über das Selbst hinauszublicken, und das legte den Grundstein für mein späteres Interesse an Wohltätigkeitsarbeit. Ich entledigte mich der oberflächlichen Insignien meines Lebens als Auslandschinese in Beijing. Ich trennte mich von meiner Freundin.

Meine Eltern liehen mir in dieser Zeit Geld, damit ich über die Runden kam. In Shanghai arbeitete ich noch gelegentlich für PalmInfo. Wir verhandelten mit einem anderen Unternehmen namens Great Ocean, das Ausrüstung an Telekommunikationsfirmen verkaufte, über eine Fusion. Unsere Software ergänzte ihre Produkte, und wir hatten viele gemeinsame Klienten. Great Ocean suchte nach neuen Investoren, weil das Unternehmen unter ständigem Liquiditätsmangel litt. Seine staatlichen Telekom-Kunden waren daran gewöhnt, sich mit der Bezahlung der von Great Ocean bereitgestellten Hardware Zeit zu lassen. Bei einem Besuch in Beijing im Winter 2001 waren wir am Sitz von Great Ocean im Oriental Plaza zu Gast, das sich in der Nachbarschaft des berühmten Beijing Hotel befindet. Dort wurde mir eine Frau namens Duang Zong vorgestellt, die auch als »die Vorsitzende Whitney Duan« bezeichnet wurde.

In den fast sechs Jahren, in denen ich nun schon China unsicher machte, war ich keiner derart unabhängigen Unternehmerin begegnet. Als ich Duan Zong das erste Mal sah, saß sie mit einem Dutzend Personen an einem Konferenztisch. Wir hatten an den gegenüberliegenden Enden des Tischs Platz genommen. Sie sprach schnell und duldete keine Einwände. Es war unmöglich, auch nur ein Wort einzuwerfen. Die chinesische Gesellschaft ist eigentlich sehr patriarchalisch, und so war eine Frau, die sich durchsetzen konnte und den Raum beherrschte, ein verblüffender Anblick. Obendrein hatte ich in China die Erfahrung gemacht, dass einflussreiche Personen, und da insbesondere die Frauen, eher zurückhaltend waren. Ich war noch nie jemandem begegnet, der in einem Geschäftsumfeld so forsch auftrat wie die Vorsitzende Whitney Duan.

Viele Chinesen werden nicht zögern, dich darauf hinzuweisen, dass du fett geworden bist, wenn du ein paar Kilo zugelegt hast. Als Whitney und ich einander in den Gesprächen über die Fusion öfter begegneten, begann sie sich ebenso beiläufig wie unverhohlen über mein Auftreten in den Sitzungen zu äußern. »Ihre Füße sind höher als der Tisch«, sagte sie eines Tages, als ich mit überschlagenen Beinen dasaß, sodass einer meiner Füße in der Luft wippte. In China, erklärte sie mir, sei ein derart informelles, »verwestlichtes« Auftreten unangebracht, wenn man sich mit Führungskräften treffe. »Sie sollten sich eher wie ein Kind im Klassenzimmer verhalten«, wies sie mich an. »Sie sollten aufrecht vorne auf der Sitzfläche des Stuhls sitzen.« Und ich solle erst das Wort ergreifen, wenn ich angesprochen würde.

Noch nie war ich jemandem begegnet, der derart unverblümt Kommentare und Anweisungen von sich gab. Ihr Chanel-Anzug und die Hermès-Tasche vermittelten ein Bild von Reichtum und Erfolg. Ich hingegen war mit Selbstzweifeln befrachtet und auf der Suche nach einem neuen Weg. Whitneys Regeln gaben mir eine Richtung. Ich wollte wie sie sein.

Mit ihren 1,70 Metern Größe war Whitney groß für eine Chinesin. Sie hatte eine wohlklingende hohe Stimme und war in der Schule Solistin im Chor gewesen. Wir fingen an, mit Kollegen in Karaokebars zu gehen, und wenn sie an der Reihe war, waren alle hingerissen von ihrem gekonnten Trällern.

Ich würde sie nicht als Schönheit beschreiben, aber in ihrer Jugend war sie offenkundig sehr hübsch gewesen. Als ich sie kennenlernte, war sie Mitte dreißig und hatte ein paar Kilo zugelegt. Aber sie war eine Naturgewalt. Ihre Augen blitzten nur so vor Energie, und man sah ihnen an, welch wacher Geist dahinter wohnte. Verglichen mit meinen früheren Freundinnen war Whitney intellektuell und spirituell auf einer vollkommen anderen Ebene. Sie hatte die Bücher gelesen, die ich gerade las. Sie konnte philosophisch einordnen, wie China funktionierte, und erklären, warum Chinesen anders reagierten als Menschen jenseits der Landesgrenzen. Sie baute für mich eine Brücke, über die ich einen Weg zurück in mein geliebtes Heimatland fand. Da ich eine Lebensphase des tiefgreifenden persönlichen Wandels durchmachte, erlag ich ihrem Charme.

Ich hatte den Eindruck, dass Whitney Zugang zum Motor des chinesischen Wirtschaftswachstums hatte. Sie war die Erste, die für mich die Motorhaube öffnete. Sie kannte die Parteifunktionäre, von denen ich nur in der Zeitung gelesen hatte. Und sie kannte Leute, von denen ich nie gehört hatte. Es war eine neue Welt für mich. Ich wollte lernen, und Whitney schien sehr interessiert daran, mir den Weg zu zeigen.

Ich begann wieder, nach Beijing zu reisen. Je öfter ich Whitney sah, desto mehr beeindruckte sie mich. Sie konnte ganze Absätze aus den Werken von Konfuzius, Mengzi und Montesquieu rezitieren. Sie engagierte mich, um ihr dabei zu helfen, Kapital für ihr Unternehmen aufzutreiben. Ich begann, sie in finanziellen Dingen zu beraten.

Wir gingen miteinander aus, unternahmen Wanderungen und sahen uns Filme an. Aber das Besondere an unserer Beziehung waren unsere Diskussionen. Eine romantische Beziehung bedeutete für sie, dass die beiden Partner ihre Ziele abstimmten. Ich war nie auf diese Art an eine Beziehung herangegangen, und ich war noch nie einer Person begegnet, die derart davon überzeugt war, den richtigen Weg gefunden zu haben.

Anfang des Jahres 2002 trafen wir uns im Café des Grand Hyatt, das ganz in Marmor gehalten war, und unterhielten uns drei Stunden lang. Whitney wollte genau wissen, wie ich über die Ehe dachte. Wie kein Mensch vor ihr hielt sie mich dazu an, mein persönliches Leben klinisch zu untersuchen. Ich war nie wirklich ein Frauentyp gewesen, aber was Beziehungen anbelangte, hatte ich eher westliche Vorstellungen. Wenn sich etwas ergibt, nimm die Dinge, wie sie kommen. Wie es in romantischen Komödien aus Hollywood heißt: Folge deinem Herzen. Whitney konnte mit dieser Denkweise nichts anfangen. »Du brauchst einen besseren Zugang«, erklärte sie. Wir machten tatsächlich eine SWOT-Analyse wie bei einer geschäftlichen Entscheidung: Wir schrieben jeder für sich auf, wo wir die Stärken, Schwächen, Chancen und Bedrohungen für unsere emotionale Bindung sahen, und verglichen anschließend unsere Notizen.

Whitneys Argumentationsweise sprach meine analytische Seite an. Sie schien eine Zauberformel für den Erfolg zu haben, was für mich besonders faszinierend war, weil meine eigene Erfolgsformel offenkundig ihre Wirkung verloren hatte. Was Leidenschaft, Liebe und Sex anbelangte, so war Whitney der Meinung, wir könnten hineinwachsen, aber diese Dinge würden uns nicht zusammenhalten. Gefestigt werde eine Beziehung durch die zugrunde liegende Logik: Passten unsere Persönlichkeiten zusammen? Hatten wir dieselben Wertvorstellungen? Verfolgten wir dieselben Ziele und waren wir uns darin einig, welche Mittel wir einsetzen sollten, um diese Ziele zu erreichen? Wenn ja, so würde sich alles andere von allein ergeben. Bezüglich der Ziele wurden wir uns rasch einig. Wir wollten etwas hinterlassen, wir wollten China und der Welt unseren Stempel aufdrücken. Das war seit Jahren mein Bestreben, und Whitney teilte es. Was die Mittel anbelangte, so war sie fest davon überzeugt, den Weg zum Erfolg gefunden zu haben. Ich überließ ihr das Kommando.

Unsere Verbindung war eher spiritueller und intellektueller als emotionaler Natur und fühlte sich manchmal an wie eine arrangierte Ehe, nur dass in diesem Fall kein Heiratsvermittler, sondern wir selbst für das Arrangement verantwortlich waren. Die Logik war sehr überzeugend. Wir ergänzten einander. Ich konnte eine Tabellenkalkulation lesen und mit Leuten aus dem Westen umgehen. Whitney hatte Zugang zu einem verborgenen China. Sie machte mir bewusst, wie wenig ich über diese Welt wusste, obwohl ich in China geboren war und jahrelang geschäftlich in Beijing verkehrt hatte. Sie öffnete mir die Tür zu einer anderen Dimension, einer, die mir vollkommen fremd gewesen war. Ich war hingerissen, betört, überwältigt.

Um den nächsten Schritt in meinem Leben zu tun, wandte ich Whitneys Erfolgsformel an. Ich ließ zu, dass sie mich formte wie seinerzeit meine Vettern in Hongkong. Ich wurde ihr Projekt; ich war ihre Eliza Doolittle, sie mein Henry Higgins. Um reifer zu wirken, begann ich, statt Kontaktlinsen eine Brille zu tragen. Ich ersetzte meine legere Kleidung durch Anzüge. Whitney sagte mir, ich müsse gewichtiger wirken, und ich gab mein Bestes, um der chinesischen Redewendung »Ein alter Kopf auf jungen Schultern« zu entsprechen.

Einmal fuhren wir gemeinsam im Auto, und ich schaute gedankenverloren aus dem Fenster, wie ich es manchmal tat.

»Woran denkst du?«, fragte sie.

»An nichts«, antwortete ich.

Sie richtete sich auf, wandte sich mir zu und verkündete: »Das ist nicht richtig. Dein Verstand sollte immer arbeiten.«

Sie war unablässig damit beschäftigt, den nächsten Schritt zu planen: wen sie anrufen, was sie sagen, wie sie vorgehen würde. Sie war ihrer Umgebung nicht einen Schritt voraus; sie war ihr zehn Schritte voraus. Auch diese Denkweise eignete ich mir an. Nach einer Weile wurde sie mir zur zweiten Natur. Aber dieser Zugang zum Leben hatte auch einen Nachteil. Anfangs genossen wir die Gesellschaft des anderen, aber je mehr wir uns auf die Zukunft konzentrierten, desto weniger waren wir in der Lage, im Jetzt zu leben. Wir schenkten einander immer weniger Aufmerksamkeit und widmeten stattdessen der Außenwelt immer mehr Energie.

Whitney führte mich in das politische System Chinas ein. Im Westen konnten politische Parteien nur Macht ausüben, wenn sie Wahlen gewannen und an die Regierung kamen. In China hatte die Kommunistische Partei keine Konkurrenz. Die Macht lag nicht beim Leiter einer Bezirksverwaltung, beim Bürgermeister einer Stadt oder beim Gouverneur einer Provinz, sondern beim Parteichef des Bezirks, der Stadt oder der Provinz. Sogar die Volksbefreiungsarmee war rechtlich nicht dem chinesischen Staat, sondern der Kommunistischen Partei unterstellt.

Ich bemühte mich, Whitney meinerseits ebenfalls dabei zu helfen, ihren Horizont zu erweitern. Ich machte sie mit Wein und westlichen Speisen bekannt. Und ich nahm sie mit ins Fitnesscenter und nutzte mein jahrelanges Training, um ihr dabei zu helfen, ein paar überschüssige Kilo loszuwerden. Wir trainierten gemeinsam im Klub des Grand Hyatt und schwammen Längen im hoteleigenen Pool, eingehüllt in das Zweilicht eines tropischen Regenwalds unter Palmen. Am Ende waren unsere Trainingseinheiten für Whitney eine Qual. Nach wenigen Monaten gab sie auf.

Aber wir tauschten uns auch spirituell aus. Whitney war eine gläubige Christin und fand Trost in ihrer Religion. Sie versuchte, mich zum Christentum zu bekehren. Dazu nahm sie mich mit in die Kirche und forderte mich auf, die Bibel zu lesen, weil sie überzeugt war, das werde unsere Beziehung festigen. Ich aber las auch den Koran und die heiligen Texte des Bahaitums. Schließlich war ich auf der Suche nach einem spirituellen Pfad für mich – und der christliche Glaube sprach meine Spiritualität nicht wirklich an.

Unter Whitneys Anleitung stellte ich meinen Wunsch nach Leidenschaft hintan und akzeptierte ihr Argument, im Lauf der Zeit werde unsere Beziehung inniger werden; das lag teilweise daran, dass mich das potenziell wunderbare Leben an ihrer Seite in seinen Bann geschlagen hatte. Natürlich gab es Augenblicke der Zärtlichkeit. In einer Gesellschaft, die offene Zuneigungsbekundungen zwischen Männern und Frauen immer noch missbilligte, hielten wir oft Händchen. In privaten Augenblicken zeigte mir Whitney eine mädchenhafte, entspannte Seite, die mich anzog. Während der gesamten Dauer unserer Beziehung sprach sie mich mit meinem englischen Namen Desmond an. Ich nannte sie Xiao Duan, »kleine Duan«. Ein Jahr nach unserer ersten Begegnung zogen wir zusammen.

Rückblickend gibt es einige Erklärungen für Whitneys Pragmatismus in Liebesdingen und für ihren Wunsch, eine Beziehung mit mir einzugehen. Zum einen war sie für chinesische Verhältnisse keine junge Frau mehr. Als wir uns kennenlernten, war sie 34 Jahre alt, etwa einen Monat jünger als ich. In einer Gesellschaft, in der das durchschnittliche Heiratsalter von Frauen bei 25 Jahren lag, war sie auf dem Heiratsmarkt spät dran. Außerdem bewegte sie sich in Kreisen, in denen alleinstehende Frauen als leichte Beute betrachtet wurden. Männer in Machtpositionen waren unablässig auf der Jagd nach Frauen. In China ist man generell der Meinung, dass gut situierte unverheiratete Frauen von einem Bett ins andere hüpften. Whitney hatte bereits einen Heiratsantrag von einem hochrangigen Parteifunktionär, der zwanzig Jahre älter war als sie, abgelehnt. Und je länger sie allein blieb, umso mehr Angebote waren zu erwarten. An einen Mann gebunden zu sein, bot ihr Schutz. Aber auch nachdem wir ein Paar geworden waren, wurden ihr weiter Avancen gemacht. Im kommunistischen China waren die materiellen und sexuellen Bedürfnisse der Bevölkerung jahrzehntelang unterdrückt worden. Jetzt brach sich dies mit Macht Bahn. Wie es zu jener Zeit so schön hieß: »In Beijing ist sogar die Luft voll von Hormonen.«

Die Tatsache, dass ich groß und von durchaus gefälliger äußerer Erscheinung war, trug vermutlich ebenfalls zu Whitneys Entscheidung bei, sich mit mir zusammenzutun. Auch meine westliche Erziehung und meine Erfahrung im Finanzsektor waren in ihren Augen Vorzüge. Mein Status als Insider-Außenseiter – als im Westen ausgebildeter gebürtiger Chinese – war wertvoll. Aber das Wichtigste für Whitney war die Tatsache, dass sie mir vertrauen konnte. Sie suchte nicht einfach einen Geschäftspartner; sie brauchte jemanden, auf den sie sich vollkommen verlassen konnte. Sie war drauf und dran, in ein Vabanquespiel mit hohem Einsatz auf der höchsten Machtebene einzusteigen – ein chinesisches Roulette gleichermaßen. Der Einsatz war hoch, es ging um Leben und Tod, und sie musste sicher sein, der Person an ihrer Seite vollkommen vertrauen zu können. Deshalb wäre eine normale Geschäftspartnerschaft nicht genug gewesen. Sie brauchte die Gewissheit, dass ihr Partner vollen Einsatz zeigen würde.

5

Es hatte den Anschein, als sei Whitney in der Hauptstadt zu Hause, aber wie ich bald entdeckte, war sie erst vor Kurzem in Beijing eingetroffen. Sie stammte aus der Provinz Shandong, einer Küstenregion, die in China für ihre harten Soldaten bekannt ist und dass sie die Heimat des Philosophen Konfuzius war.

Whitneys Mutter war eine Hausfrau und Anhängerin eines chinesischen Zweigs des evangelikalen Christentums, der das Sprechen in Zungen propagierte. Das evangelikale Christentum fiel im ländlichen Raum Chinas seit Generationen auf fruchtbaren Boden. Der blutigste Bauernaufstand in der Geschichte des Landes war in den Fünfzigerjahren des 19. Jahrhunderts von einem christlichen Konvertiten angeführt worden, der sich für den jüngeren Bruder von Jesus Christus hielt. In den Neunzigerjahren nahmen Prediger im ländlichen China eine ähnliche Abstammung für sich in Anspruch. Eine Feuerspeierin, die darauf beharrte, die Schwester von Jesus zu sein, stand einer als Eastern Lightning (Kirche des Allmächtigen Gottes) bezeichneten Sekte vor. Whitney trat in die Fußstapfen ihrer Mutter und wurde ebenfalls Christin.

Ihre Mutter war während der Schwangerschaft aus einer Beziehung zu einem Mann geflohen, der sie misshandelt hatte, und hatte einen Beamten in einer Kleinstadt geheiratet. Whitney verehrte ihre Mutter für ihren Mut, einen eigenen Weg zu gehen – in einer Zeit und Gesellschaft, in der Frauen normalerweise gezwungen waren, sich mit ihrem Schicksal abzufinden. Whitney hing sehr an ihrer Mutter, die ihre einzige Blutsverwandte war. Sie sprach stets begeistert über sie, was teilweise mit ihrer Sorge zu tun hatte, ich könne auf ihre Mutter herabschauen, weil ich in einer Metropole aufgewachsen war. Und ich gewöhnte mich daran, dass Mutter Duan unentwegt aus der Bibel zitierte.

Whitneys Stiefvater war ein kleiner Beamter bei den örtlichen Wasserwerken. Wann immer er auf Reisen ging, packte er ein Fläschchen unerträglich scharfer Chilisoße ein, die er großzügig über alle seine Speisen goss. Er hatte einen Sohn in die Ehe mitgebracht, und zusammen hatte das Paar später einen weiteren Sohn. Whitney verschaffte ihrem Halbbruder Zugang zum Immobiliengeschäft. Er arbeitete nicht einen Tag und ließ sich von seiner Halbschwester aushalten, bis zu dem Tag, an dem sie plötzlich verschwand.

Whitney wuchs in der Nähe von Weishan auf, einer Ortschaft, die im Süden Shandongs an der Grenze zu Jiangsu an einem See liegt. Dort lebte ihre Familie in einer Einzimmerwohnung in einem großen Wohnheim, in dem die Familien der Angestellten der Wasserwerke untergebracht waren. Whitneys Eltern genossen einen vergleichsweise hohen Lebensstandard, was daran lag, dass sie ihre Gehälter bar ausgezahlt bekamen, und Bargeld war auf dem Land und unter den Bauern der Umgebung knapp. Während meine Familie einmal im Jahr Huhn aß, ließ sich Whitneys Familie das ganze Jahr Ente, Süßwasserfisch, Eier und reichlich frisches Gemüse schmecken.

Als Whitney mit siebzehn Jahren zum ersten Mal die Hochschulzulassungsprüfung ablegte, fiel sie durch. Ihre Eltern schrieben sie in einer Berufsschule für Automechaniker ein, wo sie ein Jahr lang tatsächlich lernte, Autos zu reparieren. Sie arbeitete täglich mit Frostschutzmitteln und Schmierstoffen, und da sie keine Handschuhe trug, platzte die Haut ihrer Hände auf und schälte sich ab. Geschwollene Hände blieben zurück. Ihre Eltern drängten sie, sich mit ihrem Schicksal abzufinden, aber Whitney wollte unbedingt ein zweites Mal zur Hochschulaufnahmeprüfung antreten und vertiefte sich am frühen Morgen und bis spät in die Nacht in ihre Bücher. Sie saß einen Winter lang in der zugigen Vorhalle des Wohnheims auf einer Bank und studierte im Licht einer einzigen

Lampe; dabei zog sie sich Rückenbeschwerden zu, die sie ihr Leben lang begleiten sollten.

Whitney hasste ihre einfache Herkunft nicht, aber sie wollte der schäbigen Anlage, die ihr Heim war, und einer ländlichen Umgebung entkommen, in der es keine Bäume und keine Wildtiere mehr gab und die von Bewässerungsgräben durchzogen war, aus denen der üble Geruch fauligen Wassers drang. So wie ich sehnte sie sich danach, etwas in China und für China zu leisten.

Im Jahr 1986 bestand Whitney in der Nachbarprovinz Jiangsu die Aufnahmeprüfung am Polytechnischen Institut von Nanjing, einer führenden Militärhochschule. Dort schloss sie ein Informatikstudium als Klassenbeste ab, worauf ihr die Hochschule einen Posten anbot, was zu jener Zeit ein Traumjob für die meisten Chinesen war. Sie trat in die Kommunistische Partei ein und wurde Assistentin des Hochschulleiters.

Die Arbeit für den Leiter einer chinesischen Universität war für sie wie eine unbezahlbare Lehrzeit, in der sie sich aneignen konnte, wie man mit chinesischen Parteifunktionären und Beamten umgeht – eine Fähigkeit, die sie später bis zur Vervollkommnung praktizierte. Sie lernte, Haltung, Tonfall und Sprache abhängig vom Gesprächspartner zu ändern. Da das Polytechnische Institut eng mit der Volksbefreiungsarmee verbunden war, lernte Whitney darüber hinaus, mit Militärbediensteten und Offizieren umzugehen. Sie vervollkommnete ihren ohnehin fließenden Schreibstil, verfasste die Reden des Institutsleiters und wusste seine Botschaften richtig zu vermitteln. Gerne spickte sie die Reden dafür mit Hinweisen auf die chinesischen Klassiker. Chinesische Texte sind oft mit solch literarischen Anspielungen überfrachtet, aber Whitney zeigte eine profunde Kenntnis der chinesischen Literatur, ohne zu dick aufzutragen.

Nach einjähriger Tätigkeit im Büro des Institutsleiters vermittelte er sie als stellvertretende Bezirkschefin nach Shandong. Ihre Aufgabe bestand darin, Investitionen aus anderen Regionen anzulocken. Mit solchen Methoden förderte die Partei talentierte junge

Leute, indem sie Kontakt zu den unteren Ebenen der staatlichen Verwaltung herstellte. Whitney verbrachte viel Zeit in Beijing, wo sie Kontakte zu den zahlreichen Kadern aus Shandong knüpfte, die in der Parteibürokratie arbeiteten, um die Seilschaften zu pflegen, die gebraucht wurden, um den Zentralstaat zu Investitionen in ihren Bezirk zu bewegen.

In Shandong lernte Whitney eine wertvolle Lektion ähnlich der, die ich in Hongkong gelernt hatte: Sie entdeckte, dass man in China nur Erfolg haben kann, wenn man über *guanxi* verfügt, über Verbindungen im System. Aber das Leben als stellvertretende Bezirksleiterin sagte ihr nicht zu. Sie musste bei den geselligen Versammlungen so viel Alkohol trinken, dass sie allergisch reagierte. Man belästigte sie sexuell. Und als der Bezirkschef verhaftet und wegen Korruption ins Gefängnis geschickt wurde, steigerten sich die hinterhältigen Angriffe und ständigen Gerüchte ins Unerträgliche.

Nach dieser Erfahrung hatte sie kein Bedürfnis mehr, für den Parteistaat zu arbeiten. Stattdessen entwickelte sie eine tief empfundene Furcht vor dem chinesischen System und fasste den Entschluss, dafür zu sorgen, dass man bei ihr, selbst wenn man ihre Leiche »aus dem Sarg holte und ausklopfte, trotzdem keinen Schmutz finden würde«. Sie gelangte zu der Überzeugung, dass für sie nur eine Karriere in der Welt des freien Unternehmertums infrage käme. Daher schrieb sie an den Hochschulleiter in Nanjing und bat um eine Versetzung. Sie wollte sich als Leiterin eines Staatsunternehmens versuchen, fest überzeugt, in der Wirtschaft erfolgreicher sein zu können. Gleichzeitig schwor sie sich, dass sie untadelig sein wollte, auch in der Geschäftswelt. Sie war überzeugt, dass an ihr – und sogar an ihrer Leiche – auch in einem schmutzigen System kein Dreck kleben blieb.

Der Institutsleiter vermittelte ihr einen Posten als Assistentin des Geschäftsführers einer Baufirma des chinesischen Militärs. Zu jener Zeit war die Volksbefreiungsarmee in einer Vielzahl von Geschäftsbereichen tätig, nicht nur in der Rüstung, sondern auch in der Lebensmittelproduktion, Pharmazie und sogar im Weinbau – ein Geschäftsimperium, das viele Milliarden Dollar schwer war. Bei der Volksbefreiungsarmee sollte Whitney erstmals Bekanntschaft mit dem Leben der chinesischen High Society machen. Sie kaufte Markenartikel im Wangfu Hotel in Beijing, einem Joint Venture der Peninsula Group in Hongkong und der chinesischen Streitkräfte. Sie nahm an Festbanketten teil. Stein für Stein errichtete sie ihre Fassade: die einer resoluten Dealmacherin mit den nötigen *guanxi*.

Korruptes Verhalten bei Geschäften mit der Volksbefreiungsarmee war legendär und untergrub Chinas militärische Leistungsfähigkeit. Ich war der Korruption im Militär ebenfalls begegnet, als Tait Asia, das Unternehmen, das ich bei ChinaVest betreute, von einem chinesischen Marineoffizier angesprochen wurde, der uns anbot, auf Kriegsschiffen Bier zu schmuggeln. Im Jahr 1996 machte sich Whitney selbstständig und gründete eine Firma mit dem englischen Namen Great Ocean. Im Jahr darauf folgte der Erlass der Kommunistischen Partei unter Jiang Zemin, dass die Volksbefreiungsarmee alle kommerziellen Beteiligungen abzustoßen habe.

Great Ocean entwickelte zunächst Bauvorhaben in Tianjin. Die dortige Niederlassung der China Ocean Shipping Company stellte Whitney ihre erste Million zur Verfügung und legte damit den Grundstein für eine Verbindung, die sich später als überaus lukrativ erweisen sollte. Aber nachdem Whitney drei Projekte durchgeführt und ihr Vermögen vervielfacht hatte, wurde ihr Tianjin zu klein. Sie wollte in einer höheren Liga spielen, und nur 150 Kilometer weiter nördlich lockte Beijing. So wie ich wollte sie in einem Land, in dem sich unzählige Möglichkeiten boten, unbedingt etwas Großes leisten. Es war dieser ungezügelte Ehrgeiz, dieser unbezähmbare Wunsch, etwas aus unserem Leben zu machen, der uns zusammenbrachte und unserer Partnerschaft einen Sinn verlieh. Whitney drückte ihre Ambitionen in dem chinesischen Namen ihrer Firma aus: Tai Hong. Diese beiden Worte stammten aus einem Satz des Historikers Sima Qian, der geschrieben hatte, das menschliche Leben könne so gewichtig wie der Berg Tai oder so gewichtslos wie eine Feder sein. So sah Whitney sich selbst und schließlich auch mich. Wir kamen aus dem Nichts, und wenn wir nichts aus unserem Leben machten, wäre es nicht weiter von Bedeutung. Warum also nicht nach den Sternen greifen? Das war das Motto ihres Lebens, und ohne diese Einstellung wäre sie nie in der Lage gewesen, es von ganz unten nach ganz oben zu schaffen. Ihr Heimatort war nicht einmal eine drittrangige Stadt. Ihre Familie war zerrüttet. In meinen Augen waren sowohl ihr Halbbruder als auch ihr Stiefbruder Nichtsnutze. Aber Whitney würde nicht so leicht wie eine Feder sein: Sie und ich würden so gewichtig sein wie der Berg Tai.

Im Jahr 1999 zog Whitney nach Beijing um. Sie mietete ein Büro im Oriental Plaza, der besten Geschäftsadresse in der Hauptstadt, womit sie Macht, Erfolg und Glaubwürdigkeit vermitteln wollte. Sie nutzte die Beziehungen, die sie in ihrer Zeit bei der Volksbefreiungsarmee geknüpft hatte, und begann, IBM-Server und andere Ausrüstung an staatliche Telekommunikationsfirmen zu verkaufen, die ihre Dienste ausweiten wollten. Sie arbeitete unentwegt an ihrem Netzwerk und ergatterte Einladungen zu exklusiven Veranstaltungen, bei denen sie hochrangige Parteifunktionäre kennenlernte.

Wie Edward Tian bei AsiaInfo entdeckte Whitney, dass in China zwei Schlüssel die Tür zum Erfolg öffnen. Der eine Schlüssel: politisches Gewicht. In China konnte ein Unternehmer nur Erfolg haben, wenn er sich den Interessen der Kommunistischen Partei unterordnete. Egal, ob man einen kleinen Laden besaß oder ein Tech-Unternehmer mit revolutionären Ideen im chinesischen Silicon Valley war – ohne Förderer im System hatte man keine Chance. Der zweite Schlüssel war die Fähigkeit, eine sich bietende Gelegenheit entschlossen beim Schopf zu packen. Nur wer über beides verfügte, hatte Aussicht auf Erfolg. Whitney machte sich daran, sich beide Schlüssel zu besorgen, und an diesem Punkt erschien ich auf der Bildfläche.

Wir ergänzten einander in mehr als einer Hinsicht. Als sie mir die Geschichte ihrer einfachen Herkunft erzählte, erkannte ich mich selbst darin wieder. Uns verband auch, dass wir beide spät auf den Heiratsmarkt gekommen waren. Und beide waren wir ungemein erfolgshungrig.

Unsere Verbindung ist auf einer sehr persönlichen Ebene wie ein Sinnbild der Modernisierung Chinas. Im 19. Jahrhundert hatten die offiziellen Gelehrten die Theorie verfochten, die chinesische Lehre müsse die Basis für den Marsch in die Zukunft sein, während die westlichen Lehren in der Praxis genutzt werden sollten. Die Gelehrten nannten das *zhongxue wei ti, xixue wei yong*. Whitney verkörperte die chinesischen Lehren *(zhongxue)*, während ich für die westliche Bildung *(xixue)* stand. Ich stammte sowohl buchstäblich als auch metaphorisch von der chinesischen Peripherie und schloss mich im Zentrum Chinas mit Whitney zusammen.

Whitney lud mich zu einer Reise ins chinesische Kernland ein. Jede Biegung des Flusses führte uns tiefer hinein. An jeder Weggabelung wurden wir ein wenig mehr zu Geschöpfen des chinesischen »Systems«, ein Codewort, das für das einzigartige Amalgam von politischer und wirtschaftlicher Macht steht, die von den höchsten Führungsebenen der Kommunistischen Partei ausgeht. Während die meisten der 1,4 Milliarden Einwohner Chinas ihr Leben im Bann des Systems verbrachten, fanden wir einen Weg hinein, wuchsen und gediehen darin.

Im Frühsommer 2002 verbrachten Whitney und ich zehn Tage in dem kanadischen Ferienort Banff. Whitney war überzeugt, dass eine gemeinsame Reise am besten geeignet sei, um sich ein Bild von einem potenziellen Lebensgefährten zu machen. Mir bot die Reise Gelegenheit, unter Beweis zu stellen, dass ich mich in der westlichen Welt zurechtfand, und ich konnte zeigen, dass ich das im Westen Gelernte »praktisch nutzen« konnte. Wir ergänzten einander auch in einem weiteren Bereich. Ich war von Natur aus neugierig, während Whitney eher verschlossen war. Sie brauchte jemanden, der sie aus der Deckung lockte, in reizvolle Gassen holte und der einen anderen Weg zum Pool fand. Sie vertraute sich meiner Führung an. Ich arrangierte alles. Ich buchte die Zugreise von Vancouver im Rocky Montaineer mit seinem Glasdach und das Zimmer im Fairmont Chateau Lake Louise mit Blick auf den gleichnamigen See. Wir aßen in den besten Restaurants und genossen die raue Schönheit der Landschaft. Wir erkundeten diese fremde Welt gemeinsam, sahen tiefer in das Wesen des anderen und genossen den Augenblick, eingeschlossen in unserer Blase, in der nur für uns zwei Platz war.

Zurück in Beijing, eröffnete mir Whitney, dass sie jetzt, da wir so weit seien, unsere Beziehung auf die nächste Ebene heben wolle: Sie würde gern die Zustimmung einer besonderen Freundin einholen. So öffnete sich eine weitere Tür, und unser Leben nahm eine weitere Wendung.

6

Ich fragte mich, warum ich einen weiteren Segen brauchte. Ich hatte bereits Whitneys Eltern kennengelernt, und sie hatte die Belastbarkeit unserer Beziehung auf der Reise nach Banff getestet. War es wirklich nötig, dass mich eine weitere Person für tauglich befand? An einem Abend im Spätsommer 2002 bereitete ich mich beklommen auf ein Abendessen vor.

Whitney hatte sich für ein kantonesisches Restaurant entschieden, das gerade in Mode war. Das Yue Ting befand sich im Keller des Grand Hyatt in Beijing, eines Hotels, das sinnbildlich für das China des 21. Jahrhunderts steht: Es war etwas protzig und ein wenig maßlos. Individuell gestylte Plüschsessel, schimmernde Ebenholztische, Bodenfliesen aus italienischem Marmor und vergoldete Armaturen. Die Klientel bestand aus Angehörigen der beiden Chinas, die in Beijing nebeneinander existierten: Da waren zum einen die auf skurrile Art auffälligen Neureichen, Männer, die absichtlich die Schilder an den Sakkoärmeln ließen, um jedermann zu zeigen, welche Marken sie sich leisten konnten. Und dann war da das offizielle China, das bemüht war, sich den unerwünschten neugierigen Blicken potenzieller Neider zu entziehen.

Whitney und ich trafen etwas früher ein, um über das Menü zu entscheiden und den separierten Raum zu inspizieren, den sie für die Gelegenheit reserviert hatte. Sie erklärte mir, unser Gast sei eine wichtige Persönlichkeit, eine ältere Frau, vor der sie großen Respekt habe.

Die Identität dieser Frau wolle sie erst nach dem Essen preisgeben. Ich hatte keine Ahnung, wer unser Gast sein würde. Ich wusste nur, dass sich diese Begegnung auf unsere Zukunft auswirken konnte.

Um kurz vor halb sieben gingen wir über die geschwungene Marmortreppe in die Hotellobby hinauf und traten vor die Eingangstür, um auf unseren Gast zu warten. Wir waren elegant gekleidet: Whitney trug ein Chanel-Kostüm, ich einen Anzug. Ein schwarzer BMW fuhr vor, die Hintertür öffnete sich, und eine unauffällige Frau mittleren Alters, die einen blauen Max-Mara-Anzug und einen geblümten Schal trug, stieg aus. Whitney stellte sie mir als Zhang Ayi vor, als »Tante Zhang« (Tante oder auch Tantchen ist die gleichermaßen zärtliche und respektvolle chinesische Anrede für eine ältere Frau.).

Angesichts des freundlichen Lächelns von Tante Zhang entspannte ich mich sofort. Mit der Hand an Zhangs Ellbogen geleitete Whitney sie ins Kellergeschoss und in unseren Privatraum. Tante Zhang ging schnurstracks zum Ehrenplatz, zu erkennen an einer in einem Weinglas steckenden Serviette, die zu einem Pfau gefaltet worden war.

Während wir gedünsteten Zackenbarsch und frittierten chinesischen Brokkoli aßen, überhäufte mich Tante Zhang mit Fragen zu meiner Herkunft und Bildung, zu Shanghai, Amerika und Hongkong, zu Private Equity und PalmInfo. Sie spielte die Rolle einer wissbegierigen Älteren. Whitney hatte mir lediglich verraten, dass die Frau eine enge Freundin war, die ihr viel bedeutete. Als sich das Essen seinem Ende zuneigte, hatte ich immer noch keine Ahnung, wer sie war.

Schon zu Beginn unseres Banketts hatte ich die Möglichkeit ausgeschlossen, dass sie eine hochrangige Parteifunktionärin oder die Ehefrau eines mächtigen Mannes war. In meinen Augen gehörten diese Personen einer anderen Spezies an. Sie bewegten sich anders als die Normalsterblichen, sprachen eine besonders gestelzte Form des Mandarin und streuten Ausdrücke wie »die Organisation« (für die Kommunistische Partei) in ihre Äußerungen ein. Gespräche mit solchen Personen waren das chinesische Gegenstück zum Geplauder der Leute »innerhalb des Beltway«, das man in Washington hört: Wer ist auf dem aufsteigenden, wer auf dem absteigenden Ast, über welche neuen Gesetzesvorhaben wird gesprochen … Leute dieses Schlags sah man auch nie allein, sondern sie wurden unentwegt von beflissenen Assistenten begleitet, die beim Essen an Tische außerhalb des Privatraums verbannt wurden. Tante Zhang hingegen war allein ins Hyatt gekommen und zeigte keine der eigentümlichen Verhaltensweisen der politischen Elite des Landes.

Vielmehr schien diese Frau eine von uns zu sein. Sie war zweifellos wohlhabend und selbstbewusst, aber sie sprengte nicht die Grenzen unserer Welt. Sie war zugänglich und fühlte sich offensichtlich wohl in ihrer Haut. Aber etwas an ihrer unprätentiösen Ausstrahlung und an Whitneys offenkundiger Ergebenheit machte sie in meinen Augen zu etwas Besonderem.

Nach dem Essen begannen Whitney und ich den komplexen Tanz, mit dem in China ein verehrter Gast verabschiedet wird. Wir begleiteten Tante Zhang hinauf zu ihrem vor der Tür wartenden Wagen. Ich öffnete die Beifahrertür, legte die Hand in den Türrahmen, damit sie sich beim Einsteigen nicht den Kopf stieß, und lief um das Auto herum, um ihrem Fahrer ein Trinkgeld zu geben. Chauffeure sind wichtig in China. Geschwätzige Fahrer haben den Sturz so manches hochrangigen Funktionärs eingeleitet, weshalb man unbedingt dafür sorgen muss, dass sie zufrieden sind. Nachdem ich meine Pflichten erfüllt hatte, bezog ich neben Whitney am Eingang des Hyatt Position, und wir winkten unserem Gast zum Abschied zu. Tante Zhang fuhr das Fenster herunter und lächelte uns an, während sich das Auto in den Abendverkehr Beijings einordnete und verschwand.

Ich sah Whitney an, und erst jetzt erfuhr ich, wer Tante Zhang war: Sie war Zhang Beili, die Ehefrau von Wen Jiabao, einem der stellvertretenden Ministerpräsidenten des Landes.* Es war ein offenes Geheimnis, dass Wen im Jahr 2003 Zhu Rongji als Ministerpräsident nachfolgen würde. In Kürze würde er Regierungschef

* In China nehmen Frauen im Allgemeinen nicht den Familiennamen ihres Ehemanns an.

sein und damit der zweitmächtigste Mann in der Kommunistischen Partei. Und Whitney war mit seiner Frau befreundet. Ich war sprachlos.

Whitney hatte Tante Zhang im Jahr 2001 kennengelernt, etwa zwei Jahre nach ihrer Ankunft in Beijing. Zhang hatte gerade ihren sechzigsten Geburtstag gefeiert, und ihr Ehemann war als stellvertretender Ministerpräsident dafür verantwortlich, Chinas Eintritt in die Welthandelsorganisation über die Bühne zu bringen. Whitney war zu einem Damenabend eingeladen gewesen, an dem auch Tante Zhang teilnahm. An jenem Abend war Whitneys magnetische Persönlichkeit vollkommen zur Geltung gekommen: Sie zitierte die Klassiker und schlug Zhang in ihren Bann. Die beiden tauschten ihre Telefonnummern aus, und Zhang bot Whitney an, sie »Tante« zu nennen, womit sie signalisierte, dass sie an einer persönlicheren Beziehung interessiert war. Dann tat Whitney etwas, was kaum ein Chinese getan hätte: Sie meldete sich nicht bei Zhang.

Whitney wusste, dass man, wenn man sich um die Gunst einer mächtigen Person bemüht, nie übereifrig wirken sollte. Andere hätten die umworbene Person bedrängt und sich geweigert, Signale der Ablehnung zur Kenntnis zu nehmen. Aber Whitney kannte die Psychologie der chinesischen Elite. Viele Leute versuchten, aus einer Verbindung mit Tante Zhang eigenen Profit zu ziehen, und Whitney wusste, dass sie sich von der Masse abheben musste. Sie verstand es, den Charakter eines Menschen richtig einzuschätzen. Bei der ersten Begegnung mit Zhang hatte sie den Haken mit einem beeindruckenden Auftritt vorbereitet. Jetzt hing der Köder im Wasser, und sie wartete und beobachtete den Schwimmer.

Nach einer Woche biss Tante Zhang an. Sie rief Whitney an und rügte sie dafür, dass sie sich nicht bei ihr gemeldet hatte. »Wir haben uns so gut unterhalten«, sagte sie. »Warum haben Sie mich nicht angerufen? Ich habe an Sie gedacht.« Zhang schlug ein Treffen vor. Diesmal war die Umgebung intimer: ein ruhiges Abendessen zu zweit.

Whitney verstand es meisterhaft, aus anderen Personen Details ihres Lebens herauszukitzeln. Das war eine Schlüsselkompetenz in einer Welt, in der man ohne Beziehungen keinen Erfolg haben konnte. Da sie überzeugt war, dass sich die Beziehung zu Tante Zhang lohnte, machte sich Whitney daran, alles über die Frau in Erfahrung zu bringen. Dabei entdeckte sie, warum Tante Zhang jene Falschheit fehlte, die bei Frauen hochrangiger Parteifunktionäre so oft zu beobachten war. Zunächst einmal entstammte sie nicht dem roten Adel. Ihre Eltern waren einfache Bürger, weshalb sie nicht in der exklusiven Atmosphäre Beijings aufgewachsen war, in der die Sprösslinge der Parteielite von Kindermädchen betreut werden und die sich von Lebensmitteln ernährten, zu denen normale Chinesen keinen Zugang hatten, und die noch dazu allesamt Eliteschulen besuchten. Darüber hinaus hatte Zhang selbst eine berufliche Karriere verfolgt, bevor der Aufstieg ihres Ehemanns sie gezwungen hatte, sich aus dem Berufsleben zurückzuziehen. Und im Laufe dieser Karriere hatte sie sich an einen ungezwungenen Umgang mit unterschiedlichsten Menschen gewöhnt.

Tante Zhang war im Jahr 1941 mitten im Zweiten Weltkrieg in der Provinz Gansu zur Welt gekommen, einer armen Region im Nordwesten Chinas. Nach der kommunistischen Revolution im Jahr 1949 blieb ihre Familie, die ursprünglich aus der Küstenprovinz Zhejiang stammte, im Westen des Landes. Zhang studierte Geologie an der Universität in der Provinzhauptstadt Lanzhou. Im Jahr 1968 begegnete sie während des Aufbaustudiums Wen Jiabao, der nach seinem Studium in Beijing als Leiter eines geologischen Forschungsteams nach Gansu geschickt worden war.

Es hieß, dass Zhang diejenige gewesen sei, die Wen den Hof gemacht hatte. Sie war ein Jahr älter als er. Sie war extrovertiert, sie sang und tanzte gerne. Sie eroberte ihn, indem sie regelmäßig in seinem Wohnheim auftauchte und ihm anbot, seine Kleidung zu waschen. Zhangs überschäumende Fröhlichkeit und Abenteuerlust zog den ernsthaften Bücherwurm Wen an. Sie zeigte uns ein Foto, auf dem sie und Wen bei einem geologischen Forschungsprojekt in der abgelegenen Bergregion im Westen Chinas zu sehen waren. Tante Zhang lächelte heiter; Wens Blick war ausdruckslos.

Nicht lange nach seiner Ankunft in Gansu wandte sich Wen der Politik zu und bekleidete Funktionen in der Kommunistischen Partei, während er in der Hierarchie des Geologischen Amts der Provinz aufstieg. Tante Zhang spornte ihren Ehemann an und wurde seine wichtigste Beraterin. Ihre zuversichtliche Grundhaltung und Risikobereitschaft und seine introvertierte, vorsichtige Natur ergänzten einander.

Die beiden heirateten, und im Jahr 1982 wurde Wen aus Gansu abberufen und erhielt in Beijing einen Posten im Parteikomitee beim Ministerium für Geologie und Bergbau. Nach einer kurzen Amtszeit als stellvertretender Minister für Geologie machte er im Jahr 1985 einen Karrieresprung, als er in das Generalbüro des Zentralkomitees der KPCh befördert wurde. Das Generalbüro ist die Schaltstelle sämtlicher Parteifunktionen, in etwa vergleichbar dem Büro des Stabschefs des Weißen Hauses. Es ist für die Logistik wichtiger Parteisitzungen verantwortlich, formuliert politische Leitlinien zu Schlüsselfragen und setzt die Entscheidungen der Partei mit Einrichtungen wie den Sicherheitsdiensten, den Regierungsressorts und den Staatsbetrieben um.

Der Leiter des Generalbüros der Partei wird auch scherzhaft als »Chefeunuch« des chinesischen Staates bezeichnet, eine Anspielung auf die Kaiserzeit, in der Eunuchen das Rückgrat der Verwaltung in der Verbotenen Stadt bildeten. Im Jahr 1986 wurde Wen zum »Chefeunuchen« ernannt. Er leitete sieben Jahre lang das Generalbüro und diente in dieser Zeit nicht einem, sondern drei »Kaisern«, nämlich den Parteichefs Hu Yaobang, Zhao Ziyang und schließlich Jiang Zemin.

Schon in normalen Zeiten wäre es eine gewaltige Aufgabe gewesen, unter drei Parteichefs zu dienen, aber in jenen politisch turbulenten Jahren war es ein herkulisches Unterfangen. Die Parteigranden räumten die ersten beiden Chefs von Wen, Hu Yaobang und Zhao Ziyang, aus dem Weg, weil es ihnen nicht gelungen war, die studentische Demokratiebewegung zu unterdrücken. Nach dem Angriff der Armee auf dem Platz des Himmlischen Friedens im Jahr 1989 knöpften sich die Hardliner Wens dritten Chef Jiang Zemin vor. Doch Wen blieb im Amt.

Seine schwerste Prüfung musste er am 19. Mai 1989 um fünf Uhr morgens auf dem Höhepunkt der Massenkundgebungen rund um den Tiananmen bestehen. Wen begleitete den ZK-Generalsekretär Zhao Ziyang zu einem improvisierten Treffen mit den Anführern der Studentenproteste auf den Platz, wo sich Zigtausende versammelt hatten. In einer weitschweifenden Erklärung, die im Staatsfernsehen übertragen wurde, versprach Zhao den Demonstranten, die Partei werde in gutem Glauben mit ihnen verhandeln. Aber er sagte nicht die Wahrheit. Was Zhao zu sagen unterließ, war, dass die Parteiführung bereits seine Absetzung beschlossen und die Armee mobilisiert hatte, um die Demokratiebewegung zu zerschlagen.[3] Einen Tag nach Zhaos Besuch auf dem Tiananmen verkündete Ministerpräsident Li Peng die Verhängung des Kriegsrechts. Zwei Wochen später, in der Nacht des 3. auf den 4. Juni 1989, eröffnete die Volksbefreiungsarmee das Feuer auf die Demonstranten, und am folgenden Morgen waren Hunderte tot. Auf dem Platz des Himmlischen Friedens überrollten Panzer die »Göttin der Demokratie«, eine der Freiheitsstatue nachempfundene Figur aus Pappmaschee, die Kunststudenten gegenüber vom riesigen Porträt des Vorsitzenden Mao errichtet hatten. Zhao verbrachte die folgenden fünfzehn Jahre bis zu seinem Tod am 17. Januar 2005 im Hausarrest.

Nach der Niederschlagung der Demokratiebewegung fielen Tausende Parteifunktionäre, die sich Zhaos Wunsch nach einer Zukunft in größerer Freiheit angeschlossen hatten, einer großen Säuberung zum Opfer. Aber der von Tante Zhang beratene Wen entging dem Köpferollen. Allerdings musste er offenbar Buße tun. Nach 1989 tauchte Wen, während er im Herzen der Parteibürokratie schuftete, fast ein Jahrzehnt lang auf Fotos nur im Mao-Anzug auf und trug seine Treue zur Partei in jedem Augenblick zur Schau.

In westlicher Kleidung war Wen zum ersten Mal im Jahr 1998 zu sehen, nachdem der damalige Ministerpräsident Zhu Rongji ihn von seinem Posten im Parteiapparat in das hochrangige Amt eines stellvertretenden Ministerpräsidenten befördert hatte.

Wen verdankte diese Rettung seiner Persönlichkeit. Man ginge vermutlich zu weit, wollte man ihn als politischen Eunuchen bezeichnen. Aber er war außergewöhnlich vorsichtig und beleidigte oder bedrohte nie jemanden. Er kam gut mit seinen Vorgesetzten zurecht und vermied es, sich irgendwelchen politischen Fraktionen anzuschließen. Anders als viele Parteikader steckte er seine Nase auch nicht in Dinge, die ihn nichts angingen. Er war zweifellos ehrgeizig, denn sonst hätte er seine Position nie erreicht, aber es war ein gezügelter Ehrgeiz, der seine Genossen auf den höheren Parteiebenen nicht bedrohte. Als Zhu Rongjis Amtszeit im März 2003 endete, war Wen der natürliche Kompromisskandidat für die Nachfolge.

Als Ministerpräsident pflegte Wen das Image eines Mannes aus dem Volk. Als im Jahr 2008 die Provinz Sichuan von einem schweren Erdbeben erschüttert wurde, eilte Wen in die Katastrophenregion und zeigte sich in zerknitterter Jacke und Turnschuhen. Die Chinesen gewöhnten sich an, ihn als »Großvater Wen« zu bezeichnen.

Doch im Lauf der Zeit verwandelte sich Wens Stärke in eine Schwäche. Ihm schien tatsächlich ein freieres, offeneres China vorzuschweben. Nachdem sein Vorgänger Zhao Ziyang unter Hausarrest gestellt worden war, sprach Wen als einziger führender Politiker Chinas weiterhin öffentlich über universelle Werte wie Freiheit und Demokratie. Dabei hielt sich Wen strikt an die Regeln, die in der chinesischen Machtstruktur galten, in der die Zuständigkeit des Ministerpräsidenten eng begrenzt ist. Wens Aufgabe war es, die Regierung zu führen. Politische Reformen hätte nur Hu Jintau vorantreiben können, der als Parteichef einen höheren Rang als Wen bekleidete. Und Hu äußerte sich nie in dieser Richtung.

Bei der Beobachtung Wens und in den Gesprächen mit Whitney, Tante Zhang und seinen Kindern gewann ich den Eindruck, dass er seine Vorstellungen von der Demokratie eigenen Zielen unterordnete. Er sprach darüber, aber er hatte nicht die Absicht, den Status quo infrage zu stellen und tatsächlich etwas zu tun, um China zu einem Ort mit mehr Freiheiten zu machen. Diese Einschätzung – dass er sich gelegentlich zu Wort melden, aber stets verlässlich nach den Regeln des Systems spielen würde – war entscheidend dafür, dass Wen seinen Job bekam und behielt.

Wen hatte allerdings zu großes Vertrauen in seine Familie, insbesondere zu Tante Zhang. Er delegierte viel zu viel an sie und ließ zu, dass seine Kinder seinen Namen nutzten, um sich zu bereichern. Er interessierte sich nur für seine Arbeit. Anders als Zhu Rongji, der die *erhu* übte (ein chinesisches Streichinstrument), oder als Deng Xiaoping, der gerne Bridge spielte, hatte Wen keine Hobbys. Er war ein Workaholic. Alles andere überließ er seiner Frau.

Tante Zhang genoss es sehr, von Menschen umgeben zu sein. Sie sammelte Menschen geradezu. Wenn sie Freunde ins Haus brachte und sie ihrem Ehemann vorstellte, ließen sich die Besucher gemeinsam mit Wen fotografieren und zeigten die Fotos anschließend herum, um zu beweisen, dass sie Beziehungen in Beijing hatten. Tante Zhang lernte nie, auf der Hut zu sein. Die meisten Politiker und ihre Familien hatten Türsteher, die jeden, der sich nähern wollte, durchleuchteten und schlechte Nachrichten unterdrückten. Tante Zhang verzichtete auf eine solche Infrastruktur. Sie hatte keinen Ausschalter und keinen Filter. Das erklärt, warum ihre Juwelenkäufe zum Thema sensationslüsterner Berichte in der Regenbogenpresse von Hongkong wurden. Tante Zhang war mit im Spiel und jederzeit bereit – zu allem.

7

Was Whitney wirklich faszinierte, war die Tatsache, dass Tante Zhang die Karriere ihres Mannes tatkräftig unterstützte, sich dadurch jedoch nicht davon abhalten ließ, auch eigene Vorhaben zu verfolgen. In der Provinz Gansu wurde Zhang zu einer Expertin für Edelsteine und zu einer Pionierin in der chinesischen Juwelenbranche. Als das Paar im Jahr 1983 nach Beijing umzog, eröffnete Tante Zhang den ersten Schauraum für Edelsteine im Geologischen Museum, gründete das Büro für Edelsteinforschung, rief eine Zeitschrift namens *China Gems* ins Leben und beteiligte sich an der Gründung des ersten chinesischen Dienstes zur Edelsteinprüfung. Während ihr Ehemann im Zentrum der Parteibürokratie arbeitete, übernahm sie im Jahr 1992 die Leitung der staatlichen China Mineral and Gem Corporation, die im ganzen Land Edelsteine schürfte und vermarktete. In dieser Position begann sie, öffentliche Gelder in neu gegründete Juwelenfirmen zu investieren, gerade in dem Augenblick, als die chinesische Wirtschaft Fahrt aufnahm und die chinesischen Frauen wieder begannen, Juwelen zu kaufen. Unter den neuen Firmen war eine namens Beijing Diamond Jewelries Company, eine Einzelhandelskette, die Zugang zu den besten Edelsteinen hatte. Im Jahr 1997 leitete Zhang als Präsidentin und Geschäftsführerin von Beijing Diamond den Börsengang des Unternehmens in Shanghai, wobei sie sich ein schönes Aktienpaket sicherte, weshalb man ihr den Spitznamen »Diamantenkönigin« gab.

Es wäre ein Irrtum anzunehmen, dass es Tante Zhang nur ums Geld ging. Beijing Diamond zählte zu den ersten Staatsunternehmen, die an die Börse Shanghai (Shanghai Stock Exchange) gebracht wurden. Zhang war nun die Schöpferin einer neuen Industrie. Auch sie war also von dem Wunsch angetrieben, etwas Außergewöhnliches zu vollbringen.

Im Jahr 1998, als Wen seinen Posten in der Parteiführung räumte und zum Vizepremierminister ernannt wurde, verwandelte sich Tante Zhang von einer Spielerin zur Schiedsrichterin im Juwelengeschäft und übernahm die Leitung des nationalen Edelsteintestzentrums, des National Gemstone Testing Centre. Uns erklärte Zhang, sie habe diesen Posten angenommen, weil sie den Eindruck vermeiden wolle, Kapital aus der Stellung ihres Ehemanns zu schlagen. Als Führungskraft eines börsennotierten Unternehmens wäre sie außerdem gezwungen gewesen, Details über ihr persönliches Vermögen offenzulegen. Auch das wollte sie vermeiden. Ihr Ehemann war in eine entscheidende Phase seiner Karriere eingetreten und wurde auf ein höheres Amt vorbereitet. Jeder tatsächliche oder vermeintliche Stolperstein, der seinen Aufstieg behindern konnte, musste aus dem Weg geräumt werden. Doch Tante Zhangs Erfahrung in der Gründung eines Wirtschaftszweigs und als Unternehmerin, die eine Firma an die Börse gebracht hatte, weckte ihren Appetit auf weitere geschäftliche Aktivitäten. Whitney sah in Tante Zhang die perfekte Partnerin für zukünftige Unternehmungen.

Dazu musste Whitney sämtliche Spieler in Tante Zhangs Leben kennen. Sie traf sich mit den beiden Kindern des Paars – Wen Yunsong, bekannt unter seinem englischen Namen Winston Wen, und Wen Ruchun, die sich Lily Chang nannte. Wie viele Abkömmlinge von Parteigranden hatten beide in den Vereinigten Staaten studiert. Winston Wen hatte einen MBA der Kellogg School of Management der Northwestern University, und seine Schwester Lily besaß einen ähnlichen Abschluss von der University of Delaware.

Lily legte das Verhalten eines reichen Töchterchens an den Tag und neigte zu Wutanfällen; oder sie schmollte still vor sich hin. Sie schrie ihre Eltern regelmäßig an und verhielt sich wie eine verwöhnte Göre. Nach ihrem Studienabschluss im Jahr 1998 hatte sie

Berichten zufolge bei der unglückseligen Investmentbank Lehman Brothers gearbeitet, die in der Finanzkrise von 2008 zusammenbrechen sollte. Man erzählte sich auch, dass sie eine Weile im Trump Place gewohnt hatte, dem Luxusapartmentturm am Hudson River in Manhattan. Später ging sie zur Credit Suisse First Boston und kehrte von dort nach Beijing zurück, wo sie eine Beratungsfirma namens Fullmark Consultants gründete. Die *New York Times* berichtete im Jahr 2013, J.P. Morgan habe der Beraterfirma Fullmark von 2006 bis 2008 insgesamt 1,8 Millionen Dollar dafür bezahlt, dass die Firma der Investmentbank dabei half, chinesische Klienten an Land zu ziehen.[4] Die *Times* berichtete auch, dass die amerikanische Börsenaufsicht SEC in Zusammenhang mit diesem Geschäft eine Untersuchung gegen J.P. Morgan wegen Verstößen gegen den Foreign Corrupt Practices Act eingeleitet habe, ein Gesetz, das amerikanischen Unternehmen verbietet, ausländischen Politikern oder Beamten oder deren Familienmitgliedern im Gegenzug für geschäftliche Vorteile Geld oder Wertgegenstände zukommen zu lassen.

Winston war nicht so unausstehlich wie seine Schwester, aber an Ehrgeiz stand er ihr nicht nach. Er hatte sich für das Geschäft mit Kapitalbeteiligungen entschieden. Im Jahr 2005 gründete er mit finanzieller Unterstützung von SBI Holdings, einer Tochter der japanischen SoftBank-Gruppe, und dem Staatsfonds Temasek aus Singapur die Firma New Horizon Capital. Die staatseigenen Investmentfonds Singapurs verstanden sich darauf, sich bei den »Prinzen« einzuschmeicheln, bei den Söhnen (und Töchtern) hochrangiger Würdenträger der KPCh. Verschiedene mit der Regierung Singapurs verbundene Firmen investierten Geld in Winston Wens Firma sowie in Fonds, an denen der Enkel des Parteichefs Jiang Zemin und andere mächtige Figuren in der Kommunistischen Partei beteiligt waren. Weltweit verstand niemand besser als die Singapurer, wie das Spiel in China gespielt wurde, und sie profitierten sehr von diesem Wissen. Schließlich stiegen weitere Söhne und Töchter chinesischer Parteigranden ins

Private-Equity-Geschäft ein und sicherten sich Kapital aus Singapur. Winston Wen war ein Vorreiter dieses Trends.

Whitney und ich hatten den Eindruck, dass Winston die Sache zu aggressiv anging. Unsere Sorge war, dass er seine Altersgenossen aus Geschäften ausschloss und sich dadurch Feinde machte. Seine Firma kaufte Anteile an Unternehmen, kurz bevor diese einen Börsengang an Handelsplätzen in aller Welt in Angriff nahmen. Bei den meisten dieser Geschäfte war der Gewinn garantiert, da diese Firmen bereits gut etabliert waren – dies waren wahrlich keine Investitionen in Start-up-Unternehmen. Viele Investoren wollten einen Anteil an diesen Gelegenheiten, aber anstatt den Kuchen mit anderen zu teilen, versuchte Winston anscheinend, sich ein Monopol zu sichern. Er arrangierte Besuche seines Vaters in diesen Firmen, womit er ihnen im Grunde folgende Botschaft schickte: »Seht euch an, wessen Unterstützung ich euch verschaffen kann, wenn ihr mich vor allen anderen hereinlasst.« In unseren Augen war das unklug und machte Winston zum Ziel des Neids seiner Konkurrenten.

Als die Beziehung zu Tante Zhang enger wurde, legte Whitney ihre Scheu ab und begann, den Kindern ihrer Freundin Ratschläge zu erteilen. Ich erinnere mich, dass sie bei einer Gelegenheit zu Winston sagte: »Sie können viel Geld verdienen, ohne derart viel Aufmerksamkeit zu erregen. Warum machen Sie nicht hinter den Kulissen Geld?« Aber wie mein alter Kollege Feng Bo mit seinem roten Rolls-Royce war Winston süchtig nach dem Rampenlicht. Er liebte es, im Mittelpunkt zu stehen. Uns gefiel das nicht.

Am Ende unterschieden die Leute und die Zeitungen (oft mit Absicht) nicht zwischen den Einkünften von Winstons Firma und seinem persönlichen Vermögen. Wenn sein Fonds eine halbe Milliarde mit einem Investment verdiente, hieß es, *er* habe eine halbe Milliarde verdient, obwohl sein Anteil tatsächlich nur einen Bruchteil davon ausmachte. Wir sagten Tante Zhang, er könne noch mehr verdienen, wenn er sich im Schatten hielte. Aber er wollte nicht zuhören.

Der finanzielle Erfolg von Wen Jiabaos Frau und seinen Kindern lässt sich gut mit einem chinesischen Sprichwort beschreiben: »Wenn ein Mann Erleuchtung erfährt, kommen sogar seine Haustiere in den Himmel.« In diesem Fall war das Amt des Regierungschefs die Erleuchtung. Dabei glaubten Whitney und ich, Ministerpräsident Wen begriff erst sehr spät, dass seine Familienmitglieder Milliardäre geworden waren. Ich war überzeugt, dass seine Tochter ausländischen Unternehmen saftige Provisionen dafür in Rechnung stellte, dass sie ihre Beziehungen spielen ließ. Winston leitete New Horizon, und Tante Zhang traf sich mit ungezählten Personen, um Chancen auszuloten. Und alle Familienmitglieder sammelten Luxuslimousinen. Doch der Ministerpräsident schien kaum zu verstehen, was um ihn herum vorging.

Wenn Tante Zhang mit einem dicken Klunker am Finger oder einem kostbaren Jadearmreif nach Hause kam, bewunderte Wen den Schmuck mit den Augen eines Geologen statt mit denen eines erfahrenen Juweliers. Wen hatte nicht einen Tag in seinem Leben in einem Unternehmen verbracht. Als kleiner Beamter hatte er klaglos die Speisen verzehrt, die ihm in der Kantine vorgesetzt worden waren. Er hatte noch nie auch nur eine Hermès-Filiale von innen gesehen. Bei seinem einzigen Besuch in einem Einkaufszentrum wurde er von einer großen Gefolgschaft begleitet. Er hatte keine Ahnung, dass es Handtaschen gab, die 10000 Dollar oder mehr kosteten. Etwas an seinem Verhalten erinnerte an einen Besuch George H. W. Bushs in einem Lebensmittelladen im Jahr 1992 und seine Verblüffung angesichts eines Barcode-Scanners. Das Alltagsleben der Durchschnittsbürger schien für Ministerpräsident Wen ein Geheimnis zu sein.

Andere nahmen eine zynischere Haltung ein: Sie wiesen die Deutung zurück, Wen sei von seiner Familie hinters Licht geführt worden, und erklärten, er sei bewusst untätig geblieben. Aus von WikiLeaks veröffentlichten Dokumenten geht hervor, dass der Leiter der chinesischen Niederlassung der Carlyle Group, einer großen amerikanischen Investmentfirma, im September 2007 gegenüber amerikanischen Diplomaten erklärte, Wen lehne die Aktivitäten seiner Familie ab, sei jedoch »entweder unfähig oder nicht willens, sie zu unterbinden«.[5] Der Geschäftsmann gab das Gerücht weiter, Wen habe eine Scheidung in Erwägung gezogen, aufgrund seiner exponierten Stellung jedoch Abstand davon genommen.[6]

Das glaubten Whitney und ich nicht. Wir sahen echte Zuneigung zwischen Tante Zhang und ihrem Mann, und wir hatten das Gefühl, dass sich Wen einfach keine großen Gedanken über die Geschäfte seiner Frau und seiner Kinder machte. Er hatte wichtigere Sorgen und wünschte sich im Grunde wirklich ein offeneres und demokratischeres China.

Kurz nach seiner Ernennung zum Ministerpräsidenten im März 2003 zog die Familie in ein Hofhaus im Zentrum der Hauptstadt um. Für den chinesischen Ministerpräsidenten gibt es kein Weißes Haus und keine Vizepräsidenten-Residenz im Naval Observatory. Die Partei besitzt in Beijing Hunderte Häuser, die hochrangigen Parteifunktionären auf Lebenszeit zur Verfügung gestellt werden. Oft erben ihre Kinder die Häuser. Das bringt das Rathaus in Bedrängnis, das angesichts eines schrumpfenden Angebots immer neue Hofhäuser erwerben muss, um Chinas politische Elite unterzubringen. In der Kaiserzeit verließen hochrangige Beamte nach dem Ausscheiden aus dem Dienst am Hof mit ihren Familien die Hauptstadt und brachten ihr Wissen und ihre Verbindungen in ihre Heimat zurück. Heute kehrt niemand mehr heim. Es war schier undenkbar, dass Winston und Lily nach Gansu zurückkehren würden.

Als die Wens in ihr neues Heim einzogen, mietete Tante Zhang gemeinsam mit Whitney ein halbes Stockwerk im Oriental Plaza als Büro, das nur eine kurze Fahrt von Zhangs Residenz entfernt war. Whitney wurde Tante Zhangs ständige Begleiterin und übernahm die Rollen von Freundin, Ratgeberin und Vertrauter. Ich war verblüfft von Whitneys Fähigkeit, in Tante Zhangs Welt vorzudringen. Es war wie in einer dieser chinesischen Seifenopern über das Leben am kaiserlichen Hof, wo die Hofdamen um die Aufmerksamkeit der Kaiserin buhlen. Hunderte Menschen wollten in die Nähe von Tante Zhang gelangen, aber Whitney stach sie alle aus. In diesem mühevollen Prozess der Beziehungspflege und der Vorwegnahme von Zhangs Bedürfnissen stützte sich Whitney auf eine genaue Kenntnis von Tante Zhangs Leben und Familie. Noch bevor Zhang bewusst wurde, dass sie etwas brauchte, hatte Whitney bereits dafür gesorgt, dass sie es bekam. Als Whitney dieses Kunststück einige Male vollbracht hatte, kam Tante Zhang nicht mehr von ihr los.

Whitney erklärte mir ihren Plan, Tante Zhang und andere in der Parteihierarchie zu umgarnen. Die Pflege der zwischenmenschlichen Beziehungen war auf dieser Ebene derart komplex, dass Whitney jemanden brauchte, dem sie vollkommen vertrauen konnte, um gemeinsam die geeignete Strategie zu entwickeln. In jeder Beziehung waren ganz eigene Berechnungen anzustellen, und jede Beziehung hatte ganz spezifische Dimensionen. Wir dachten gemeinsam über diese Fragen nach, versuchten Klarheit darüber zu gewinnen, was die andere Seite wollte, was sie motivierte und wie wir sie dazu bewegen konnten, sich für unsere Anliegen einzusetzen. »Soll ich mich ihr auf diese oder jene Art annähern?«, fragte sie mich. »Wie wird sie deiner Meinung nach reagieren?« Ich war der einzige Mensch auf der Welt, mit dem sie über diese Dinge sprechen konnte. Das brachte uns einander näher und vertiefte die Vertrautheit zwischen uns: wir beide gegen den Rest der Welt.

Tante Zhang im Machtzentrum Chinas zu dienen, wurde zu Whitneys Lebensinhalt. Wann immer Tante Zhang sie brauchte, war sie zur Stelle. Sie tauchte in die Welt ihrer Freundin ein. Alles andere trat in den Hintergrund. Wir stellten uns beide in den Dienst der Launen anderer. Wir waren wie die Fische, die den Krokodilen die Zähne putzen.

Zu jener Zeit war Tante Zhang die wichtigste Figur auf dem Schachbrett von Whitneys Karriere. Whitneys Ziel war es, sich in eine Großmeisterin des Machtspiels in Beijing zu verwandeln. Es lockten gewaltige finanzielle Belohnungen und ein großer Zuwachs an Prestige. Aber es war auch eine große intellektuelle Herausforderung, herauszufinden, wie sie das System für sich nutzen und das Rätsel des kommunistischen China so gut wie möglich lösen konnte. Whitney nahm diese Herausforderung an, und sie tat es mit einer wilden Entschlossenheit, der kaum jemand in Beijing etwas entgegenzusetzen hatte.

Um Nutzen aus der Beziehung zu Tante Zhang ziehen zu können, musste Whitney die Freundschaft vertiefen. In Zusammenarbeit mit einem Innenarchitekten machte sie sich daran, die neue Residenz der Wens einzurichten. Das Haus an der Dongjiaomin-Allee lag östlich der Verbotenen Stadt im alten Gesandtschaftsviertel, das in den Sechzigerjahren des 19. Jahrhunderts errichtet worden war, nachdem die Qing-Dynastie den Opiumkrieg gegen die Briten verloren hatte und gezwungen war, diplomatische Missionen der westlichen Mächte in Beijing zu akzeptieren. Mir schien es stets ein wenig komisch, dass der Regierungschef des kommunistischen China im selben Zimmer schlief, das einst die Unterkunft »ausländischer Imperialisten« gewesen war, wie die Kommunisten sie nannten.

Das Haus der Wens war eine von drei Residenzen in der Allee, die allesamt von Parteigranden bewohnt wurden. An der Zufahrt zu den Häusern erhob sich ein hohes graues Tor. Die Soldaten, die im Inneren der Anlage Wache standen, kommunizierten mit der Außenwelt durch ein Guckloch, das direkt aus *Der Zauberer von Oz* hätte stammen können. Die Residenz der Wens, eine weitläufige zweistöckige Villa mit Ziegelmauern, war das letzte Haus an der Straße. Sie war von einem großen Garten umgeben. Durch die Vordertür betrat man ein großes Foyer, hinter dem sich zur Linken ein großzügig bemessenes Wohnzimmer und zur Rechten ein Esszimmer erstreckten. Eine breite hölzerne Treppe führte zu den Schlafzimmern im Obergeschoss hinauf.

Whitney empfahl der Hausherrin, den Boden des Erdgeschosses mit italienischem Marmor auszulegen, der in Beijing zu jener Zeit der letzte Schrei war. Sie wählte die Einbauten aus, wobei sie Gold den Vorzug vor dem matteren Schimmer von gebürstetem Nickel gab. Whitney bot sogar an, die Arbeiten zu organisieren. Aber das war unmöglich. Aufgrund von Sicherheitsbedenken war eine spezielle Regierungsabteilung für solche Renovierungsarbeiten zuständig. Tante Zhang beschwerte sich unentwegt über die schlechte Qualität und die hohen Preise der Handwerker.

Ich war mehrmals in dem Haus zu Besuch. Einmal war ich zur Feier anlässlich des hundertsten Lebenstags von Winstons Sohn zu Gast; dieser Tag wird in China traditionell gefeiert. Obwohl das Haus genug Platz für drei Familien bot, war unübersehbar, dass einige Mitglieder des Haushalts nicht glücklich waren, mit mehreren Generationen unter einem Dach leben zu müssen. Winstons Frau, die er während des Studiums in den Vereinigten Staaten kennengelernt hatte, sehnte sich wohl schon seit Längerem nach einer Trennung von ihrer angeheirateten Familie. Sie wollte nicht länger unter der Fuchtel ihrer Schwiegermutter und ihrer launischen Schwägerin Lily leben.

Wir hatten den Eindruck, dass Lilys Liebesaffären Tante Zhang großes Kopfzerbrechen bereiteten, und Whitney schaltete sich bald ein. Lily wurde damals umworben von einem fettleibigen Geschäftsmann mit rundem Gesicht namens Xu Ming; er stammte aus der Hafenstadt Dalian und war mit Immobilien und der Kunststoffproduktion reich geworden. Auch besaß er einen Fußballverein. Im Jahr 2005 schätzte die Zeitschrift *Forbes* sein Nettovermögen auf eine Milliarde Dollar. Während eines gemeinsamen Urlaubs nahm Xu Ming ein Selfie von sich und Lily auf. Er zeigte es herum und behauptete, er werde bald der Schwiegersohn von Ministerpräsident Wen Jiabao sein. Sein geschmackloses Verhalten verriet auch einiges über Lilys Geschmack in Bezug auf Männer.

Whitney war der Meinung, ein Mann wie Xu Ming sei trotz seines fabelhaften Reichtums zu problematisch. Xu gehörte einer Parteifraktion an, die von Bo Xilai geführt wurde, dem ehemaligen

Bürgermeister von Dalian und Sohn Bo Yibos, eines der »Unsterblichen« der Kommunistischen Partei. Es ging das Gerücht, Xu Ming sei auf unlautere Art und Weise an sein Vermögen gelangt, und einige Jahre später wurde er tatsächlich wegen Korruption zu einer mehrjährigen Haftstrafe verurteilt. (Er starb 2015 überraschend ein Jahr vor seiner Haftentlassung im Alter von nur 44 Jahren.)[7]

Dann tauchte ein Bewunderer namens Liu Chunhang auf.

Liu war von ähnlichem Schlag wie ich. Er hatte im Ausland studiert, besaß einen Doktortitel der Universität Oxford und einen MBA aus Harvard und hatte eine Weile für die Beratungsfirma McKinsey und für die Investmentbank Morgan Stanley gearbeitet. Lius Eltern waren kleine Staatsbeamte in Shanghai und gehörten wie meine Familie nicht dem roten Adel an. Er war ebenfalls ein einfacher Bürger.

Lily befolgte den Rat ihrer Mutter und gab Liu eine Chance. Sie konnte mit seiner akademischen Laufbahn und seinem Lebenslauf angeben. Es verblüffte Whitney und mich, dass Liu sich für Lily interessierte. Sie war extrem launisch, und wir konnten uns nicht vorstellen, dass er jemals glücklich mit ihr werden würde. Die beiden heirateten. Ich hatte den Eindruck, dass Lily bald nach der Hochzeit begann, auf Lius Eltern herabzuschauen, was dazu führte, dass diese ihren Sohn nur selten in Beijing besuchen kamen. Dabei heiratet eine Frau in China traditionell in die Familie ihres Ehemanns ein, selbst wenn sie seinen Namen nicht annimmt, aber davon wollte Lily nichts wissen.

Liu war wohl bereit, seinen Eltern diese Kränkungen zuzumuten, weil ihm die Ehe mit der Tochter des Ministerpräsidenten zahlreiche Möglichkeiten eröffnete. Einige Jahre später versuchten Whitney und Tante Zhang, die Beförderung Lius zum Vizeminister zu arrangieren, womit er sich in einen *gaogan*, einen »hochrangigen Beamten«, verwandelt hätte. Dies ist der bedeutsamste Karrieresprung für jeden chinesischen Beamten. Die Beförderung zum *gaogan* garantiert nicht nur eine großzügigere Rente und Zugang zu den besten Krankenhäusern, zur besten medizinischen Versorgung und zu den besten Lebensmitteln, sondern auch zu den Hallen der Macht. Doch aus der Beförderung Lius wurde nichts. Dennoch lernte er dank seiner Heirat mit Lily ein China kennen, zu dem er andernfalls keinen Zugang erhalten hätte.

Tante Zhangs enge Beziehung zu Whitney stieß den Kindern übel auf. Insbesondere Lily beklagte sich lautstark über die Vorzugsbehandlung, die ihre Mutter Whitney angedeihen ließ. Whitney versuchte, Lily zu beschwichtigen, indem sie gemeinsam mit ihr Modeschauen und andere Veranstaltungen besuchte. Sie wies mich an, mich mit Lilys Ehemann anzufreunden. Aber damit war das böse Blut nicht aus der Welt.

Tante Zhangs engster Freund war ein vierschrötiger ehemaliger Fabrikdirektor namens Huang Xuhuai, der aus einer Kleinstadt am Yangzi stammte. Die beiden hatten sich im Jahr 1992 kennengelernt, als der damals 26-jährige Huang in finanziellen Schwierigkeiten war und die 51-jährige Zhang gerade ihre Laufbahn als Großunternehmerin im Edelsteingeschäft begann. Huang folgte Tante Zhang nach Beijing und bemühte sich um Aufnahme in ihre Gefolgschaft, was ihm dank seiner Hartnäckigkeit auch gelang. Tante Zhang beschaffte ihm einen Job in einem der von ihr geleiteten Diamantenunternehmen, und als sie später gemeinsam mit Whitney ein Büro im Oriental Plaza eröffnete, nistete sich Huang in einem kleinen Büro ein, das an das seiner Freundin angrenzte. Auf seiner Visitenkarte stand »Büromanager von Madame Wen Jiabao«.

Natürlich begleitete Huang Tante Zhang auf Schritt und Tritt, wann immer sie auf Reisen ging. Whitney fand nie einen direkten Beweis dafür, hegte jedoch den Verdacht, dass Huang trotz seines Schmerbauchs und seiner ungehobelten Umgangsformen Tante Zhangs Geliebter war. Whitney und ich bezeichneten ihn unter uns nur als Tantes *mianshou;* dies ist die klassische chinesische Bezeichnung für den »Gigolo einer Edelfrau«. Ein solches Arrangement war in der Parteielite nicht üblich. Parteifunktionäre hatten

Geliebte, und zwar manchmal gleich ein Dutzend, aber man hörte selten von einer Frau, die einen Mann aushielt. Whitney dachte viel darüber nach, was Tante Zhang wohl in Huang sah. Aber wir wussten, dass sie eine außergewöhnliche Frau war.

Wie die Geliebten an der Seite der Mitglieder der chinesischen Parteiführung hatte Huang anscheinend sein ganzes Leben in den Dienst von Tante Zhang gestellt. Derart ranghohe Personen fanden nicht oft Gelegenheit für ein Stelldichein mit einem oder einer Geliebten. Sie waren unentwegt von Leibwächtern, Assistenten und Fahrern umgeben, weshalb es ihnen schwerfiel, intimen Vergnügungen zu frönen. Wenn jemand wie Huang auftauchte und offenbar seine Seele anbot, war es schwierig, diesem Angebot zu widerstehen. Dazu kam, dass Tante Zhang immer jemanden brauchte, der übernahm, wenn es unangenehm wurde. Whitney war da, um sie bei ihren Geschäften zu unterstützen und zu beraten. Aber Tante Zhang brauchte auch jemanden, der ihr die »schmutzige Wäsche wusch«, Leute aus dem Gefängnis holte oder unangenehme Personen fernhielt. Und hier schienen Huangs Stärken zu liegen.

Tante Zhang spielte zahlreiche Rollen auf der großen Bühne. Nicht zuletzt war sie eine Puppenspielerin. Sie hatte Menschen wie Huang fast vollkommen unter Kontrolle. Die Beziehung zu Whitney war ebenfalls hierarchisch, aber es war eher ein Geben und Nehmen. Sämtliche Beziehungen von Tante Zhang waren mit einer gesunden Dosis kalter Berechnung und Manipulation gewürzt, aber sie waren nicht frei von echter Emotion. Whitney und ich waren überzeugt, dass wir wussten, wie das Spiel gespielt wurde. Wir fürchteten uns nicht vor Tante Zhang.

Whitney hingegen fürchtete den chinesischen Staat. Schon als Kind in Shandong hatte sie erlebt, wie eine Korruptionsuntersuchung das Leben der Menschen in ihrer Umgebung vollkommen auf den Kopf gestellt hatte. Während Whitney mit hohem Einsatz spielte, um in das Umfeld der Elite des Landes zu kommen, war sie sehr darauf bedacht, der Welt zu zeigen, dass sie nicht korrumpierbar war. Wie gesagt, ihr Mantra lautete: »Selbst wenn man meine Leiche aus dem Sarg holte und ausklopfte, würde man keinen Schmutz finden.« Das sagte sie einerseits, um den Leuten zu zeigen, dass es ungefährlich war, Geschäfte mit ihr zu machen. Andererseits verriet ihre Haltung die unterschwellige Befürchtung, dass auch sie irgendwann zum Ziel einer von der Partei organisierten Treibjagd werden konnte.

Seit ich sie kannte, boten Freunde und Bekannte im System Whitney immer wieder eine sichere Pfründe im Staatsapparat an. Sie lehnte jedes Mal ab. »Sie könnten eine führende Figur in China werden«, erklärte ihr ein mächtiger Parteifunktionär. Aber sie hatte kein Interesse. »Ich werde niemals in das Leben in Shandong zurückkehren«, sagte sie zu mir, nachdem ihr ein weiterer hochrangiger Funktionär eröffnet hatte, sie könne die erste Ministerpräsidentin Chinas werden, wenn sie ihre Trümpfe richtig ausspiele.

Whitney befürchtete, Hofschranzen wie Huang würden die Wens in Schwierigkeiten bringen. Er war zu unverfroren und setzte seine Verbindung zum Wen-Clan als Waffe ein. Einmal wurde er auf der Chang'an-Straße, der Verkehrsader, die das Zentrum Beijings von Ost nach West durchschneidet, in einen Verkehrsunfall verwickelt. Huang pöbelte den Polizisten an, der den Unfall aufnehmen wollte, womit er die Wens in eine peinliche Lage brachte. Whitney und ich waren hingegen stolz auf unsere Diskretion. Wir versuchten nicht, unseren Zugang zur Parteielite zu nutzen, um schnelles Geld zu machen, und verhielten uns unauffällig; wir verfolgten langfristige Ziele. Nicht so Huang: Leute wie er waren gefährlich, weil sie zu viel Aufmerksamkeit erregten.

Huang setzte den Namen Wen offenbar ein, um sich zu bereichern. In einem Bericht der *New York Times* hieß es, die Deutsche Bank habe Huang im Jahr 2004 im Rahmen ihres Vorhabens engagiert, den chinesischen Staat dazu zu bewegen, ihre Investition in eine mittelständische Bank namens Huaxia zu genehmigen. Obwohl Huang keinerlei Erfahrung im Finanzsektor besaß, ging nach Angabe der *Times* aus Dokumenten der Deutschen Bank hervor, dass er zwei Millionen Dollar für seine Dienste eingestrichen hatte. Tatsächlich erhielt die Deutsche Bank die Erlaubnis, Huaxia zu übernehmen. Im Jahr 2006 zahlte die Bank Huang laut *Times* weitere drei Millionen Dollar, wobei unklar war, welche Gegenleistung er für diesen gewaltigen Geldbetrag erbrachte; die Deutsche Bank ließ entsprechende Anfragen unbeantwortet.[8] Whitney und ich hatten nichts für derartige Aktivitäten übrig. Whitney warnte Tante Zhang, die jedoch wenig Interesse daran zeigte, Huang zu zügeln.

Damals war es mir nicht bewusst, aber das Essen mit Tante Zhang an jenem Sommerabend im Jahr 2002 war eine Mischung aus Bewerbungsgespräch und persönlicher Beurteilung gewesen. Whitney war zu der Überzeugung gelangt, mir vertrauen zu können, aber Tante Zhangs Urteil war ebenso wichtig für sie. Ihre Freundin sollte beurteilen, ob ich zu Whitney passte: Diese beiden ehrgeizigen Frauen beurteilten mich auch als potenziellen Partner. Sie wussten nicht genau, wie wir letzten Endes zusammenarbeiten würden, aber sie mussten sich davon überzeugen, dass ich gut zu Whitney passte. Taugte ich zum Ehemann? Und besaß ich den nötigen Geschäftssinn, um Tante Zhangs politischen Einfluss und Whitneys Geschick als Netzwerkerin zu ergänzen, damit wir gemeinsam Bemerkenswertes erreichen konnten? Und was das Wichtigste war: Konnten sie mir vollkommen vertrauen?

Ich war drauf und dran, in den kleinen Kreis der Mächtigen Chinas aufgenommen zu werden. Neben meiner Sachkenntnis in finanziellen Angelegenheiten gefiel den beiden die Tatsache, dass ich ein unbeschriebenes Blatt war. Ich war chinesisch genug, aber ich war auch im Ausland ausgebildet worden. Ich schleppte keine Altlasten mit mir herum. Ich kannte keine anderen Leute in den Machtzirkeln, und keiner meiner Angehörigen gehörte dem Staats- und Parteiapparat an. Ich hatte keine versteckten Interessen.

Aber Whitney spielte ständig Schach in drei Dimensionen. Und Tante Zhang war die bisher wertvollste Figur in ihrem Spiel. Meine Audienz bei Tante Zhang hatte sie nicht nur arrangiert, um Klarheit darüber zu gewinnen, ob ich ein geeigneter Partner war. Das Treffen diente auch dazu, Tante Zhang zu zeigen, welchen Wert Whitney der Beziehung zu ihr beimaß. So wie Tante Zhang Whitney als Ersatztochter betrachtete, sah Whitney eine Mutterfigur in dieser Frau. Und indem sie mich Zhang vorstellte, bevor sie sich mit mir verlobte, gestand Whitney ihrer Freundin das Vetorecht bei der intimsten Entscheidung ihres Lebens zu. Um Whitneys Ehemann werden zu können, brauchte ich Tante Zhangs Segen. In China hat auf dieser Ebene das Vertrauen absoluten Vorrang. Hätte Tante Zhang den Eindruck gewonnen, dass sie mir nicht vertrauen konnte, so wäre meine Beziehung zu Whitney auf der Stelle beendet gewesen.

Im Unterbewusstsein schien Whitney die Beziehung zwischen den Wens als Modell für unser Verhältnis zu betrachten. Tante Zhang hatte sich um Wen Jiabao bemüht, weil er zielstrebig und kompetent war; er war der Mann, in dessen Streitwagen sie zum Triumph mitfahren konnte. Auch Whitney sah in mir einen Mann, der in der ungemein patriarchalischen Gesellschaft einer fähigen und ehrgeizigen Frau wie ihr helfen konnte, ihre Träume zu verwirklichen. Whitney war beeindruckt von der engen Partnerschaft, die Tante Zhang und Wen seit so vielen Jahren aufrechterhielten, und es imponierte ihr, wie Tante Zhang die Beziehung zu ihrem Ehemann entwickelt und eine Verbindung gepflegt hatte, die über eine typische Ehe hinausging und sich auf eine politische und wirtschaftliche Zusammenarbeit erstreckte. Und in der einfachen Herkunft der Wens erkannte Whitney ihre eigenen Ursprünge wieder. Dasselbe galt für Tante Zhangs redselige und gesellige Persönlichkeit. Wie Whitney war Zhang extrem gesprächig und konnte einen Raum dominieren. Im Leben von Tante Zhang und Wen Jiabao sah Whitney ein Beispiel für das Leben, das sie mit mir führen wollte.

Whitney und Tante Zhang hatten gerade erst begonnen zusammenzuarbeiten. Whitney hatte ihrer Freundin bereits Personen vorgestellt, die gute Ideen hatten. Aber die beiden hatten noch nicht entschieden, welchen Weg sie einschlagen wollten. Bei unserem gemeinsamen Abendessen hatte Whitney ihrer Freundin einen potenziellen Partner präsentiert, der dabei helfen sollte, ihre unausgereiften Vorstellungen in eine einträgliche Realität zu verwandeln.

Einige Tage nach dem Bankett im Grand Hyatt teilte Whitney mir das Ergebnis des Treffens mit: »Tante Zhang sagt, dass du in Ordnung bist.« Ich hatte die Prüfung bestanden.

8

Whitney und ich waren verblüfft über Tante Zhangs Energie und ihre Entschlossenheit, der Welt ihren Stempel aufzudrücken. Es ging ihr nicht allein ums Geld: Sie hatte bereits ein Vermögen im Diamantengeschäft verdient, und dank der Position ihres Ehemanns in der Parteiführung war klar, dass der Staat ihr ein angenehmes Leben garantierte.* Zwar wechselte sie häufig das Auto: Der schwarze BMW, den wir vor dem Hyatt sahen, wurde durch einen Lexus mit Massagesitzen ersetzt, den sie später gegen einen schwarzen Audi tauschte. Aber diese Ausgaben waren Kleingeld für sie. Sie hatte auch eine Vorliebe für Juwelen, aber ein günstig gekauftes Jadearmband bereitete ihr mehr Vergnügen als der Besitz glitzernder Edelsteine.

Wir gelangten zu dem Schluss, dass es Jagdfieber war, was Tante Zhang antrieb. Als für Wen Jiabao dem Amt des Ministerpräsidenten in Reichweite kam, wollte sie sich ihren eigenen Einflussbereich sichern, anstatt ein irrelevantes Dasein als Anhängsel ihres erfolgreichen Ehemanns zu fristen. Sie hatte sich seit Beginn ihrer Ehe auf Augenhöhe mit Wen bewegt, und sie würde nicht zulassen, dass sich das änderte. Sie hatte ihren eigenen Terminkalender und begleitete ihren Mann fast nie auf Reisen in die chinesische Provinz oder ins Ausland. Sie erklärte uns, wenn die Massen sie nicht mit ihm sähen, habe sie mehr Freiheit bei ihren eigenen Aktivitäten. Sie bewegte sich bei ihren Reisen oft unter dem Radar, obwohl sie anders als ihre Tochter nicht versuchte, ihre Identität hinter einem falschen Namen zu verstecken. Tante Zhangs Kampf

* Im Jahr 2005 zahlte die Partei zwölf Millionen Dollar an die Familie jedes ehemaligen Staatsführers.

um ein eigenes Leben erinnerte an die schwierige Lage, in die Hillary Clinton geraten war, als ihr Ehemann Bill Präsident geworden war. Tante Zhang wollte ihren eigenen Raum, in dem sie sich entfalten konnte, anstatt im Hintergrund zu verschwinden wie so viele andere Ehefrauen von Mitgliedern der Parteiführung. Und das ideale Betätigungsfeld für sie war die Wirtschaft. Die Geschäftstätigkeit war ein fesselndes Spiel, vor allem in einer Zeit, in der sich in China so viel veränderte und sich überall neue Möglichkeiten eröffneten. Sie genoss es, mitzumischen, Menschen zu treffen, neue Ideen aufzunehmen, Chancen zu beurteilen und zur Tat zu schreiten. Und es schadete nicht, dass sie aufgrund ihrer Verbindungen kaum Fehlschläge erlitt.

Aber sie nahm nicht einfach an einer manipulierten Schatzsuche teil wie viele Parteifunktionäre. Weder Wen noch Tante Zhang stammten von den Gründern des kommunistischen China ab. Diese Leute konnten zollfrei einkaufen und hatten oft Zugang zu Exklusivverträgen, anders gesagt: Das waren Lizenzen zum Gelddrucken. Tante Zhang und Wen Jiabao hatten sich in der Parteihierarchie emporgearbeitet. Sie hatten sich ins Zeug legen müssen. Die Frauen anderer Parteigranden wollten sich ebenfalls aktiv an den Machtspielen beteiligen. Wir bezeichneten sie als *taitai bang*, als »Gattinnenbande«. Aber die wenigsten von ihnen konnten sich mit Tante Zhang messen. Dieses unbekümmerte Energiebündel verband große Erfahrung im Geschäftsleben mit Kompetenz und Entschlossenheit.

In unseren Augen hob sich Tante Zhang auch dadurch von anderen Frauen in ihrer Gruppe ab, dass sie ihren Ehemann nicht in geschäftliche Aktivitäten einweihte. Andere führende Parteifunktionäre beteiligten sich aktiv an den finanziellen Machenschaften ihres Clans. Ein Politiker wie Jia Qinglin – der von 2002 bis 2012 im Ständigen Ausschuss des Politbüros und damit im innersten Machtzentrum Chinas saß – hatte keinerlei Bedenken, gemeinsam mit seinem Schwiegersohn, den ich gut kannte, an Geschäftsessen teilzunehmen. Und es war darauf Verlass, dass der alte Jia örtliche

Beamte dazu drängen würde, dem Ehemann seiner Tochter exklusiven Zugang zu geschäftlichen Gelegenheiten zu eröffnen. Auch Parteichef Jiang Zemin schickte Abgesandte los, damit sie bei Entscheidungsträgern ein gutes Wort für seine Kinder und Enkel einlegten. Tante Zhang hingegen ging ihren Geschäften im Wesentlichen ohne Wens Wissen nach und verzichtete auf seine stillschweigende Unterstützung. Das erschwerte die Dinge manchmal, denn obwohl sie – und damit auch wir – unter der Schirmherrschaft des Ministerpräsidenten agierten, war klar, es war nicht zu erwarten, dass sich Wen tatsächlich jemals für uns einsetzen würde.

Whitney und Tante Zhang hatten eine mündliche Abmachung getroffen: Tante Zhang würde 30 Prozent aller Gewinne aus unseren gemeinsamen Unternehmungen erhalten; die übrigen 70 Prozent würden wir miteinander und mit anderen Geschäftspartnern teilen. Theoretisch lautete die Abmachung, dass die Wens auch 30 Prozent des Kapitals beisteuerten, was sie jedoch nur selten taten. In den wenigen Fällen, in denen sie sich an der Finanzierung eines Geschäfts beteiligten, geschah dies erst, nachdem feststand, dass das Vorhaben eine sichere Bank darstellte. Tante Zhang ging niemals Risiken ein. Daher zogen wir bei der Verteilung der Gewinne einfach ihre theoretische Kapitalbeteiligung von ihrem Anteil ab.

Nichts von alledem wurde schriftlich festgehalten; es beruhte alles auf Vertrauen. Das Arrangement entsprach dem »Branchenstandard«. Andere Familien hochrangiger Parteimitglieder strichen als Gegenleistung für ihre politische Einflussnahme einen ähnlichen Prozentsatz von den Gewinnen ein. Aber das Muster war flexibel und konnte an die jeweils unterschiedlichen Spezifika der Investitionsmöglichkeiten angepasst werden.

Staatsbeamte, Manager in Staatsbetrieben und Privatunternehmer, die der Partei nahestanden, eröffneten Insidern wie Tante Zhang unentwegt neue Gelegenheiten, aber diese Geschäfte waren nicht so lukrativ wie jene, die den Angehörigen des roten Adels offenstanden. Denn die kommunistischen Aristokraten hatten Zugang zu Monopolen. Ein Beispiel ist die Vergabe eines Auftrags über die Bereitstellung eines Mineralwassers namens Tibet 5100 in den chinesischen Hochgeschwindigkeitszügen.[9] Diesen Vertrag sicherten sich Berichten zufolge Verwandte Deng Xiapoings, die fast nichts für das Recht bezahlten, das Wasser in Tibet abzufüllen. Zwischen 2008 und 2010 kaufte das Eisenbahnministerium 200 Millionen Flaschen dieses Mineralwassers. Als das Unternehmen, welches das Wasser abfüllte, im Jahr 2011 in Hongkong an die Börse gebracht wurde, hatte es einen Marktwert von 1,5 Milliarden Dollar. Die Familie Deng äußerte sich nie zu Berichten über ihre Verbindung zu der Firma.

Derart lukrative Deals waren für Tante Zhang außer Reichweite. Wir mussten härter für uns arbeiten. Keine unserer Unternehmungen war eine sichere Wette. Jede erforderte ein gutes Urteilsvermögen auf gleich zwei Ebenen. Da war zum einen eine gewissenhafte Prüfung sämtlicher Bestandteile des Geschäfts. Dies war meine Aufgabe. Ich analysierte die Branche und wusste den jeweiligen Markt richtig einzuschätzen. Ich übernahm die Laufarbeit, besuchte die Produktionsstandorte und studierte die Details des Geschäfts. Sodann mussten die politischen Kosten eines Vorhabens richtig beurteilt werden.

Wer sich mit Spekulationsobjekten auskennt, erwartet immer eine Gegenleistung. Wir mussten herausfinden, ob es sich am Ende lohnen würde, Anschluss an die Parteifraktion oder das persönliche Netzwerk einer Kontaktperson zu suchen, um an einen Auftrag heranzukommen. Würde es sich bezahlt machen, eine Verpflichtung gegenüber einer Person einzugehen, die irgendwann kommen würde, um die Gefälligkeit einzufordern, die wir ihr schuldeten? Das war Whitneys Fachgebiet, und Tante Zhang vertraute auf ihr Urteil, wenn sich die beiden eingehend mit der Frage beschäftigten, welche Gegenleistungen potenzielle Partner dafür erwarten würden, dass sie uns Zugang zu einer Geschäftschance eröffneten.

Als sich unsere Beziehung vertiefte, wurden Whitney und ich sehr viel mehr als »weiße Handschuhe«, die verhinderten, dass die Öffentlichkeit zu sehen bekam, in welchen Geschäften Tante Zhang ihre Finger hatte. Wir wurden Partner. Wir waren verantwortlich für Finanzierung, Ausrichtung, Beurteilung und vor allem Ausführung der Geschäfte. Tante Zhang gab uns die politische Rückendeckung.

So wie wir es verstanden, waren wir die »Infanterie« und schlugen in den Schützengräben unsere Schlachten, während Tante Zhang unsere »Luftwaffe« war, die für die nötige Luftunterstützung sorgte. Einen großen Unterschied aber gab es zwischen dem Einfluss der Wens und dem anderer mächtiger kommunistischer Clans: Tante Zhangs »Luftwaffe« hatte dank ihrer Beziehung zum Ministerpräsidenten auf dem Papier eine einschüchternde Wirkung, allerdings durfte sie nie damit rechnen, dass ihr Ehemann tatsächlich Bomben abwerfen würde.

Wir machten das Yue Ting Restaurant im Grand Hyatt zu unserer Privatkantine. Bei Bedarf wichen wir ins Lei Garden aus, ein mit einem Michelin-Stern ausgezeichnetes Restaurant, das sich unweit der Beijinger Niederlassung des Hong Kong Jockey Club an der glamourösen Jinbao-Straße befand. Eines unserer bevorzugten Gerichte war Wolfsbarsch für 500 Dollar pro Person, und wir bestellten auch gerne eine 1000 Dollar teure Suppe aus der Schwimmblase eines Fischs.

Minister und ihre Stellvertreter, Leiter von Staatsbetrieben und Unternehmer buhlten um eine Einladung an unseren Tisch. Gemeinsam analysierten wir Investitionsmöglichkeiten, beurteilten den Charakter von Personen, die sich um Aufnahme in Tante Zhangs Kreis bemühten, und prüften potenzielle Partner sowie Kandidaten für freie Stellen im Staatsapparat, über deren Besetzung ihr Ehemann entscheiden konnte.

Weder Whitney noch ich fühlten uns unwohl dabei, mehr als tausend Dollar für ein Mittagessen auszugeben. In meinen Augen waren das einfach die Kosten der Geschäftstätigkeit in China zu

Beginn des 21. Jahrhunderts. So funktionierten die Dinge nun einmal. Ein wichtiger Faktor war die chinesische Vorstellung vom »Wahren des Gesichts«. Jedermann wusste, dass wir abstruse Preise für die Suppe, den Fisch und sogar das Gemüse bezahlten. Und genau das ermöglichte es unserem Gast, das Gesicht zu wahren. Wäre es ein Mittagessen für meinen persönlichen Konsum gewesen, so hätte ich es als Wertangebot betrachtet. Aber ich war nicht zum Essen dort, sondern ich wollte Geschäfte machen. Und wenn ich in Beijing Geschäfte machen wollte, musste ich bereit sein, so viel für eine Mahlzeit zu bezahlen.

Im Herbst 2002, wenige Monate nachdem ich Tante Zhangs Prüfung bestanden hatte, bekam Whitney von einem Kontaktmann in der China Ocean Shipping Company einen Tipp. Whitney pflegte freundschaftliche Beziehungen zu einigen Personen in dieser Firma, die Great Ocean einmal einen Kredit gewährt hatte. Whitneys Kontaktperson teilte ihr mit, dass COSCO einen Teil seines Anteils an der Ping An Insurance Company verkaufen wolle, einer der wenigen Firmen in China, die eine Lizenz für ein umfassendes Angebot von Finanz- und Versicherungsdienstleistungen besaßen. COSCO war einer der drei Gründungsaktionäre, von Ping An im Jahr 1988 gemeinsam mit der China Merchants Bank und der Verwaltung der Sonderwirtschaftszone Shenzhen.

Im Jahr 2002 hatte die Transportsparte von COSCO einige Rückschläge hinnehmen müssen. Die Firma war nicht mehr liquide, und der Geschäftsführer Wei Jiafu wollte ein kleines Paket von COSCOs Anteil an Ping An verkaufen, um die Bilanz des Unternehmens aufzubessern. Whitney nahm Kontakt zu Wei auf und bekundete ihr Interesse am Kauf dieser Aktien.

Wei war der Vorstellung nicht abgeneigt, Whitney und damit der Familie Wen einen Teil von COSCOs Beteiligung an Ping An zu verkaufen. Er stellte damals auch keine irgendwie gearteten Forderungen, aber für einen Manager eines staatlich kontrollierten Unternehmens konnte es sich langfristig als vorteilhaft erweisen, sich mit der Familie des Ministerpräsidenten gut zu stellen.

Unsere Beziehung zu Ministerpräsident Wen sicherte uns die Poleposition im Rennen um ein Stück von COSCOs Anteil. Wei wollte 3 Prozent von Ping An verkaufen. Wir hielten es für realistisch, 1 Prozent der Anteile zu übernehmen, und glaubten, dass Tante Zhang interessiert sein würde, sich die übrigen 2 Prozent zu sichern. Da dies unser erstes gemeinsames Geschäft mit Tante Zhang und obendrein eine einmalige Investition sein würde, kam das 70-30-Muster nicht zur Anwendung. Abgesehen davon, hatten wir einfach nicht genug Kapital, um mehr als ein Drittel des Aktienpakets zu übernehmen.

Es war kein Amigo-Geschäft. Sie boten uns die Aktien zu einem Preis an, der 10 Prozent über dem von einer Wirtschaftsprüfungsfirma ermittelten Nettowert lag. Zu jener Zeit wurde über ähnliche Verkäufe mit einer vergleichbaren Bewertung verhandelt, und nicht alle gingen über die Bühne. Die amerikanische Investmentbank Goldman Sachs, die 1993 für 35 Millionen Dollar 10 Prozent von Ping An erworben hatte, versuchte etwa zur selben Zeit, ihren Anteil abzustoßen, fand jedoch keine Abnehmer. (Stattdessen trennte sich Goldman Sachs von seinem Anteil an einer kaum bekannten Firma namens Alibaba, die sich einige Jahre später in den größten Online-Händler der Welt verwandeln sollte. Hätte Goldman Sachs diese Aktien behalten, so hätte es viele Milliarden Dollar verdienen können.)

Whitney besuchte die Zentrale von Ping An in Shenzhen und traf sich mit Ma Mingzhe, dem Gründer und CEO des Unternehmens, um mit ihm über das Geschäft zu sprechen. Wäre Tante Zhang bereit, gemeinsam mit uns bei Ping An einzusteigen, würden wir und die Wens auf dem besten Weg sein, uns in wichtige Aktionäre des Unternehmens zu verwandeln. Ma ließ beiläufig, aber zweifellos mit Absicht fallen, dass die Hongkong and Shanghai Banking Corporation (HSBC) ein großes Aktienpaket von Ping An erwerben wolle. Die HSBC zählte zu den wichtigsten Adressen in der Finanzwelt und war für ihre umsichtigen Investitionsstrategien bekannt. Wir informierten Tante Zhang darüber, dass die Investition in Ping An in unseren Augen wenig riskant war und stabile Renditen garantierte.

Aber Tante Zhang war nicht übermäßig begeistert. Lily hielt überhaupt nichts von dem Geschäft, denn sie erwartete keine hohe Rendite von Ping An. Wir hatten jedoch den Eindruck, dass ihre Ablehnung eher der Eifersucht auf Whitneys enge Beziehung zu ihrer Mutter als der Kenntnis des Geschäfts von Ping An entsprang. Aber Tante Zhang ließ sich verunsichern.

Whitney versuchte, Tante Zhang zu überzeugen. Sie erklärte ihr unseren Gedankengang: Versicherungslizenzen waren zu jenem Zeitpunkt in China extrem wertvoll, und Versicherungen jeder Art waren ein Geschäft mit großem Zukunftspotenzial. Wir hoben die Tatsache hervor, dass ein wichtiger Akteur wie HSBC kein Geld in ein Unternehmen stecken würde, wenn er diese Investition für gewagt hielte. Und da Ping An an keiner Börse notierte, war es gegen Marktfluktuationen abgeschottet, die nichts mit der Entwicklung seiner eigenen Geschäfte zu tun hatten. Zu jener Zeit war es in China normal, sich für den Erwerb von Wertpapieren Geld zu leihen, und wir würden beide Kredit aufnehmen müssen, um COSCOs Anteile an Ping An übernehmen zu können. Nach mehrtägiger Diskussion teilte Whitney ihrer Freundin mit, dass wir uns unabhängig davon, ob die Familie Wen interessiert war, um das Aktienpaket bemühen würden. In dieser Situation machte Tante Zhang, die in der Familie in Geldangelegenheiten das Sagen hatte, der Diskussion ein Ende: »Wir sind dabei«, sagte sie.

Im Dezember 2002 erklärte sich Whitney bereit, COSCO 3 Prozent der Aktien von Ping An für 36 Millionen Dollar abzukaufen. Unsere Vereinbarung mit den Wens sah vor, dass die Familie zwei Drittel des Aktienpakets übernehmen würde; den Rest sollte Great Ocean kaufen. Aber beide Seiten mussten noch ein großes Hindernis überwinden: Weder wir noch die Wens hatten das Geld für den Kauf der Aktien.

Es ist nicht übertrieben zu sagen, dass wir verzweifelt auf der Suche nach Kapital waren. Mangelndes Kapital war für fast jeden

Unternehmer in China ein Problem. Da in der Phase des rasanten chinesischen Wirtschaftsaufschwungs überall Investitionsmöglichkeiten auftauchten, steckten wir alle bis zum Hals in Schulden. Das zeigte, wie verrückt die Situation auf dem chinesischen Markt war und welche Begeisterung die Zukunftsaussichten des Landes in der chinesischen Gesellschaft und in der Finanzwelt weckten. Jedermann verwettete sein letztes Hemd, was dazu führte, dass niemand liquide war. Natürlich setzten viele Leute auf das falsche Pferd. Jedes Jahr wurden zwei Drittel der Namen in der Liste der hundert reichsten Chinesen durch andere ersetzt, weil die Vermögen der Leute schlechten Geschäftsentscheidungen, Verbrechen und/oder einer politisch motivierten Verfolgung zum Opfer fielen oder weil sich diese Personen mit einer Parteifraktion verbündet hatten, die ihren Einfluss eingebüßt hatte.

Wer an der Spitze eines großen Unternehmens stand, kam nicht darum herum, gegen irgendwelche Gesetze zu verstoßen, egal, ob Bestimmungen über Umweltschutz, Steuern oder Arbeitsrecht. Daher war man trotz hoher möglicher Gewinne stets verwundbar. Wenn der chinesische Staat ein Gesetz verabschiedet, wird es durchweg rückwirkend angewandt, weshalb Aktivitäten, die vor Jahren stattfanden, als sie nicht verboten waren, heute plötzlich nachträglich strafbar sein können.

Doch diese Schwierigkeiten änderten nichts daran, dass alle Welt davon überzeugt war, dass es mit China aufwärtsging. Im ersten Jahrzehnt des 21. Jahrhunderts verzeichnete das Land durchweg zweistellige Wachstumsraten; es war eine Zeit großen Ehrgeizes und gewaltiger Erfolge, und es war die Zeit eines beispiellosen Wohlstandszuwachses. Wer sich nicht bis ans Limit verschuldete, fiel zurück.

Whitney nahm mit dem Verkauf von IBM-Mainframeausrüstung an die chinesischen Telekommunikationsunternehmen jedes Jahr einen ansehnlichen Betrag von etwa zwei Millionen Dollar ein, aber es mangelte uns immer noch an Liquidität. Tatsächlich waren wir so knapp bei Kasse, dass wir auch nach unserem Einzug in ein schickes Appartement im Oriental Plaza im Jahr 2003 weiterhin meine Eltern anpumpen mussten: Wir borgten uns 100 000 Dollar hier und 200 000 Dollar dort, nur um finanzielle Engpässe zu überbrücken. Meine Eltern, die auf dem Immobilienmarkt von Shanghai ein kleines Vermögen verdient hatten, wunderten sich sehr. Als ich Whitney kennengelernt hatte, war sie von einem Chauffeur in einem Mercedes S600 herumkutschiert worden. Dann brachte Audi ein 6,0-Liter-Modell mit zwölf Zylindern heraus, und Whitney musste dieses Auto unbedingt haben. Wir lebten in einem unverschämt teuren Appartement und fuhren ein Auto, das in China fünfmal mehr kostete als im Ausland. Wir leisteten uns die teuersten Dinge. Und trotzdem pumpten wir meine Eltern um Kleingeld an.

»Vielleicht solltet ihr euren Lebensstil einschränken«, schlug meine Mutter vor. Mein Vater stammte aus einer Familie, der das Regime misstraut hatte. Meine Eltern hatten sich abgerackert, sie hatten sparsam gelebt, und sie hatten versucht, nicht aufzufallen. Durch Sparsamkeit und harte Arbeit waren sie in die Mittelschicht aufgestiegen. Die neue Welt, in der ich lebte, verstanden sie nicht. Es war eine Welt, in der die Logik des Systems die Menschen dazu anhielt, ihr Geld auszugeben wie Matrosen auf Landgang.

Whitney und ich sahen es so: Der kostspielige Lebensstil war nichts als Beiwerk und diente unseren geschäftlichen Interessen. Wer in China ein großes Geschäft machen wollte, konnte es sich nicht erlauben, schwach zu wirken. Wer würde sich dann mit dir zusammentun? Niemand. Es gehörte schlicht dazu, den großen Mann zu spielen.

Whitneys Geltungskonsum hatte auch eine psychologische Dimension. Sie trug das Stigma einer einfachen Herkunft mit sich herum. Sie befürchtete stets, andere könnten auf sie herabschauen. Sie war von dem Wunsch besessen, »es allen zu zeigen«. Die Autos, die Juwelen und später die Kunstwerke waren nicht nur Konsum: Es ging ihr darum, sich gegen die Welt abzuschirmen. Ihr Besitz diente als Bollwerk gegen das Naserümpfen der anderen.

Als sie Wind davon bekam, dass ein Autokennzeichen mit der Nummer »Beijing A 8027« zum Verkauf stand, erstand sie es für 200 000 Dollar und brachte es am Audi an. Um die Erlaubnis dazu zu erhalten, musste sie den Polizeichef der Hauptstadt umgarnen.

Nummernschilder waren ein wichtiges Statussymbol in China. Auf den Straßen Beijings sah man ganz verschiedene Kennzeichen. Es gab die Nummernschilder der verschiedenen Abteilungen des Militärs. Und da waren die Kennzeichen der Parteizentrale in Zhongnanhai. Ausländer hatten schwarze Nummernschilder. Diese Kennzeichen sprachen eine eigene Sprache. Und da die Straßen der Hauptstadt ständig verstopft waren, brauchte man unbedingt Nummernschilder mit einem hohen Status. Mit dem richtigen Kennzeichen konnte man die Busspur nutzen, über den Gehsteig fahren, an Stellen wenden, an denen es eigentlich verboten war, rote Ampeln überfahren und in der Nähe seines Lieblingsrestaurants in der Halteverbotszone parken.

In einer Gesellschaft, die Fragen des Status große Bedeutung beimaß, erregte ein Auto mit dem Kennzeichen »A 8027« Aufsehen. Das »A« bedeutete, dass der Besitzer im Stadtzentrum lebte. Die 80 bestätigte, dass diese Person mindestens den Rang eines Ministers hatte. Und die 27 war eine niedrige Nummer, die darauf hindeutete, dass der Inhaber dieses Fahrzeugs mit dem Staatsrat in Verbindung stand. Deshalb brauchte Whitney die Einwilligung des Polizeichefs, um das Nummernschild verwenden zu können. Es sah so aus, als gehörte unser Audi einem hochrangigen Regierungsmitglied. Im Westen kann sich ein eitler Autobesitzer ein Wunschkennzeichen beschaffen, wenn er bereit ist, dafür zu bezahlen. In China geht das nicht. Dort braucht man dafür *guanxi.*

Wir versuchten auch auf andere Art, unseren Status zu erhöhen. Einmal machten wir uns weltweit auf die Suche nach einem Jadearmband für Whitneys überdurchschnittlich kräftiges Handgelenk. Wir fanden schließlich eins, das eine halbe Million Dollar kostete. Auch Kunstwerke waren mittlerweile Erfolgssymbole für chinesische Unternehmer. Also schickte Whitney mich zu Auktionen. Im Jahr 2004 gaben wir die Höchstgebote für zwei antike Gemälde ab, darunter ein Bild von Singvögeln aus der Song-Dynastie, das uns fast eine Million Dollar kostete. Und wie fast alle Dinge in China in jenen Tagen stiegen auch unsere Kunstwerke im Wert. Das Armband verzehnfachte seinen Wert, und ein Sammler bot uns das Zehnfache unseres Kaufpreises für die Gemälde. Aber wir hatten diese Wertgegenstände nicht erworben, um sie mit Gewinn weiterzuverkaufen. Wir schlossen sie in einem antiken Safe von der Größe eines Kleiderschranks ein, den ich in Österreich erstanden hatte. In den Schubladen war Platz für etwa 30 Armbanduhren; dazu kamen Regale für Antiquitäten und ein begehbarer Schrank für Gemälde.

Wir setzten all diese Besitztümer ein, um den Leuten in unserem Umfeld zu zeigen, dass wir jetzt zu den höchsten Kreisen der chinesischen Gesellschaft gehörten und über die Geringschätzung jener erhaben waren, die in den roten Adel hineingeboren worden waren. Tatsächlich musste in unserem Leben einfach alles den höchsten Ansprüchen genügen. Das Auto, das Whitney fuhr, die Juwelen, die sie trug, das Büro, in dem sie arbeitete – all das war Teil der Rollen, die wir spielten, ein Ausdruck der Personen, die wir waren.

Wir einigten uns mit den Wens darauf, dass wir uns getrennt um die Finanzierung unserer Anteile am Aktienpaket von Ping An bemühen würden. Whitney beschaffte sich bei einem Pharmaunternehmen einen Überbrückungskredit von zwölf Millionen Dollar. Sobald wir uns die Aktien gesichert hatten, setzten wir sie als Sicherung für einen Bankkredit ein, mit dem wir unsere Schulden bei dem Pharmaunternehmen beglichen. Die Wens finanzierten ihren Anteil an dem Aktienpaket mit der Unterstützung eines chinesischen Geschäftsmanns, der Tante Zhang das Geld vorschoss.

Nachdem dieser Geschäftsmann ihr den Kauf der Aktien ermöglicht hatte, trat er einen Teil der Aktien an sie ab, hielt den Rest jedoch zurück. Er versicherte Tante Zhang, er werde ihr die übrigen Aktien später aushändigen, was er jedoch nie tat. Die Tatsache, dass Tante Zhang nicht in der Lage war, sich die Aktien zurückzuholen, deren Wert im Lauf der Zeit auf Dutzende Millionen Dollar stieg, verrät einiges über die relative Schwäche des Wen-Clans.

Wen Jiabao nahm theoretisch den zweiten Rang in der Parteihierarchie ein, aber da er nicht aus einer der alten kommunistischen Familien stammte und nicht sehr aggressiv agierte, war seine Position schwächer als die anderer auf dieser Ebene der Hierarchie. Wens Genossen in der Parteispitze setzten regelmäßig das gesamte Justizsystem zu ihrem persönlichen Vorteil ein und entledigten sich politischer Rivalen mithilfe von Korruptionsermittlungen und anderen strafrechtlichen Untersuchungen. Wen konnte oder wollte sich solcher Schikanen nicht bedienen. Niemand in der Familie hatte daran gedacht, das mächtigste Mitglied des Clans darüber aufzuklären, was bei Ping An oder anderen Geschäften lief. Wenn etwas schiefging oder wenn Leute wie jener Geldgeber aus Hongkong der Frau des Ministerpräsidenten Millionen stahlen, war nicht damit zu rechnen, dass Wen Jiabao einschritt.

Whitney, Tante Zhang und ich vereinbarten, dass alle unsere Aktien unter dem Namen von Great Ocean registriert werden sollten. Auf diese Art wollten wir vermeiden, dass die Familie Wen in den Blickpunkt der Öffentlichkeit geriet. Ich nahm einen Sitz im Aufsichtsgremium von Ping An ein. Diese Funktion nutzte ich, um mir ein Bild davon zu machen, wie ein großes chinesisches Unternehmen geführt wurde.

Rückblickend würde ich nicht sagen, dass das Ping-An-Geschäft korrupt war. Die *New York Times* berichtete im Jahr 2012, wir hätten einen geringeren Preis für die Aktien bezahlt als andere, aber in Wahrheit zahlten wir genauso viel wie zwei andere Aktionäre, die sich zur selben Zeit in das Unternehmen einkauften. Wir bezahlten den üblichen Preis von nicht ganz 50 Cent pro Aktie. Außerdem unterschied sich COSCOs Verkauf an uns nicht allzu sehr von derartigen Geschäften in anderen Ländern. Der Verkauf von nicht börsennotierten Unternehmen findet nicht öffentlich statt. Ein großes chinesisches Staatsunternehmen wird nicht bekannt geben, dass es Anteile an einem anderen Unternehmen verkaufen will, um seine Bilanz aufzubessern, und die Aktien anschließend in einer öffentlichen Auktion anbieten. Es werden immer nur die Mitglieder eines begrenzten Netzwerks von diesem Angebot erfahren – gleichgültig, ob das Geschäft in Beijing, London oder New York abgewickelt wird.

Als Ping An im Januar 2004 in Hongkong an die Börse gebracht wurde, stieg der Kurs der Aktie sofort auf das Achtfache dessen, was wir dafür bezahlt hatten. Wir hatten zwölf Millionen Dollar investiert, und über Nacht saßen wir auf einem Aktienpaket, das fast 100 Millionen wert war. Ich wollte zumindest einen Teil unserer Aktien verkaufen, um den Bankkredit zurückzuzahlen. Aber aufgrund der chinesischen Kontrollen des Kapitalverkehrs konnten wir unsere Aktien nicht an der Hongkonger Börse veräußern: Der Verkauf chinesischer Unternehmensanteile im Ausland war verboten. Und China betrachtete Hongkong rechtlich als ausländisches Territorium. Dennoch gab uns die Entwicklung des Aktienkurses an der Börse Hongkong das Gefühl, dass wir mit ein wenig Geduld einen noch größeren Gewinn einfahren würden.

9

Whitney und ich lebten seit dem Spätsommer 2002 zusammen, aber wir waren nicht verheiratet. Am 17. Januar 2004 änderten wir das. An diesem Tag ließen wir uns in Hongkong standesamtlich trauen. Mit der Hochzeitsfeier wollte Whitney noch warten, weil sie sichergehen wollte, dass unsere Ehe Bestand haben würde, bevor wir unsere Trauung öffentlich machten. Aber nach einem Jahr begann sie mit den Hochzeitsvorbereitungen.

Ich für meinen Teil hatte weder auf eine Hochzeitsfeier noch auf eine Ehe gedrängt. In jenen Tagen gab Whitney bei den Entscheidungen über unsere Beziehung den Ton an, und ich ließ mich von ihrem Enthusiasmus mitreißen.

Whitney wusste, dass die Hotelkette Four Seasons ein Hotel in Hongkong baute, das im Herbst 2005 eröffnet werden sollte. Dort buchte sie einen Termin für unsere Hochzeitsfeier im Oktober 2005, 21 Monate nach unserer standesamtlichen Trauung. Sie scheute keine Ausgaben. Sie kontaktierte ungezählte Hochzeitsplaner, Floristen und Köche und studierte die Portfolios von Fotografen, um das allerbeste Team für die Feier zusammenzustellen. Sie engagierte Tanzlehrer für uns und buchte ein ganzes Orchester für die Musik. Auf der Suche nach einem angemessenen Brautkleid flog sie nach New York zu der Designerin Vera Wang, in deren Studio sie sich ein Kleid nach Maß anfertigen ließ. Ich schlüpfte in einen schwarzen Smoking von Tom Ford. Whitney investierte mehrere Tage in die Auswahl der geeigneten Garderobe für ihre Eltern, deren provinzielle Erscheinung sie in elegante Kleidung hüllte.

An einem Samstagabend im Oktober 2005 fand – einen Monat nach der Eröffnung des neuen Hotels – unser Hochzeitsbankett im Four Seasons statt. Tante Zhang reiste in ihrer Rolle als Whitneys

Ersatzmutter aus Beijing an zum großen Verdruss von Whitneys leiblicher Mutter, die sich irgendwann nicht mehr zurückhalten konnte und ihrer Tochter Vorwürfe machte, weil diese keinen Hehl aus ihrer Zuneigung zu Tante Zhang machte. »Ich bin deine richtige Mutter!«, rief sie empört.

Meine Eltern waren ebenso gekommen wie einige alte Schulkameraden aus dem Queen's College und Studienkollegen aus einem MBA-Programm für Manager, das ich in Hongkong besucht hatte. Insgesamt kamen etwa 200 Gäste.

Whitney und ich hatten uns gegen eine Feier in Beijing entschieden, weil wir Diskussionen über die Frage vermeiden wollten, wen wir einladen sollten, wer neben wem sitzen sollte, wer Brautjungfer oder Trauzeuge sein und wer am Nachbartisch sitzen sollte. Wir wollten unseren Gästen keineswegs verraten, welche Verbindungen wir hatten, und wir wollten sie nicht in die unangenehme Lage bringen, ihre Beziehung zu uns offenzulegen.

Im Westen wäre eine Hochzeit wie unsere ein Ereignis gewesen, das den Teilnehmern Gelegenheit gegeben hätte, zu sehen und gesehen zu werden. Aber in China, wo viele Informationen eifersüchtig gehütet werden und verbreitete Furcht herrscht, mussten wir vorsichtig sein. Denn dort sind Verbindungen unabdingbar für Erfolg im Leben; wir wollten weder potenziellen Konkurrenten noch der breiten Öffentlichkeit verraten, zu welchen Personen wir enge Beziehungen unterhielten.

Die Hochzeitsfeier fiel in eine der glücklicheren Phasen unserer Partnerschaft. Whitney hatte sich große Mühe gegeben, um aus mir eine Person zu machen, die im chinesischen System erfolgreich sein konnte. Und zusammen hatten wir einen produktiven Rhythmus gefunden.

Die Feier war eine spektakuläre und sorgfältig choreografierte Veranstaltung, bei der wir uns als perfektes, in jeder Hinsicht überlegenes Paar zeigten. Aber wir verzichteten darauf, nach dieser extravaganten Inszenierung in die Flitterwochen zu fahren. In Beijing gab es viel zu tun für uns.

Unsere gemeinsame Arbeit war faszinierend. Whitney und ich steckten mitten in einem Projekt, das grundlegend für unsere Karrieren sein sollte. Um es in die Wege zu leiten, mussten wir alles zusammenfügen: das Spiel mit dem Glück, die Verbindungen und die harte gemeinsame Arbeit, die unser Leben zu jener Zeit prägten.

Wie an anderer Stelle erwähnt, waren wir entschlossen, unsere *guanxi* zu nutzen, um etwas Außergewöhnliches zu erreichen. Voraussetzung für die Verwirklichung dieses großen Vorhabens war Grundbesitz. Da bekannt war, dass Whitney ein nahes Verhältnis zu Tante Zhang hatte, wurden uns zahlreiche Investitionsmöglichkeiten angeboten. Wir verbrachten Wochen mit der Suche nach Projekten in Whitneys Heimatprovinz Shandong. In Rizhao, einer schmutzigen Stadt am Gelben Meer, empfing uns der Bürgermeister, der uns einen Teil des halb fertigen Containerterminals im Hafen anbot. In einem noch nicht fertiggestellten Elektrizitätswerk wurden wir zu einem Trinkgelage eingeladen, bei dem die örtlichen Behördenvertreter derart hemmungslos tranken, dass einer von ihnen kopfüber in einen Graben stürzte.

Whitney war auf der Suche nach guten Investments, und sie war überzeugt, ihre Herkunft aus Shandong werde ihr dort zum Erfolg verhelfen. Ich war skeptisch und wies darauf hin, dass in vielen Städten Containerterminals und Kraftwerke gebaut wurden. Der Wettbewerb war erbittert, und die Gewinnmargen waren gering; in meinen Augen war das ein Wettlauf um niedrige Erträge. Daher bewegte ich Whitney dazu, abzuwarten.

Zurück in Beijing, versuchten wir, an ein Stück Land heranzukommen, auf dem wir erstklassige Wohnhäuser errichten konnten. Whitney bemühte sich seit dem Jahr 2001 um einen Mann namens Sun Zhengcai, der zu jener Zeit Parteisekretär im Bezirk Shunyi im Nordosten der Hauptstadt war. Sun stammte so wie Whitney aus einer ländlichen Gemeinde in Shandong. Als geborene Führungspersönlichkeit, war er sehr redegewandt, unter den geschwungenen Augenbrauen blickte er einen unverwandt an. Er war nicht gut aussehend, strahlte jedoch eine freundliche Selbstsicherheit aus, die ihren Ursprung darin hatte, dass er sich aus eigener Kraft durchgesetzt hatte. Seine Eltern gehörten nicht dem roten Adel an, sondern waren Bauern. Er war dank Intelligenz und harter Arbeit in der Parteihierarchie aufgestiegen.

Nach dem Grundstudium in Shandong hatte Sun seine akademische Laufbahn in Beijing fortgesetzt. Anders als viele Parteifunktionäre, die ihre Hausaufgaben Untergebenen übertrugen, schrieb er seine Masterarbeit tatsächlich selbst. Nach dem Abschluss 1997 erhielt er den Posten eines Parteisekretärs in einem Forschungsinstitut, das dem Landwirtschaftsministerium unterstand. Anschließend wurde ihm ein hochrangiger Posten in der Bezirksregierung von Shunyi übertragen. Im Februar 2002 wurde er zum Parteichef von Shunyi ernannt und erhielt damit deutlich größere Macht.

Sun übernahm die Leitung des Bezirks genau zu der Zeit, als China den Immobiliensektor für private Investoren öffnete, und Shunyi, der erkannte, dass die Wirtschaft bis dahin vom Obst- und Gemüseanbau geprägt gewesen war, baute die Stadt zu einer Schlafstadt am Rand Beijings aus. Shunyi, das an den Internationalen Flughafen von Beijing angrenzte, wurde zu einem bevorzugten Standort für Wohnkomplexe, anfangs bewohnt von ausländischen Geschäftsleuten und Diplomaten, die sich hohe Mieten leisten konnten. Doch es dauerte nicht lange, bis sich auch neureiche Chinesen dort ansiedelten.

Als Regierungschef und später als Parteichef von Shunyi vergab Sun Immobilienprojekte an Personen, deren Loyalität er sich sichern wollte. So überließ er Whitney und mir mit Blick auf unsere Verbindungen zur Familie Wen ein Grundstück. Er bewilligte auch Landverkäufe an Verwandte des ehemaligen stellvertretenden Präsidenten Zeng Qinghong, der ein enger Verbündeter von Staats- und Parteichef Jiang Zemin war. Später fiel Sun einer Säuberung zum Opfer. Die Partei beschuldigte ihn in einem aufsehenerregenden Korruptionsfall, Bestechungsgelder angenommen zu haben. Ich bezweifle das. Es handelte sich eher um einen Tauschhandel: Sun teilte Personen, die seinen Aufstieg unterstützten, als Gegenleistung Grundstücke zu. Im Mai 2002 war er jedoch auf den Posten des Generalsekretärs des Parteikomitees der Gemeinde Beijing befördert worden, womit er im Rang eines Vizeministers stand. Er hatte Aufnahme unter die *gaogan* gefunden.

Whitney und ich waren beeindruckt von Suns Einfallsreichtum und von dem Geschick, mit dem er sich seinen Weg nach oben bahnte. Whitney sah unbegrenztes Potenzial in ihm und versuchte, sich in seiner Nähe zu halten. Er überließ ihr nicht nur das Stück Bauland, sondern half ihr auch bei der Beschaffung der Genehmigung, das prestigeträchtige Nummernschild an ihrem Audi anzubringen.

Der Posten des Generalsekretärs des Zentralkomitees der Partei in der Hauptstadt ist eine Herausforderung. In dieser Funktion hat man es mit nationalen Einrichtungen wie den Ministerien für Verteidigung, Staatssicherheit, Handel und äußere Angelegenheiten zu tun. Sie stellen Forderungen, und man muss dafür sorgen, dass sie zufrieden sind. Belohnt wird man für diese anspruchsvolle Tätigkeit mit einem uneingeschränkten Zugang zu den Schalthebeln der Macht. Es ist eine Position, in der man unter großem Druck steht, aber es kann auch eine sehr lohnende Funktion sein.

Es mangelte Sun weder an Ehrgeiz noch an Selbstachtung. In relativ kurzer Zeit war er aus einer eigentlich aussichtslosen akademischen Position im Landwirtschaftsministerium zum Herrscher über einen Bezirk mit mehr als einer Million Einwohnern und anschließend in eine zentrale politische Rolle in der Hauptstadt aufgestiegen.

Zu Jahresbeginn 2003 hatten wir noch nicht mit dem Bau der geplanten Wohnanlage auf unserem Grundstück in Shunyi begonnen, was zur Folge hatte, dass wir unsere Ansprüche auf das Land abtreten mussten, da eine neue Vorschrift erlassen worden war, die Bauherren verpflichtete, ihre Vorhaben innerhalb einer bestimmten Frist in Angriff zu nehmen. Außenstehende sahen im Immobiliengeschäft in China eine Lizenz zum Gelddrucken, aber sie wussten nichts von den Schwierigkeiten, die dieses Geschäft sehr riskant machten. Der Sektor war streng reglementiert, und die Geschicke wendeten sich in unvorhersehbaren Wellen.

Obwohl Sun nicht mehr in Shunyi war, hatten wir in dem Bezirk einen Fuß in der Tür und wurden zu den Veranstaltungen der Lokalregierung eingeladen. Beim Frühjahresfest im Jahr 2003 kam uns etwas zu Ohren, das uns zu denken gab. Normalerweise waren diese Feiern unbedeutend: Der Bezirksleiter oder Parteisekretär sagte ein paar Worte, die Gäste erhoben sich zu einem Toast, verschlangen ein mehrgängiges Menü und machten sich in der kühlen Spätwinterluft auf den Heimweg. Aber diesmal wich der Bezirksleiter, ein mürrischer Lokalpolitiker namens Li Ping, vom Drehbuch ab. Er wandte sich an die Delegation des Beijinger Flughafens, der an seinen Bezirk angrenzte, und sprach die düstere Warnung aus, sollte der Flughafen »über unsere rote Linie vordringen«, so werde er die Expansionspläne des Flughafenbetreibers blockieren. »Sie müssen zuerst mit mir sprechen«, sagte Li mit vom Alkohol gerötetem Gesicht.

Es war eine wilde Zeit in China. Behörden stritten sich um Land, Ressourcen und Lizenzen – und alles ließ sich in einem Land, das mit atemberaubender Geschwindigkeit wuchs, zu Geld machen. Rivalisierende öffentliche Telefongesellschaften schickten Leute los, welche die Leitungen ihrer Konkurrenten herausrissen, obwohl diese verfeindeten Unternehmen technisch alle dem Staat gehörten. Bürokraten setzten im Kampf um Immobilienprojekte Schlägertrupps ein, die sich mit anderen Schlägertrupps bekriegten. Rivalisierende Hersteller von Bussen entsandten Banden über Provinzgrenzen, um Angestellte ihrer Widersacher zu entführen. Es war kein Geheimnis, dass die Bezirksregierung von Shunyi den benachbarten Flughafen hasste und entschlossen war, dessen Expansion aufzuhalten. Whitney und ich fragten uns, ob wir dazu beitragen konnten, einen Waffenstillstand zu vermitteln.

Whitney recherchierte die Hintergrundgeschichte. Zwei Jahre

zuvor, im Juli 2001, hatte das IOC China die Austragung der Olympischen Spiele im Jahr 2008 zugesprochen, was den Anstoß zu zahlreichen Bauprojekten in der Hauptstadt gegeben hatte. Plötzlich wurde die Verwirklichung von Vorhaben machbar, die seit Langem in der Schublade lagen, und Beijing schickte sich an, in Konkurrenz zu New York, Paris und London seine eigenen architektonischen Ikonen zu errichten, darunter die gewaltige, 700 Millionen Dollar teure Zentrale des Zentralfernsehens, die zum größten und teuersten Medienhauptquartier der Welt werden sollte.

Der Flughafen der Hauptstadt bot sich für einen Umbau an, denn schließlich würde er das Tor sein, durch das die Welt Zugang zu den Spielen bekam. Der britische Stararchitekt Norman Foster erhielt den Auftrag, einen spektakulären Terminal aus Stahl und Glas zu entwerfen, dessen Dach an die Schuppen eines Drachen erinnern sollte. Zusätzlich zur Erweiterung des neuen Passagierterminals genehmigten die Behörden auch Pläne zur Vergrößerung der Frachtkapazitäten des Flughafens. Über Flughäfen werden nicht nur Menschen, sondern auch Dinge bewegt, und die Kapazitäten des Beijinger Flughafens zur Abfertigung von Frachtgütern mussten dringend vergrößert werden.

Das Ministerium für Bodenschätze bewilligte einen Plan, der vorsah, dass die Logistikdrehscheibe des Flughafens nicht weiter als bis zur Grenze des Bezirks Shunyi wachsen sollte. Shunyi antwortete auf diesen Angriff, indem es die Genehmigung einholte, entlang seiner Grenze eine Autobahn zu bauen, die dem weiteren Vorrücken des Flughafens einen Riegel vorschieben sollte. Whitney erfuhr, dass die Bezirksregierung vorhatte, auf der anderen Seite der Autobahn Lagerhäuser zu errichten und auf diese Art ein konkurrierendes Logistikzentrum zu schaffen. Das brachte meine Frau auf eine Idee: Wäre es nicht besser, das Autobahnprojekt aufzugeben und die Frachtzone des Flughafens mit der von Shunyi zu verschmelzen, um eine riesige und sehr viel effizientere Drehscheibe für die Ein- und Ausfuhr von Gütern auf dem Luftweg zu schaffen? Sie stellte sich ein Luftfrachtzentrum vor, in dem unablässig Gabelstapler zwischen verbundenen Lagerhäusern umherflitzen würden, mit einem Abfertigungszentrum für Exporte und Importe, mit Quarantänekapazitäten und strikten Sicherheitsvorkehrungen. Um diese Vision zu verwirklichen, würden wir natürlich den Flughafen und den Bezirk Shunyi dazu bewegen müssen, das Kriegsbeil zu begraben.

Wir machten uns daran, die Hauptakteure besser kennenzulernen, das heißt den Bezirksleiter Li Ping und den Chef der Flughafenverwaltung, Li Peiying. Obwohl sie beide Li mit Nachnamen hießen, waren die beiden Widersacher nicht miteinander verwandt.* Wir mussten herausfinden, wie wir sie dazu bewegen konnten, miteinander – und mit uns – zu kooperieren.

Li Peiying war eine Legende am Flughafen. Er hatte als Streifenpolizist im Terminal angefangen und war zum Leiter der Flughafenpolizei aufgestiegen, bevor er ins Management gewechselt war. Er erschien jeden Tag in weißem Hemd und einem dunkelblauen Anzug, der zwei Nummern zu groß war. Infolge eines Unfalls in seiner Jugend hinkte er merklich, was ihn jedoch nicht daran hinderte, sehr schnell zu gehen. Er war ein Mann mit großem Durchsetzungsvermögen, der nicht nur den Flughafen Beijing leitete, sondern sich auch zum Chef einer Gesellschaft aufschwang, die 36 weitere Flughäfen in ganz China betrieb.

Li Peiying reiste in einem Privatflugzeug kreuz und quer durch China und erhielt beim Start in Beijing stets Vorrang vor internationalen Flügen. »Chef Li ist startbereit«, meldete der Kontrollturm, wenn sein Privatjet an großen Linienmaschinen vorbei an die Spitze der Warteschlange an der Rollbahn rollte.

Li Peiying hatte eine hohe Meinung von sich. Die Legende, die er um sich schuf, wuchs, als er eine Essenseinladung des Polizeichefs von Beijing ablehnte, was nicht unbedingt ein kluger Schachzug war. Als Vorgesetzter von rund 40 000 Beschäftigten bewahrte

* In China gibt es nicht weniger als 91 Millionen Menschen, die den Nachnamen Li tragen.

er sich das Image eines Mannes aus dem Volk. Die Belegschaft des Flughafens verehrte ihn, weil er Gehaltserhöhungen durchsetzte und den Betrieb wie ein wirkliches Unternehmen führte.

Li Peiying traf die Vorkehrungen für die Flüge aller Parteigranden, die in Beijing landeten. Jedes Mal, wenn ein politisches Schwergewicht aus dem Flugzeug stieg, war Peiying zur Stelle. Er verstand es, diese persönlichen Begegnungen zu seinem Vorteil zu nutzen. Da er an so vielen Flughäfen das Sagen hatte, kontrollierte er den Zugang zu Monopolgeschäften. Er zerschnitt sie wie Kuchen und verteilte sie unter Verwandten von hochrangigen Parteikadern. Er spielte der Familie von Staatspräsident Jiang Zemin eine Lizenz zum Verkauf von Duty-free-Produkten über eine Firma namens Sunrise zu. Dies war ein Beispiel für die Art von Geschäften, die dem roten Adel gefielen. Sunrise teilte sich das Duty-free-Geschäft am Flughafen Beijing mit dem Staatsbetrieb China Duty Free Group. Diese Duopole waren ein Sinnbild der Funktionsweise der chinesischen Wirtschaft: Eine der beiden Firmen im Duopol wurde von einer Familie aus dem roten Adel kontrolliert, die andere vom chinesischen Staat.

Li Peiying setzte einschneidende Veränderungen am Flughafen durch, darunter den Bau des neuen Terminals und neuer Rollfelder sowie einer U-Bahn-Linie, die den Flughafen mit dem Zentrum der Hauptstadt verband. Er war der Mann, den der Flughafen zu dieser Zeit brauchte: eine starke Führungspersönlichkeit mit einer Vision. Aber wie viele Männer, die in China am Tag die Macht monopolisierten, geriet er in der Nacht außer Kontrolle. Peiying war spielsüchtig. Berichten zufolge verlor er bei vierzehn Ausflügen in die ehemalige portugiesische Kolonie Macau, die auf einer Halbinsel 50 Kilometer westlich von Hongkong liegt, sechs Millionen Dollar beim Baccara. Auf der Insel Saipan, einem amerikanischen Außengebiet im Westpazifik, spielte er drei Tage am Stück, ohne zu schlafen. Später fiel er beim Regime in Ungnade, was ein weiterer Beleg dafür war, dass in China zumeist die Fähigsten zu Fall kommen.

Aber als ich ihn kennenlernte, stand er im Zenit seiner Macht. Wir hatten etwas, woran Li Peiying interessiert war: Zugang zu den Wens. Peiying hing in der staatlichen Hierarchie seit Jahren in der Position eines Generaldirektors fest. Er wollte unbedingt auf die Ebene eines Vizeministers aufsteigen. Prestige war ein wichtiger Faktor. Wenn er es zum Vizeminister brachte, würde Peiying eine Stufe über allen anderen Flughafenchefs in China stehen. Eine Beförderung zum Vizeminister würde auch seine Aufnahme in den Kreis der *gaogan* bedeuten. Und da Peiying mit uns zusammenarbeiten und Tante Zhang kennenlernen wollte, hatte er gute Gründe, einer Einigung mit dem Bezirk Shunyi zuzustimmen.

Anders als Li Peiying war Li Ping, der Bezirksleiter von Shunyi, nicht auf eine Beförderung versessen. Der nicht ganz 1,65 Meter große Li, der einen gepflegten Bauch, einen sogenannten *laobandu* (»Chef-Bauch«) vor sich hertrug, lief tagein, tagaus in der Uniform der kommunistischen Funktionäre herum: blaue Hose und weißes Hemd, langärmelig im Winter, kurzärmelig im Sommer. Während Peiying nur allzu gerne in die Stadt kam, um mit Tante Zhang zu Abend zu essen oder im schicken Kunlun Hotel im Nobelbezirk Chaoyang Sushi zu essen, fiel es uns ungeheuer schwer, Li Ping auch nur aus Shunyi herauszulocken. Für ihn war die Beijinger Innenstadt gleichzusetzen mit ausländischem Gebiet. Die Gelegenheiten, bei denen er sich ins Zentrum wagte, um mit uns zu essen, kann man an einer Hand abzählen. Bereitwillig tat er das nur, wenn ihn Tante Zhang persönlich einlud.

Li Ping war im Grunde seines Herzens ein Bauer, der zu einer Zeit in Shunyi aufgewachsen war, als der Bezirk noch zum rückständigen Hinterland Beijings gehörte. In seinem Heimatbezirk fühlte er sich sicher. Dort genügte ein Anruf, damit die Polizei die Straße für ihn oder seine Gäste frei machte. Dort respektierten ihn alle. Dort war er der wichtigste Mann.

In Shunyi war Li für seine Gastfreundschaft berühmt. Besonders stolz war er auf seine Trinkfestigkeit. Wir alle kannten unsere Fähigkeit zur Alkoholaufnahme ganz genau, und Lis Kapazität lag bei rund 800 Millilitern – das entspricht etwa einem Liter Mao-Tai-Hirseschnaps, der einen Alkoholgehalt von rund 50 Volumenprozent hat. Er verstand es meisterhaft, seine Widersacher in Trinkgelagen dazu zu bringen, mehr als er zu trinken – was in der chinesischen Bürokratie, in der große Gelage eine zentrale Rolle spielen, eine wichtige Fähigkeit ist.

Li Ping verfolgte andere Interessen als Li Peiying. Er war ein Produkt von Shunyi, hatte seine gesamte Laufbahn dort verbracht und würde sich dort eines Tages zur Ruhe setzen. Seine Verwandten waren über die ganze Bürokratie des Bezirks verteilt. Er wollte ein Vermächtnis hinterlassen, das ihm in seinen goldenen Jahren Respekt als verdienstvoller örtlicher Funktionär sichern würde, als *tuhuangdi* (»staubiger Kaiser«), wie solche Figuren im Volksmund hießen. Er träumte von einem Triumph, dessen er sich dereinst rühmen konnte. Als wir schließlich grünes Licht für den ersten Freihafen an einem chinesischen Flughafen erhielten, empfand Li Ping dies als persönlichen Triumph. »Wir sind die Ersten!«, dröhnte er bei dem Bankett, mit dem wir die Einigung feierten. Li wollte unbedingt etwas Bedeutsames für seinen Bezirk leisten, je größer, desto besser.

Whitney schlug den beiden Widersachern die Gründung eines Joint Ventures vor, an dem sich die Flughafengesellschaft, der Bezirk Shunyi und Whitneys Firma Great Ocean beteiligen sollten. Wir boten an, 40 Prozent an dem Gemeinschaftsunternehmen zu übernehmen, das den Namen Airport City Logistics Park erhalten sollte. Der Flughafen sollte 45 Prozent bekommen, und die restlichen 15 Prozent sollten an den Bezirk Shunyi gehen.

In der Überzeugung, dass dieses Geschäft den Grundstein für eine Beziehung zur Familie des Ministerpräsidenten legen würde, erklärte sich Li Peiying bereit, sich mit weniger als der Hälfte der Anteile an dem Joint Venture zufriedenzugeben. Die Vereinbarung sah vor, dass er Vorsitzender und ich Geschäftsführer der Gesellschaft werden würde.

Whitney musste nie aussprechen, dass die Wens an einer Investition interessiert waren. Tante Zhangs Körpersprache und Haltung uns gegenüber genügten, um deutlich zu zeigen, dass es so war. Bei gemeinsamen Essen mit beiden Lis überhäufte Tante Zhang Whitney und mich mit Lob und machte unbestimmte Aussagen wie jene, wir müssten »alle zusammenarbeiten und wechselseitiges Vertrauen entwickeln«. Wer die Spielregeln im chinesischen System kannte, verstand eine solche Botschaft und wusste, was Tante Zhang mit der Einladung zum Essen bewirken wollte und warum wir an ihrer Seite waren.

Unser Vorschlag zur Verteilung der Anteile gewährleistete, dass keiner der staatlichen Eigner eine Kontrollmehrheit halten würde. Das war entscheidend. Hätte ein einzelnes Staatsunternehmen die neue Gesellschaft beherrscht, so wäre das Vorhaben gescheitert. Unsere Idee war derart neuartig und brauchte den Segen so vieler Ministerien, dass kein Staatsunternehmen bereit gewesen wäre, sich auf so ein Vorhaben einzulassen. Die Ministerien und Behörden, die für Zoll, Quarantänebestimmungen, Verkehr, Luftfahrt, Infrastrukturen, staatliche Planung und öffentliche Anlagen zuständig waren, hatten nämlich allesamt ein Wörtchen mitzureden. Und wir mussten sie alle überzeugen. Da unsere beiden Partner aus dem Staatsbesitz jeweils über weniger als die Hälfte der Anteile verfügen sollten, blieb gewährleistet, dass Whitney und ich bei den wichtigen Entscheidungen beträchtlichen Freiraum hatten und dass wir mit unserer Stimme den Ausschlag geben würden.

Bei einem Bankett zur Feier der Unterzeichnung der Gründungsverträge erhob sich Li Ping, um einen weiteren Toast auszusprechen. Längst waren lobende Worte an die Stelle der ursprünglichen Drohreden getreten. »Der Flughafen und die Bezirksregierung hätten nie einen Vertrag unterzeichnet, wenn Sie nicht gewesen wären«, sagte er an Whitney und mich gewandt. »Von Ihnen stammt das weiche Gewebe, das uns verband.«

Wir konnten diese Rolle nur dank Tante Zhang spielen, aber das Vorhaben gelang auch, weil wir eine Vision hatten. Niemand sonst hätte dieses Projekt realisieren können, sagte Li Ping. Wir brachten Geld, Know-how und politische Rückendeckung mit – Dinge, die kein Staatsbetrieb, kein privater Unternehmer und kein ausländisches Unternehmen vorzuweisen hatte.

Nachdem das Kriegsbeil begraben war, begann die harte Arbeit. Zusammengenommen erstreckten sich das Flughafengelände und das Land des Bezirks Shunyi über eine Fläche von gut fünf Quadratkilometern. Wir wollten Lagerhallen mit einer Gesamtfläche von einer Million Quadratmetern und elf Kilometer an Straßen und Leitungen bauen. Derzeit gab es auf dem Bauland ein paar Fabriken sowie drei Dörfer. Bevor wir mit der Entwicklung unseres Projekts beginnen konnten, mussten wir diese Fabriken und die Ortsansässigen umsiedeln.

Ich hatte keine Ahnung, wie ich das anstellen sollte. Ich hatte nie zuvor etwas gebaut, geschweige denn eine Logistikdrehscheibe an einem Großflughafen, an dem strikt zwischen zollfreien und zollpflichtigen Einfuhren getrennt werden musste. Dazu kamen die Sicherheitsfragen. Ich nahm Kontakt zu Flughafenbetreibern in aller Welt auf. Ich reiste nach Frankfurt, Seoul, Amsterdam, Hongkong und an andere Standorte, um mir ein Bild von den Abläufen an diesen Flughäfen zu machen. Ich dachte über die Möglichkeit nach, einen ausländischen Partner an Bord zu holen, der über Erfahrung in diesem Bereich verfügte. Aber diese Idee ließ ich wieder fallen, nachdem uns einige potenzielle Partner sehr wenig Geld für einen sehr großen Anteil angeboten hatten.

Also musste ich mir selbst alles von Grund auf beibringen. Wie groß sollten die Lagerhallen sein? Wie berechnete sich die ideale Distanz zwischen den tragenden Säulen, damit sich Gabelstapler ungehindert bewegen konnten? Wie hoch war ein Ladedock? Wie breit mussten die Straßen sein? Ich hatte die Chance, einen großen Traum zu verwirklichen, aber im Winter 2004 – es war mittlerweile ein Jahr her, dass wir uns das Projekt ausgedacht hatten – war noch immer kein Grundstein gelegt. Und die Bauarbeiten sollten nicht einmal der schwierigste Teil sein. Sehr viel mühsamer sollte es werden, die nötigen Genehmigungen einzuholen.

Um die Airport City von Beijing bauen zu können, mussten wir sieben verschiedene Ministerien dazu bewegen, fast jeden unserer Schritte abzusegnen. Und in diesen Ministerien waren zahlreiche Ebenen mit den Genehmigungsverfahren befasst. Alles in allem brauchten wir 150 verschiedene Siegel, die in China anstelle von Unterschriften verwendet werden – und jedes einzelne musste mühsam erkämpft werden. Es dauerte drei Jahre, bis wir mit dem Bau beginnen konnten, und selbst dann stießen wir noch auf zahlreiche Hindernisse. Ich platzierte Leute vor den Büros von Beamten, deren Genehmigung wir brauchten. Ich schickte andere in Krankenhäuser, um die Siegel von erkrankten Beamten einzuholen. Meine Mitarbeiter bemühten sich monatelang um die Gunst einiger Beamter, brachten ihnen feine Tees, erledigten Botengänge für sie, luden sie in die Sauna ein, kümmerten sich um ihre Familien. Einer meiner Mitarbeiter begleitete so viele von ihnen ins Dampfbad, dass sich seine Haut abzuschälen begann.

Befreundete Personen in der Bezirksregierung von Shunyi lachten mich aus. Für sie wäre es undenkbar, dass der Vertreter eines Staatsbetriebs einen solchen Zirkus über sich ergehen ließe, nur um ein Projekt in Gang zu bringen. In den Behörden werde nur Dienst nach Vorschrift gemacht. Es interessiere niemanden, ob ein Projekt zustande komme oder nicht.

Für Whitney und mich war es etwas ganz anderes: Es war unsere große unternehmerische Chance.

Um so viel wie irgend möglich zu erreichen, musste ich einen Kotau vor diesen Beamten machen, egal, welchen Rang sie einnahmen. Es war entwürdigend. Von den Wens erhielten wir wenig mehr als symbolische Rückendeckung. Tante Zhang, Whitney und ich trafen uns hin und wieder zum Essen mit einem Minister oder Vizeminister, um Hilfe zu erbitten, aber Tante Zhang gab niemals Anweisungen. Sie trat eher als Leumundszeugin auf und verbürgte sich für unsere Kompetenz. Sie verhielt sich ganz anders als die Familie des damaligen Staatspräsidenten Jiang Zemin. Seine Repräsentanten verlangten Gehorsam. Aber da Tante Zhangs Ehemann nichts über die Geschäfte seiner Familie wusste, konnte sie es sich nicht erlauben, derart forsch vorzugehen. Stattdessen ließ sie die Betreffenden gleichsam zwischen den Zeilen lesen. Während des gesamten Flughafenprojekts verfolgte ich so wie alle Geschäftsleute in China aufmerksam die Wirtschaftspolitik und die abrupten politischen Kurswechsel der Zentralregierung. Wann immer wir uns um eine Genehmigung bemühten, mussten wir in unserem Ansuchen nachweisen, dass unser Projekt den sich wandelnden politischen und wirtschaftlichen Prioritäten der Kommunistischen Partei entsprach.

Die Beurteilung dieser Frage ist oft eine ausgesprochen subjektive Angelegenheit. Aber sie veranschaulicht, dass trotz all des Geredes über eine kapitalistische Marktwirtschaft in China alle wichtigen Aspekte der Wirtschaft von der Partei kontrolliert wurden. Für jedes nennenswerte Projekt brauchte man die Genehmigung einer Einrichtung, die als Nationale Entwicklungs- und Reformkommission bezeichnet wird und auf sämtlichen staatlichen Ebenen Büros hat: in den Großstädten, in allen 32 Provinzen und natürlich auch in Beijing. Gleichgültig, ob ein Unternehmen im Staatsbesitz steht oder sich in privaten Händen befindet: Wenn es ein wichtiges Vorhaben verfolgt, braucht es die Zustimmung der Kommission.

Um unsere Logistikdrehscheibe zu bauen, war das Einverständnis der Kommissionen auf allen Ebenen nötig. Und dafür brauchten wir die Zustimmung des Staatsrats, des höchsten Regierungsorgans.

Die Nationale Entwicklungs- und Reformkommission ist für den chinesischen Fünfjahresplan verantwortlich, ein Relikt aus den Tagen, in denen Chinas Wirtschaftsleben zentral geplant und die Preise sämtlicher Güter vom Staat festgesetzt wurden. Obwohl das Land weitreichende Wirtschaftsreformen durchgeführt hat, spielen diese Fünfjahrespläne weiterhin eine wichtige Rolle. Und sämtliche Regierungsebenen – Kabinett, Provinz-, Kommunal- und Bezirksregierungen – verabschieden eigene Fünfjahrespläne, die sich am nationalen Grundmuster orientierten. Als Geschäftsführer eines Gemeinschaftsunternehmens, das ein großes Infrastrukturprojekt verfolgte, musste ich in den Anträgen, die auf all diesen Ebenen eingereicht wurden, nachweisen, dass unser Projekt dem Geist des aktuellen Fünfjahresplans entsprach. Es gab eine Formel für die Formulierung dieser Anträge. Man begann stets mit einem »Hutziehen«, wie es unter den Antragstellern genannt wurde, das heißt mit einer Verbeugung vor den Fünfjahresplänen sämtlicher Organisationen, die bei dem Projekt ein Wörtchen mitzureden hatten, samt einer Erläuterung, warum sich das Projekt mit ihren Zielen deckte.

Eine weitere Herausforderung bestand darin, die Genehmigung der Allgemeinen Zollverwaltung einzuholen, die für die Abwicklung von Ein- und Ausfuhren zuständig war. Der chinesische Staat hatte jahrelang den Großteil seiner Einnahmen mit Zollgebühren bestritten, weshalb dieses Ministerium einen unverhältnismäßig großen Einfluss in Partei und Staat ausübte. Die Zollverwaltung hatte die Aufgabe, rechtliche Hindernisse zu implementieren, mit denen die heimischen Unternehmen vor ausländischer Konkurrenz geschützt werden sollten. Und jetzt baten wir um die Erlaubnis, eine große zollfreie Zone zu errichten. Bis dahin war dieser Status nur zwei Seehäfen zugestanden worden, einen Flughafen mit einer Zollfreizone gab es nicht.

Wenn unsere Logistikdrehscheibe rentabel sein sollte, mussten wir unbedingt die Einstufung als Zollfreizone erreichen. Wenn der Flughafen Beijing als erster diesen Status erhielte, würden wir aufgestaute Nachfrage absorbieren. Zahlreiche Unternehmen würden Interesse daran haben, sich in unserer Zone anzusiedeln. Man nehme beispielsweise die Flugzeugwartung. Sämtliche Ersatzteile, Motoren und sogar das zu wartende Flugzeug konnten in die Zollfreizone gebracht werden, ohne dass Zollgebühren anfallen würden. Die Arbeiten könnten in der Zone durchgeführt werden, und das Flugzeug könnte unbelastet von Steuern von dort wieder abheben. Oder man nehme die Lagerhaltung. Unternehmen wollen nicht für sämtliche importierten Lagerbestände auf einmal Zölle bezahlen. In unserer Zone würden sie ihre Güter lagern können, und die Zölle würden erst fällig werden, sobald die Güter nach China weitertransportiert würden.

In der Vergangenheit waren in China Zollfreizonen für bestimmte Zwecke eingerichtet worden, eine für Sojabohnen und die zweite für Computer. Aber durch die umfassende Zollfreizone, die uns vorschwebte, würden alle möglichen Produkte in beide Richtungen geschleust werden. Und da China den Großteil seiner Exporte subventionierte, würde es den Herstellern möglich sein, sofort nach Eintreffen ihrer Güter in unserem Logistikzentrum die staatlichen Zuschüsse zu beantragen, lange bevor die Güter tatsächlich die ausländischen Märkte erreichten. Wir mussten eine überzeugende Geschichte erzählen, um die Verantwortlichen für diese bahnbrechende Neuerung zu gewinnen.

Also verfassten wir einen Bericht, in dem unser Projekt mit den Reformen verknüpft wurde, welche die Zollverwaltung nach dem Beitritt Chinas zur Welthandelsorganisation im Jahr 2001 durchgeführt hatte. Unsere Verbindung zur Familie Wen kam ebenfalls ins Spiel, weil wir auch den Segen anderer Ministerien der Zentralregierung brauchten. In all diesen Anträgen mussten wir beträchtliche Kreativität beweisen.

Zunächst engagierte ich für die Betreuung des Projekts den Geschäftsführer eines Unternehmens, in das ChinaVest investiert hatte. Seine Firma hatte Lagerhäuser im Südosten der Hauptstadt errichtet, weshalb ich glaubte, er kenne das Geschäft und habe Verbindungen zur Zollverwaltung und anderen Ministerien. Ich stellte ihm einen Fahrer, eine Empfangsdame und einen Buchhalter zur Seite. Jedes Mal, wenn ich sein Büro besuchte, begrüßte er mich mit einem breiten Lächeln. Er sprang von seinem Schreibtisch auf, verbeugte sich und machte einen Kratzfuß. Aber er brachte nichts voran. Ich musste ihn wieder auf die Straße setzen.

In mancher Hinsicht unterschied sich China wenig von der übrigen Welt. Die Menschen wurden vom Streben nach Geld, Sex und Macht angetrieben. Whitney und ich konnten unseren Verbündeten Zugang zur Macht gewähren, weshalb wir weniger Geld anbieten und weniger sexuelle Vergnügungen arrangieren mussten. Nur selten steckten wir jemandem Bargeld zu. Stattdessen verteilten wir Geschenke: einen Satz Golfschläger für 10 000 Dollar hier, eine Armbanduhr im Wert von 15 000 Dollar dort. Bei einem Ausflug nach Hongkong kauften wir beim Uhrenhändler Carlson im Einkaufsviertel Central ein halbes Dutzend identische Uhren. Für die Leute, denen wir diese Uhren schenkten, war das Kleingeld, eher ein Zeichen der Wertschätzung als ein Bestechungsgeld.

So wie Tante Zhang in ihrem Clan kontrollierte Whitney in unserer Ehe das Geld. Für die Besetzung der meisten Positionen in unserem Unternehmen war ich zuständig, aber Whitney bestand darauf, den Finanzchef selbst zu engagieren – einen Mann ihres Vertrauens.

Zu Beginn unserer Beziehung hatte Whitney sehr viel mehr Kapital als ich, weshalb es nur natürlich war, dass das Geld nominell ihr gehörte. Aber als das Unternehmen im Lauf der Zeit wuchs, wurden Geldfragen heikler. Wann immer ich etwas kaufte, musste ich mit ihr Rücksprache halten und die Rechnung an den Finanzchef weiterleiten. Sie setzte das Geld ein, um die Kontrolle über unsere Partnerschaft zu wahren. Ich meinerseits war derart darauf versessen, das Gesicht zu wahren, dass es mir schwerfiel, die Frage direkt anzusprechen. Ich sah nicht ein, warum ich sie auffordern musste, mir eine gleichberechtigte Kontrolle über unsere Finanzen zuzugestehen – ich wollte, dass sie mir das aus freien Stücken zugestand. Ich wollte sie nicht darum bitten. Hin und wieder gerieten wir diesbezüglich aneinander, aber wir lösten das Problem nie.

Wir bewirteten unsere Kontaktleute in Hotels in ganz Beijing. Um nicht aufzufallen, wählten wir Treffpunkte wie das unelegante Beijing Hotel unweit des Tiananmen. Dort waren wir ungestört, und die Mitarbeiter des Restaurants wussten, wie sie sich zu verhalten hatten. Das oberste Stockwerk des Hotels war in private Speiseräume unterteilt. Dort ließen sich an jedem beliebigen

Abend drei oder vier Minister und eine Handvoll Vizeminister verwöhnen. Das Hotel beschäftigte zwei Vollzeitmitarbeiter, die für die Koordinierung der Gäste, der Speisen und der Kontrollen verantwortlich waren und vermeiden mussten, dass die unterschiedlichen Gäste einander begegneten. In einem System, in dem Information einen hohen Wert hatte, wurde streng geheim gehalten, wer wen bewirtete. Das Hotel funktionierte wie ein Uhrwerk.

Als wir den Eindruck gewonnen hatten, alle Probleme mit den hohen Tieren ausgeräumt zu haben, stellten wir fest, dass immer noch zahlreiche Hindernisse auf den unteren Ebenen zu überwinden waren. Sektionschefs, Büroleiter und Abteilungsleiter führten ihre Organisationen wie persönliche Lehensgüter. Sie konnten einem Antragsteller tausend Gründe dafür nennen, warum eine Genehmigung auf sich warten ließ. Sie lehnten nie offen ab, sondern sagten einem nur, dass man sich gedulden müsse. Sie genossen derart große Macht, dass sie im System als Chuzhang Gang, als »Bürochefbande«, bezeichnet wurden. Einer dieser Bürochefs war Kuang Xin. Die Leute nannten ihn nur »Großvater Kuang«.

10

Großvater Kuang war ein hoch aufgeschossener, knochiger Bürokrat, der stolz auf seinen vollen schwarzen Haarschopf war. Er leitete das Flughafenbauamt der Verwaltung für Zivilluftfahrt und bekleidete später eine ähnliche Position in der Nationalen Entwicklungs- und Reformkommission, jener Behörde, die für die Fünfjahrespläne verantwortlich war. In der Hierarchie der chinesischen Bürokratie stand er auf einer eher niedrigen Stufe. In der Verwaltung für Zivilluftfahrt hatte er nicht einmal ein eigenes Büro, sondern musste sich den Raum mit zwei Untergebenen teilen. Und trotzdem war er ein mächtiger Mann.

Zu jener Zeit schossen überall in China neue Flughäfen aus dem Boden. Als Whitney und ich uns anschickten, die Logistikdrehscheibe zu bauen, gab es 120 Flughäfen im Land. Als wir die Anlage verkauften, waren sechzig weitere hinzugekommen. Kuangs Büro war für die Genehmigung jedes einzelnen dieser Flughäfen zuständig. Es war nichts Ungewöhnliches, dass stellvertretende Provinzgouverneure, die zu den *gaogan* zählten und in der Parteihierarchie viele Ebenen über Großvater Kuang thronten, nach Beijing kamen, um ihn persönlich anzuflehen, ihre Vorhaben zu bewilligen. Kuang ließ diese Bittsteller in einer Schlange vor seinem Büro warten, wo sie sich die Zeit mit Videospielen auf ihren Handys vertrieben. Kuang hatte die Möbel in seinem Büro so angeordnet, dass er rechts neben der Tür mit dem Gesicht zur Wand saß. Wenn er sich schließlich herabließ, einem Bittsteller eine Audienz zu gewähren, machte er sich nicht die Mühe, sich umzudrehen, um den Besucher direkt anzusehen. Er kippelte lediglich auf zwei Stuhlbeinen rückwärts und reichte dem Bittsteller über die rechte Schulter die Hand. Er sagte nicht einmal Guten Tag.

Aufgrund seines Einflusses begannen die hochrangigen Beamten, Kuang, der erst Mitte vierzig war, als »Großvater« zu betiteln. Im Westen hätte man ihn vielleicht als »Big Daddy« bezeichnet, aber in China nimmt der Großvater in der gesellschaftlichen Hierarchie einen höheren Platz ein als der Vater.

Kuang hielt sich für einen Intellektuellen. Ich war einige Male mit ihm essen, und er streute stets ein paar Zitate aus der klassischen chinesischen Dichtkunst ins Gespräch, worauf ich stets mit einem unterwürfigen Grinsen erklärte: »Direktor Kuang ist überaus kultiviert!« Er wusste, was das für eine Bauchpinselei war, aber er hatte dasselbe Kompliment so oft von anderen gehört, dass er tatsächlich begonnen hatte, es zu glauben.

Wir brauchten Kuangs Genehmigung, weil wir den Flughafen aggressiver erweitern wollten als ursprünglich geplant. Wie bereits erwähnt, hatte der Bezirk Shunyi ursprünglich vorgehabt, entlang der Grenze des Flughafengeländes eine Autobahn zu bauen. Wir mussten dieses Autobahnprojekt unterbinden, um die beiden Logistikzonen in Shunyi und am Flughafen zu einer zu verschmelzen. Uns schwebte eine Anlage vor, in der die Luftfracht nach der Landung der Flugzeuge in die Zolllager gebracht werden konnte, ohne dass die Lastwagen das Flughafengelände verlassen mussten.

Whitney und ich nahmen große Mühen auf uns, um Kuang jeden Wunsch von den Lippen abzulesen. Bei gemeinsamen Essen verwöhnte ich ihn mit teuren Speisen. Ich ließ ihm Flaschen mit zehn Jahre altem Moutai vorsetzen. Whitney diskutierte mit ihm über Figuren der chinesischen Literatur und täuschte genau wie ich Bewunderung für seine Kenntnis der chinesischen Dichtkunst vor. Wir gingen gemeinsam ins Theater, und anschließend taten Whitney und ich so, als würden wir uns für seine Meinung über die Inszenierung interessieren. Wir bestärkten ihn in seiner hohen Selbstachtung. Ich unterstützte ihn in seiner wachsenden Wertschätzung für Rotwein. Wein begann sich in China gerade erst durchzusetzen, und Kuang wollte sich als Connaisseur zeigen. Seine Kommentare zeugten jedoch von geringem Sachverstand. Und trotzdem äußerte ich mich anerkennend zu seinem guten Weingeschmack. Nachdem wir ihn monatelang umgarnt hatten, gab Großvater Kuang unseren Plänen endlich seinen Segen.

Am Ende machte er sich jedoch zu viele Höhergestellte zu Feinden. Im Dezember 2009 meldeten die Staatsmedien, gegen Kuang sei eine Korruptionsuntersuchung eingeleitet worden. Schließlich wanderte er für zehn Jahre ins Gefängnis.

Ein ähnliches Spiel spielten wir mit zahlreichen Bürokraten. Für jede Genehmigung brauchte man Verbindungen. Für jede Genehmigung mussten wir in eine persönliche Beziehung investieren, was gleichbedeutend mit gewaltigen Anstrengungen und vielen Flaschen Moutai war. Persönliche Beziehungen zu knüpfen und *guanxi* herzustellen, war die schwierigste Aufgabe überhaupt. *Guanxi* war keine Vertragsbeziehung an sich: Es war ein zwischenmenschliches Band, das im Lauf der Zeit mühsam verstärkt werden musste. Man musste echtes Interesse an der Person zeigen. Mir fiel das schwer, denn ich musste nicht nur eine Vielzahl von Beziehungen pflegen, sondern auch ein Projekt vorantreiben, in dem Fristen einzuhalten waren. Und die Öse, durch die alles gleichermaßen hindurch musste, war die Zeit. Ich kam nicht darum herum, Funktionen zu delegieren, aber wir erhielten mehr Genehmigungen, wenn ich mich persönlich um die Beziehungen bemühte.

Abgesehen von Kuangs Segen, brauchten wir auch Genehmigungen der Zollverwaltung sowie der Generalverwaltung für Qualitätskontrolle, Inspektionen und Quarantäne. Aber selbst wenn wir diese Bewilligungen auf nationaler Ebene hatten, waren wir immer noch auf die Kooperationsbereitschaft der Beamten vor Ort angewiesen. Tatsächlich war es oft unerheblich, ob der Minister an Bord war: Seine Untergebenen konnten die Vereinbarung stets torpedieren. Sie erhoben zahlreiche vollkommen legitime und scheinbar vernünftige Einwände, wenn es um die Umsetzung ging. Der zuständige Minister beschäftigte sich nicht mit Kleinigkeiten, sondern sagte nur: »Klärt das so bald wie möglich.« So wurde die Kontrolle über das Projekt von der Spitze der Bürokratie an die unteren Ebenen weitergereicht.

Ein besonders schwieriger Fall war der Leiter der Zollverwaltung am Flughafen. Du Pingfa war ein fettleibiger Mann Mitte fünfzig, dessen Glatzkopf Ähnlichkeit mit einem kakifarbenen Spielball hatte. Er sah in dem Projekt eine Chance, ein Vermächtnis zu hinterlassen. In der Vergangenheit war der Flughafen willkürlich erweitert worden, und die Wohnheime, Lager und Büros der Zollverwaltung waren über das ganze Gelände verstreut und teilweise anderthalb Kilometer voneinander getrennt. Unser Projekt sah einen zentralisierten Standort für den Zoll vor.

Als Gegenleistung für seine Kooperation stellte Chef Du einige Forderungen. Er verlangte, dass wir für die 300 Zollbeamten ein neues Gebäude mit 37 000 Quadratmetern Bürofläche errichteten. Außerdem wollte er eine Sporthalle mit wettkampftauglichen Basketball- und Badmintonplätzen, Tennisplätze mit einem höchsten Ansprüchen genügenden Belag, ein Theater mit 200 Sitzplätzen, ein Wohnheim, dessen Einrichtung der eines Viersternehotels entsprechen sollte, einen großzügig bemessenen Festsaal mit privaten Speiseräumen für die hochrangigen Beamten, eine Karaokebar und eine prächtige, zwei Stockwerke hohe Lobby. Mit diesen Forderungen konfrontierte Chef Da mich eines Abends bei einem gemeinsamen Essen. »Wenn ihr uns diese Dinge nicht gebt«, sagte er mit einem breiten Grinsen, »lassen wir euch nicht bauen.« All unsere politische Unterstützung half nicht, ihn umzustimmen. Am Ende erhöhten sich die Baukosten infolge seiner Forderungen um 50 Millionen Dollar, und in dieser Rechnung waren noch nicht einmal die Kosten für das Bauland enthalten.

Gelingt einer Behörde so ein Fang, lecken natürlich weitere Teile der Bürokratie Blut: Die Quarantäneabteilung verlangte nun 18 000 Quadratmeter Bürofläche. Sie bekam kein Theater und keine Sportanlage, aber sie ergatterte Tennisplätze, ein großes Restaurant und Räumlichkeiten mit der Einrichtung eines Viersternehotels. Die Leute aus der Quarantäneabteilung achteten darauf, dass ich ihnen ihr Entgegenkommen nicht vergaß. »Sie schulden uns etwas«, rief mir einer ihrer hochrangigen Beamten bei jeder Begegnung in Erinnerung. »Wir waren nicht so gierig wie der Zoll.«

Wir nahmen den Bau mit einer Anfangsinvestition von 30 Millionen Dollar in Angriff. Whitney und ich brachten zwölf Millionen auf. Tante Zhang sagte uns vier Millionen Dollar zu, stellte jedoch kein Kapital bereit. Wir nahmen auch Kredite auf. Und hier machten sich unsere Beziehungen zu staatlichen Akteuren bezahlt.

Da der Flughafenchef Li Peiying der Vorsitzende unseres Joint Ventures war, hatten wir Zugang zu ergiebigen Kapitalquellen. Die Beijing Capital International Airport Group gewährte uns eine Kreditlinie für das Projekt. Verschiedene Banken gestanden uns Kredite zu einem Zinssatz zu, der eigentlich Staatsbetrieben vorbehalten war und mindestens zwei Prozentpunkte unter dem üblichen Satz für Privatunternehmen lag. Das chinesische Wirtschaftssystem bevorzugt seit jeher Staatsbetriebe gegenüber Privatunternehmen. Selbst auf dem Höhepunkt des kurzlebigen kapitalistischen Experiments zu Beginn des neuen Jahrtausends wurden die Regeln zugunsten der Staatsunternehmen ausgelegt. Ohne sie hätten wir unser Projekt unmöglich verwirklichen können.

Li Peiying unterstützte uns vorbehaltlos. Er setzte seine Macht und sein Charisma ein, um dafür zu sorgen, dass seine Untergebenen unsere Arbeit ebenfalls unterstützten. Mit diesem Verbündeten und dank unerschöpflicher Tatkraft gelang es uns am 29. Juni 2006 schließlich, den Grundstein zu legen.[10] Es war mehr als drei Jahre her, dass Whitney die Idee für das Projekt gehabt hatte. Als die Bauarbeiten begannen, erhöhten wir das Gesellschaftskapital um weitere 30 Millionen Dollar.

Doch wenige Monate nach Beginn der Bauarbeiten gerieten wir in die erste Krise.

Die meisten Beschäftigten des Flughafens verehrten Li Peiying, aber da er an die Leistungsfähigkeit seiner Mitarbeiter enorme Ansprüche stellte, hatte er auch viele verprellt. Als Leiter von fast vierzig Flughäfen bot er Angriffsflächen. Er hatte im Rennen um den Spitzenjob zahlreiche Beamte ausgestochen. Viele Rivalen schielten auf seinen Posten.

Innerhalb der Bürokratie galt eine Grundregel, welche die für die Verwaltung und Beaufsichtigung von Anlagen und damit für sämtliche chinesischen Staatsbetriebe zuständige Kommission vorgegeben hatte: Sämtliche Unternehmen mussten eine Kapitalrendite von 6 Prozent im Jahr erzielen. Kluge Leiter von Staatsbetrieben lieferten genau dieses Ergebnis, denn sie begriffen, dass sie abgesetzt würden, wenn sie die Vorgabe nicht erfüllten. Andererseits durften sie jedoch auch keine allzu hohe Rendite erwirtschaften, weil sonst Konkurrenten versuchen könnten, ihnen den Job streitig zu machen. Li Peiying verstieß gegen diese Grundregel. Seine Stelle war heiß begehrt, nur weil er seine Arbeit zu gut machte.

Dazu kam, dass er sich mit seiner Spielsucht Korruptionsvorwürfen aussetzte. Seine Feinde verleumdeten ihn unentwegt in Berichten an die Disziplinarkommission der Partei. Im Jahr 2006 wurde die Last der Anschuldigungen schließlich zu groß, und Li Peiying geriet in die Mühle einer parteiinternen Untersuchung.

Er war monatelang nicht auffindbar. Am 26. Januar 2007 gab die Zivilluftfahrtbehörde bekannt, dass Peiying nicht länger der Leiter der Beijing Capital International Airport Group sei. Sonderbarerweise behielt er seinen Posten als Vorsitzender unseres Gemeinschaftsunternehmens. Deshalb brauchten wir weiterhin seine Unterschrift, um unser Projekt voranzubringen. Aber er war verschwunden. Keine amtliche Stelle wollte uns Auskunft über seinen Verbleib geben.

Ohne Lis Unterschrift konnten wir das Geld aus den Kreditlinien nicht abrufen, die uns die Banken gewährt hatten. Alle am Projekt beteiligten Parteien begannen Vermutungen anzustellen, was Lis Verschwinden für unser Vorhaben bedeutete. Die Geier begannen über uns zu kreisen. Auftragnehmer standen Schlange, um ihr Geld einzufordern. Das Gemeinschaftsunternehmen hatte mehrere Hundert Millionen Dollar in dieses Projekt investiert, stand mit vielen Millionen in der Kreide – und plötzlich hatten wir nur noch 150 000 Dollar auf dem Konto. An die Bezahlung der Auftragnehmer war nicht zu denken, denn ich konnte nicht einmal die Gehälter meiner Mitarbeiter zahlen. Ich wachte nachts schweißgebadet auf und fragte mich, ob ich das überstehen würde. Mein Haar fiel büschelweise aus und wuchs nie wieder nach. Whitney setzte mir sehr zu. »Was sollen wir tun, wenn das schiefgeht?«, fragte sie.

Erschwerend kam hinzu, dass wir zu jener Zeit einige Gebäude abreißen mussten, um Platz für die Lagerhallen zu schaffen. Zumindest im Westen herrscht die Einschätzung vor, dass gierige Bauunternehmen in China die Rechte der Anwohner mit Füßen treten. Tatsächlich gibt es Fälle, in denen das geschieht. Es kommt allerdings auch vor, dass Profithaie Wind von einem Plan zur Entwicklung eines Stadtteils bekommen und die Hausbesitzer auskaufen und sich anschließend nur gegen Zahlung einer saftigen Entschädigung bereit erklären, die Grundstücke abzutreten.

Mitten auf dem Gelände unseres Logistikzentrums standen einige Gebäude, deren Eigentümer sich weigerten, ihre Grundstücke zu räumen. Diese Leute steckten mit Beamten aus der Bezirksregierung von Shunyi unter einer Decke. Obwohl die Regierung von Shunyi unser Partner in dem Joint Venture war, spielten die Einheimischen in Erwartung eines üppigen Gewinns zwei Fraktionen in der Verwaltung gegeneinander aus. Aber ich konnte sie nicht auszahlen. Da ein Staatsbetrieb an unserem Gemeinschaftsunternehmen beteiligt war, wurden unsere Bücher von der staatlichen Kommission für Verwaltung und Beaufsichtigung von Anlagen geprüft. Selbst wenn ich gewollt hätte – einfach dem Eigentümer des Gebäudes ein paar Millionen zuschieben, damit er sich in Luft auflöste, ging nun wirklich nicht. Und inmitten dieses Chaos wurde der Bezirksleiter Li Ping im November 2006 versetzt. Damit war ausgerechnet die unverzichtbare Verbindung zur Bezirksregierung gekappt.

Und dann stieß ich in unseren Büchern auf Ungereimtheiten. Anscheinend bestahl der für die Bauarbeiten zuständige Manager das Unternehmen. Ich konnte ihm den Betrug nicht zweifelsfrei nachweisen, aber eines Tages stürmte ich unangekündigt in sein Büro und beschuldigte ihn der Unterschlagung. »Sie bestehlen ein Staatsunternehmen. Das ist so, als würden Sie den Staat bestehlen!«, sagte ich. »Sie können es leugnen, aber ich werde der Polizei die Beweise vorlegen, und dann können Sie es mit den Behörden ausfechten.« Noch am selben Tag machte er sich aus dem Staub. Man muss das Blatt spielen, das man auf der Hand hat. So lernte ich, wie man in China ein Unternehmen leitet.

Es muss der Schwimmer in mir gewesen sein: Ich kraulte einfach weiter. Ich wusste nicht, ob oder wann ich die andere Seite des Beckens erreichen würde. Aber es gab keinen anderen Weg. Ich bewirtete weiter die Personen, deren Unterstützung ich brauchte. An vielen Tagen musste ich schon zum Mittagessen eine Flasche Moutai öffnen und beim Abendessen eine weitere – meine Leber litt sehr –, um einen Zahlungsaufschub zu erreichen, einen Streit beizulegen oder dem Unternehmen einen Kredit zu sichern. Aber die Kugel rollte weiter.

Zwei umwälzende Geschehnisse retteten uns.

Am 1. März 2007 wurde Ping An in Shanghai an die Börse gebracht, womit wir die Möglichkeit erhielten, unsere Aktien zu verkaufen und unser eigenes Kapital einzusetzen, um das Flughafenprojekt zu retten. Die Vorschriften für den Wertpapierhandel hinderten uns daran, die Aktien vor Ablauf einer Frist von sechs Monaten zu verkaufen. In dieser Zeit stieg der Aktienkurs von Ping An auf das Achtzigfache, womit unser einprozentiger Anteil an dem Unternehmen nun fast eine Milliarde Dollar wert war. Ich fand einen Abnehmer, der bereit war, das Vierzigfache unseres ursprünglichen Kaufpreises für die Aktien zu bezahlen, sobald die Sperrfrist endete. Wir würden also einen Gewinn von mehr als 540 Millionen Dollar einfahren. Aber Whitney lehnte das Angebot ab. Sie war überzeugt, dass der Kurs von Ping An weiter steigen würde. Wir beide hatten vollkommen verschiedene Einstellungen zum Risiko. Sie kümmerte sich nicht darum, dass man viel Geld verlieren konnte, wenn man Aktien zu lange hielt. Ich hingegen hatte die asiatische Finanzkrise von 1997 erlebt. Whitney und die meisten Angehörigen ihrer Generation chinesischer Unternehmer hatten nie Erfahrungen mit einem Abschwung gemacht. Und ging es damals tatsächlich einmal abwärts, so folgte stets eine rasante Erholung, bis die Kurve ein V beschrieb. Ich schätzte das anders ein und wollte die Verlustrisiken begrenzen.

Sechs Monate nach dem Börsengang von Ping An in Shanghai überzeugte ich Whitney davon, dass wir verkaufen mussten. Wir stießen unser Paket mit einem Gewinn von 300 Millionen Dollar ab, was dem 26-Fachen unserer ursprünglichen Investition entsprach. Tante Zhangs Anteil war doppelt so viel wert wie unserer, weshalb ihr potenzieller Gewinn bei gut 600 Millionen Dollar lag. Aber sie verkaufte nicht. Es gefiel ihr nicht, dass ein derart großer Teil ihres Familienvermögens technisch Great Ocean gehörte, weshalb sie sich stattdessen entschloss, die Eigentümerschaft an ihrem Aktienpaket von Whitneys Unternehmen auf das von Wen Jiabaos Mutter zu übertragen. Diese Entscheidung sollte sich als verhängnisvoller Fehler erweisen.

Mit den Einnahmen aus dem Verkauf von Ping An konnten wir das Flughafenprojekt am Leben erhalten. Wir pumpten weitere 40 Millionen Dollar aus unserem Privatvermögen in das Gemeinschaftsunternehmen, um die Fortsetzung der Bauarbeiten zu gewährleisten. Unsere Freunde hielten es für verrückt, dass wir unser eigenes Geld einsetzten, um einem Staatsunternehmen zu helfen, während zu jener Zeit die meisten Privatunternehmer staatliches Geld zu ihrem eigenen Vorteil nutzten. Ich sollte erwähnen, dass Whitney nicht glücklich darüber war, dass wir das Projekt mit unserem Privatvermögen subventionieren mussten.

Doch nach Li Pings Ausscheiden musste ich einen anderen Zugang zur Bezirksregierung von Shunyi finden. Und das gelang mir ausgerechnet in Los Angeles.

Im April 2008 lud ich eine Gruppe von Beamten aus Shunyi sowie Mitarbeiter der Flughafenverwaltung zu einem »Studienbesuch« in die Vereinigten Staaten ein. Solche Vergnügungsreisen waren in jenen Tagen üblich und gehörten zur Geschäftstätigkeit in China. Es wurde ein wenig studiert – wir planten Besuche in ein paar Logistikzentren an Flughäfen sowie die Teilnahme an einer Fachkonferenz –, aber mein Hauptziel bestand darin, persönliche Beziehungen zu knüpfen, und meine Gäste freuten sich vor allem auf eine Vergnügungsreise in die Vereinigten Staaten. Unsere erste Station war Los Angeles, aber die Mitglieder der Reisegruppe waren vor allem auf Las Vegas gespannt.

Unter den Teilnehmern war ein stellvertretender Bezirkschef namens Li Yousheng. Er trug drei Stents im Herzen und war im Krankenhaus 301 in Beijing, dem chinesischen Gegenstück des Walter Reed National Military Medical Center, bei einem prominenten Kardiologen in Behandlung. Der Arzt war zu der Einschätzung gelangt, dass Li reisefähig sei.

In Los Angeles stiegen wir im Hotel Peninsula am Santa Monica Boulevard in Beverly Hills ab und machten uns über einen großen Festschmaus her. Meine Mitreisenden konnten es nicht erwarten, sich ins Getümmel zu stürzen, weshalb ich ein Casino in der Nähe suchte, wo sie die ganze Nacht am Blackjack-Tisch verbrachten. Niemand schlief in jener Nacht, nicht einmal Li Yousheng.

Am nächsten Morgen beim Frühstück beklagte sich Li über Brustschmerzen. Ich brachte ihn ins Medical Center der UCLA, wo ihn ein Kardiologe untersuchte. Eine Blutprobe zeigte, dass seine Herzenzyme erhöht waren. Der Arzt drängte darauf, dass Li zur Beobachtung im Krankenhaus blieb. Aber Li wollte sich unbedingt der übrigen Reisegruppe anschließen, die bereits nach Las Vegas aufgebrochen war. Er rief seinen Kardiologen in Beijing an. »Ihre Herzenzyme sind immer erhöht«, sagte der Arzt. »Die Amerikaner sind übervorsichtig. Hier in Beijing würden Sie entlassen.« Der amerikanische Kardiologe war anderer Meinung, aber Li beharrte darauf, das Krankenhaus zu verlassen. Wir fuhren ins Hotel zurück, wo wir beim Mittagessen planten, wie wir zu unserer Gruppe in Las Vegas aufschließen konnten.

Als wir nach dem Essen durch die Hotellobby gingen, machte Li gerade einen Bogen um einen Blumenstrauß, als er mitten in der Halle mit Schaum vor dem Mund zusammenbrach. Ich holte das Handy heraus, um den Notarzt zu rufen, entschloss mich dann jedoch, ihn in ein Taxi zu hieven, um ihn schneller ins Krankenhaus zu bringen. Als der Taxifahrer ein Abbiegeverbot missachtete, dachte ich: *Und wenn er im Auto stirbt?*

Im UCLA Medical Center wurde er aus der Notaufnahme direkt in den OP gebracht. Ein Chirurgenteam führte in sieben Stunden eine dreifache Bypass-Operation durch. Als die Operation beendet war, hatte sich die aus Las Vegas zurückgekehrte Delegation im Wartesaal versammelt.

Als wir Li auf der Intensivstation besuchen durften, stellten wir fest, dass er glaubte, in China zu sein. »Ihr seid gegen die Kommunistische Partei Chinas!«, schrie er nicht existierenden Feinden zu. In seinem Körper steckten zahlreiche Schläuche. »Mafia! Mafia! Ich werde euch zerstören! Ich werde euch alle in Stücke hauen!«

Das geschah im Jahr 2008. Vor unserer Reise hatte es zu Lis Aufgaben gehört, bei der Vorbereitung der Olympischen Spiele zu helfen. Er war insbesondere für die Umsiedlung von Anwohnern zuständig, die auf Grundstücken lebten, auf denen Sportstätten entstehen sollten. Viele dieser Menschen hatten sich dagegen gesträubt, ihre Häuser aufzugeben, und Li hatte Trupps angeführt, die in die Wohngebiete marschierten, um die Leute aus ihren Häusern zu vertreiben. *Meine Güte,* dachte ich, während Li die imaginären Dorfbewohner niederschrie, *dieser Bursche ist wirklich der Partei ergeben!*

Am folgenden Tag kam Li wieder zu Bewusstsein. Nun stand uns neuer Ärger ins Haus. Die zu jener Zeit geltenden Regeln sahen vor, dass »Studienreisen« von Parteifunktionären höchstens zehn Tage dauern durften. So sollte vermieden werden, dass solche Ausflüge überhandnahmen. In China wäre ein Patient nach einer derart schwierigen Bypass-Operation monatelang im Krankenhaus geblieben. Aber das amerikanische System unterschied sich deutlich vom chinesischen.

Die Ärzte eröffneten Li, sie würden ihn innerhalb von drei Tagen entlassen; in einer Woche könne er nach Beijing zurückkehren. Niemand in der Delegation hielt das für möglich. »Wenn er das schafft, werde ich eine Flasche Moutai auf einen Zug leeren«, schwor einer der Funktionäre. Am dritten Tag stand Li auf und schüttelte dem Chirurgen die Hand. Ich brachte ihn im nahe gelegenen W Hotel unter, und die folgenden Tage verbrachte er auf einem Liegestuhl am Pool, wo er die Mädchen in Bikinis anstarrte. Eine Woche später flogen wir nach Hause.

Ich kannte Li nicht gut, obwohl er für den Erfolg unseres Projekts wichtig war. Er leitete die Raumplanungsabteilung des Bezirks, und das Flughafenprojekt wirkte sich auf die Raumplanung aus. Li Yousheng stammte wie der Bezirkschef Li Ping aus Shunyi und hatte seine Verwandten überall in der Bürokratie untergebracht, aber er gehörte einer anderen Fraktion an. Er hatte unserem Projekt von Anfang an distanziert gegenübergestanden.

Mit der Einladung zu einer Amerikareise hatte ich versucht, das Eis zu brechen. Wir brauchten seine Unterstützung an mehreren Fronten, unter anderem beim Abriss von Dörfern, die unseren Lagerhäusern im Weg standen. Wir brauchten unbedingt seine Zustimmung zu unserem Vorhaben. Ich ahnte nicht, welche Auswirkungen es haben würde, dass ich ihm das Leben gerettet hatte.

Sofort nach unserer Rückkehr in Beijing bereitete uns der ganze Bezirk einen begeisterten Empfang. Wann immer ich in der Folge die Büros einer Behörde betrat, begrüßte mich der leitende Beamte mit den Worten: »Sie sind der Wohltäter Shunyis!« In jeder Sitzung, in jeder Versammlung erwähnte jemand aus Shunyi die Geschichte von Li Youshengs Rettung.

Der fünfzigjährige Li betrachtete mich als seinen Retter. Wann immer ich mich mit ihm zum Essen hinsetzte, wies er mir den Ehrenplatz zu. Und für seine ganze Clique wurde ich zu einem

links: Mein Vater Shen Jiang steht links neben seinem Vater Shen Rong und seinen Geschwistern. Das Foto entstand kurz nach der Revolution in der glücklichen Zeit, bevor die Kommunisten das Haus meines Großvaters beschlagnahmten und seine Kanzlei schlossen.

oben: Kurz nach der Ankunft in Hongkong bei meinem Großvater mütterlicherseits. In der Wohnung drängten sich drei Familien auf 70 Quadratmetern. Meine Eltern und ich schliefen im Wohnzimmer.

links: Beim jährlichen Schwimm-Meeting des Queen's College im Victoria Park in Hongkong. Ich bin 15 und habe den Wettkampf gewonnen. Den Pokal überreicht Henry Fok, ein Geschäftsmann, der in den Fünfzigerjahren ein Vermögen machte, indem er das über das kommunistische China verhängte Handelsembargo umging.

links: Ein klassisches Porträt von Whitneys Familie im typisch chinesischen Stil. Es zeigt sie mit ihrer Mutter Li Baozhen und dem Stiefvater Duan Xiangxi. Die Mutter flüchtete vor Whitneys Vater, als sie mit ihr schwanger war.

rechts: Whitneys Pose Ende der Neunzigerjahre auf dem Tian'anmen zeigt, dass sie unbesorgt, selbstsicher und mit dem Mut zur Farbe ihrer Zeit voraus war.

unten: Hier links im Bild bin ich nach dem Studium an der University of Wisconsin zurück in Hongkong, um eine Stelle als Börsenmakler anzutreten. Um die Wette trinken gehörte damals zum Lebensstil. Die meisten der anderen waren aus den USA und wollten in Fernost reich werden.

rechts: Whitney und ich am Genfer See auf einer Reise mit Tante Zhang 2004.

unten: Raftingtour in der Inneren Mongolei. Ariston war damals etwa fünf Jahre alt.

rechts: Ein frühes Foto des Ministerpräsidenten Wen Jiabao, seiner Frau Zhang Beili (für uns Tante Zhang), Sohn Winston Wen und Tochter Wen Ruchun. Der Mao-Anzug zeigt, dass Wen wohl noch im Generalbüro der KPCh arbeitete.

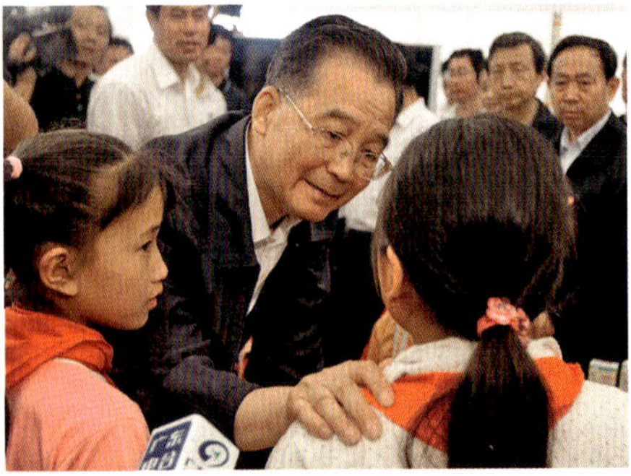

links: Ministerpräsident Wen Jiabao 2008 nach einem verheerenden Erdbeben in der Provinz Sichuan. Wen gab sich gern volksnah. Nach einem Artikel über das Vermögen seiner Familie wurde er heftig kritisiert; wir waren der Meinung, dass er nicht wirklich davon wusste. *(Reuters/Alamy)*

oben: Der Börsengang der Versicherungsgesellschaft Ping An an der Börse Shanghai brachte uns ein Vermögen von Hunderten Millionen Dollar ein. *(AP Photo)*

links: Juni 2011 in Paris bei der Weinverkostung. Allein die Weine des Château Lafite-Rothschild kosteten über 100 000 Dollar. Links David Li Botan mit Frau Jia Qiang. Ich sitze rechts mit Whitney neben dem Bauunternehmer Xu Jiayin und Frau Ding Yumei. Mein französischer Freund sitzt mir gegenüber links am Tisch. *(Mit freundlicher Genehmigung von François Audouze)*

oben: Whitney wollte einen Rolls Royce, und wir kauften ein ähnliches Modell stark überteuert wegen der hohen Zölle. Ich hielt das für Angeberei, aber wie mit den meisten unserer Käufe in jenen Jahren wollten wir dadurch unseren Status belegen – wir machten auf höchster Ebene Geschäfte. *(China Photos/Getty Images)*

unten: Der Starkünstler Zeng Fanzhi zwischen zwei seiner Bilder. Whitney kaufte *Betende Hände* für etwa 5 Millionen Dollar gegen starke Konkurrenz aus Europa. Solche Käufe sollten zeigen, dass wir die Mittel hatten, um groß einzusteigen. *(Dan Kitwood/Getty Images)*

oben: Hier ein Foto des Beijing Capital International Airport, darauf der nördliche Teil der von uns errichteten Logistikdrehscheibe samt Frachtterminals und Büros mit einer Gesamtfläche von 550 000 Quadratmetern. *(Mit freundlicher Genehmigung von Airport City Development Co., Ltd.)*

links: Die Bibliothek der Tsinghua-Universität, die mit einer Zehn-Millionen-Dollar Spende von Whitney und mir errichtet wurde. Sie ist so beliebt, dass die Studenten einen Leseplatz online reservieren müssen. *(Enrico Cano)*

unten: Bei der Stimmabgabe in der Politischen Konsultativkonferenz des Chinesischen Volkes (PKKCV). Ich gehörte diesem Gremium ein Jahrzehnt lang an. Die Abstimmungen hatten keinerlei Wert: Es gab nur Jastimmen. Die meisten nutzten die Konferenz fürs Netzwerken.

oben: Das Genesis-Projekt, die Krönung unserer Karriere in Beijing. Rechts die Residenz und das Hotel; im Zentrum einer der Bürotürme. Das Projekt ermöglichte es uns, wirklich kreative und verblüffende Bauten in Beijing zu errichten. *(Mit freundlicher Genehmigung von KPF)*

rechts: Der Blick in die Lobby des Genesis-Bürogebäudes. Whitney verschwand am 5. September 2017 an diesem Eingang. *(Mit freundlicher Genehmigung von KPF)*

oben: Unser Freund Sun Zhengcai sollte im Jahr 2022 den ersten oder zweiten Rang in der politischen Hierarchie Chinas einnehmen. Sein Aufstieg fand durch eine Korruptionsuntersuchung ein abruptes Ende, die offenkundig Xi Jinping zugutekam. Hier Sun vor Gericht. Das Urteil: lebenslange Haft. *(Imaginechina, AP Images)*

links: Früher hatte ich in Hongkong an von der KPCh organisierten antidemokratischen Protesten teilgenommen. Aber hier marschiere ich in Hongkong am 9. Juni 2019 für Freiheit und Demokratie.

unten: Ariston malte dieses Porträt seiner Mutter im Sommer 2017 in Beijing, wenige Wochen bevor Whitney verschwand.

Bezugspunkt. Sein Kreis sah in mir den Verteidiger Shunyis, weil ich einen »großen Bruder«, wie seine Kollegen ihn nannten, vor dem sicheren Tod in einem fernen Land bewahrt hatte. Und obendrein verdankte er mir einen »neuen Motor« – oder zumindest ein repariertes Herz. Die Verhandlungen über das Projekt nahmen eine Wende. In den Gesprächen fragten die Leute nicht mehr, was ich für sie tun könne, sondern sie wollten wissen, wie wir ein Problem gemeinsam lösen konnten. Das verschaffte meinem Team sehr viel mehr Bewegungsspielraum. Der Verlust von Li Pings Unterstützung war nur noch eine ferne Erinnerung.

Li Yousheng begann, mich zum Essen mit Beamten einzuladen, deren Hilfe ich brauchte. Er versuchte, unsere Probleme auf der Stelle zu lösen. Seine Botschaft an die Parteigenossen war: »Erledigen wir das!« Und als er zum geschäftsführenden Bezirkschef befördert wurde, liefen die Dinge noch reibungsloser. Wir waren Teil der Familie von Shunyi geworden.

Die Erfahrung mit Li ermöglichte es mir, mein Potenzial vollkommen auszuschöpfen, und lehrte mich, was ich brauchte, um das Projekt zum Erfolg zu führen. Whitney sicherte uns Unterstützung auf höchster Ebene. Aber wir mussten hart arbeiten, um die Dinge auf den unteren Ebenen in Bewegung zu bringen. Lis Fall zeigte mir, dass ich persönliche Beziehungen zu einer Vielzahl kettenrauchender, trinkfester Parteifunktionäre mittleren Alters knüpfen musste, die Shunyi kaum einmal verließen.

Ich begann, mich öfter in den Bezirksbehörden zu zeigen und mit den Leuten essen zu gehen. Der Ablauf war immer derselbe: Ich betrat die dunklen, muffigen Büros kurz nach Dienstschluss um fünf Uhr nachmittags. Die Mitarbeiter waren alle nach Hause gegangen. Die Räume waren verwaist. Ich stieg Treppen hinauf und ging durch schummrige Flure, die von surrenden fluoreszierenden Lampen beleuchtet wurden. Ich stieß eine Tür auf, und da saßen in einer Wolke von Zigarettenrauch meine Ansprechpartner, die sich an Shunyis Errungenschaften gütlich taten. Ich setzte mich zu ihnen, und wir plauderten über Belanglosigkeiten.

Dass ich ihnen um ihrer selbst willen Gesellschaft leistete, bewies ihnen, dass ich ein Teil ihrer Gruppe war. Ich musste mich erst wieder an solche Beziehungen gewöhnen. Es war, als wäre ich wieder der Junge in Shanghai, der die Arme um die Schultern seiner Freunde legte. Ich traf mich aus dem einzigen Grund mit diesen Leuten, dass ich die Beziehung zu ihnen pflegen wollte. Ich tat das jeden Tag. Es ging darum, das Gefühl der Zugehörigkeit zu festigen.

Vertrauen war unverzichtbar in einem System, in dem die Regeln dafür, was erlaubt und was verboten war, zahlreiche Grauzonen schufen; wann immer man etwas bewegen wollte, musste man sich in diese Grauzonen wagen. Im Westen sind die Rechtsvorschriften normalerweise klar, und die Justiz ist unabhängig. Man weiß, wann man eine Grenze überschreitet. In China sind die Regeln absichtlich unklar formuliert und werden laufend geändert, wobei die Änderungen stets rückwirkend angewandt werden. Und die Gerichte sind einfach ein Werkzeug der Partei, die das Gesetz einsetzt, um sich die Gesellschaft zu unterwerfen. Deshalb ist es so wichtig, dieses Gefühl der Zugehörigkeit zu entwickeln. Will man jemanden dazu bewegen, in die Grauzone vorzustoßen, so muss man ihn zuerst davon überzeugen, dass man sein Vertrauen wert ist. Nur so kann man den Sprung gemeinsam wagen. Um dieses Vertrauen zu entwickeln, holen beide Seiten Erkundigungen über den Hintergrund der anderen Person ein, so wie es Whitney und Tante Zhang getan hatten. Man spricht mit früheren Kollegen der anderen Person und bemüht sich viele Stunden um sie, um zu verstehen, wer sie wirklich ist. Auf höchster Ebene konnte Tante Zhang für Whitney und mich bürgen. Aber auf lokaler Ebene musste ich selbst Vertrauen schaffen.

Nachdem wir eine Stunde bei Obst und Zigaretten geplaudert hatten, gingen wir über das Gelände der Behörde zur Kantine hinüber und nahmen uns einen privaten Speiseraum. Dort fanden wir ein Dutzend Gerichte auf dem Tisch vor. Der Überfluss an Speisen war so groß, dass wir höchstens ein Viertel davon verzehren konnten. Im Lauf unseres Festmahls schaute der Koch vorbei, und wir baten ihn, etwas Besonderes zu kreieren oder uns zum Abschluss der Mahlzeit Nudeln oder gedämpfte Knödel zu servieren.

Zum Essen tranken wir mehrere Flaschen alten Moutai. Wie seinerzeit in Hongkong legte ich unter dem Einfluss des Alkohols meine angeborene Zurückhaltung ab und kam diesen Männern näher. Am Ende des Abends hielt ich Händchen mit einem fünfzigjährigen Bürokraten, erzählte ihm schmutzige Witze und klopfte ihm auf den Rücken.

Ich fühlte mich zusehends wohl in dieser Umgebung und unterhielt mich mit meinen Freunden über beliebige Themen wie Tee und Obst. Mir war klar, dass sie begannen, mich zu akzeptieren, als einer von ihnen erklärte: »Du wirkst nicht wie jemand aus Shanghai.« Das war an diesem Ort ein hohes Lob. Im Norden galten die Leute in Shanghai als knauserig, unmännlich und hinterlistig – als verwestlicht.

Ich trennte mich von den Paraphernalien, die mir Whitney aufgezwungen hatte, und verwandelte mich in eine andere Person. Unter Whitneys Anleitung hatte ich mir die Rüstung eines chinesischen Managers zugelegt. Brillen, Anzüge von Zegna, keine grellen Farben. Aber als die Einheimischen im hinterwäldlerischen Shunyi begannen, mich als einen der Ihren zu betrachten, verlor mein Aussehen an Bedeutung. Ich kleidete mich leger. Ich entdeckte die Liebe zu meinem eigenen Stil wieder, die ich gemeinsam mit meinem Freund Steven in Hongkong entwickelt hatte. Ich verlieh meiner Garderobe ein persönliches Flair. Meine neuen Freunde in Shunyi machten Scherze darüber, aber es wäre ihnen auch sonderbar erschienen, wenn ich mich wie sie gekleidet hätte.

Die Krankenhausbehandlung Li Youshengs in den Vereinigten Staaten hatte mich etwa 300 000 Dollar gekostet. Einige Jahre später erstattete mir die Bezirksregierung von Shunyi etwa die Hälfte zurück. Aber das Geld war unerheblich. Das Wohlwollen, das mir diese Geschehnisse einbrachten, war unbezahlbar.

Gegen Ende des Frühjahrs 2008 bestätigte die Flughafengesellschaft endlich, dass der ehemalige Generalmanager Li Peiying unter Korruptionsverdacht stand. Er befand sich seit anderthalb Jahren ohne offizielle Anklage in Untersuchungshaft. Die Bekanntgabe ebnete den Weg zur Ernennung eines neuen Flughafenchefs, der die Papiere über die Kredite des Gemeinschaftsunternehmens unterzeichnen konnte. Nachdem ich ein Menschenleben gerettet, ein Vermögen mit dem Verkauf der Aktien von Ping An verdient und Zugang zu Kapital gefunden hatte, schickte ich mich an, das Projekt entschlossener voranzutreiben.

11

Whitney und ich waren noch kinderlos, obwohl wir uns durchaus welche wünschten. Nach unserer Hochzeitsfeier im Four Seasons im Herbst 2005 begannen Whitneys Eltern, auf Nachwuchs zu drängen. Sie wollten einen Enkel. Sie stammten aus Shandong und hatten traditionellere Vorstellungen als meine Eltern und ich. Whitney und mir war das Geschlecht des Kindes eigentlich gleichgültig, aber ihre Eltern wollten unbedingt einen Jungen. Da wir beide Ende dreißig waren, war es für Whitney nicht ganz einfach, schwanger zu werden. Zwei Jahre nach unserer Hochzeit begannen wir, uns mit der Möglichkeit einer künstlichen Befruchtung zu befassen.

Wir fanden ein Militärkrankenhaus in Beijing, das als landesweit führend in der In-vitro-Fertilisation galt. Whitney unterzog sich dort zwei Zyklen, aber mein Sperma konnte ihre Eizellen nicht befruchten. Wie viele Chinesen verloren wir rasch das Vertrauen in das heimische Gesundheitswesen und sahen uns nach Optionen im Ausland um. Unser erstes Ziel war Hongkong, wo uns Whitneys Banker den führenden Experten auf dem Gebiet vorstellte. Er hatte eine derart lange Warteliste, dass wir uns zwei Jahre hätten gedulden müssen. Mit einer zusätzlichen Zahlung sicherte Whitney uns einen Platz an der Spitze der Warteschlange. Wir besuchten diesen Arzt ein Jahr lang, aber der Erfolg blieb aus. Dann wurden wir auf einen Spezialisten in New York aufmerksam.

Wir bewegten uns auf einem ausgetretenen Pfad. Die chinesische Einkindpolitik wurde erst im Jahr 2013 gelockert, weshalb sich wohlhabende Paar zu jener Zeit oft ins Ausland begaben, um ein zweites Kind zu bekommen, eine in China verbotene Abtreibung zur Auswahl des Geschlechts vorzunehmen oder ihr Kind in einem anderen Land zur Welt zu bringen, damit es eine ausländische Staatsbürgerschaft erhielt.

In New York fanden wir einen auf dem Gebiet der Fortpflanzung führenden Endokrinologen. Auch er hatte eine lange Warteliste. Statt Geld setzten wir in diesem Fall unsere Verbindungen ein, um schneller an einen Termin zu kommen. Ein ehemaliger Mitarbeiter von Ministerpräsident Wen nahm Kontakt zum höchstrangigen Diplomaten im chinesischen Konsulat in New York auf, der sich an die Praxis des Arztes wandte und uns einen Termin beschaffte. Ende des Jahres 2007 reisten wir nach New York. In der Praxis des Spezialisten ging es sehr zivilisiert zu. Seine Mitarbeiter zeigten uns Betten, die von Angehörigen der weltweiten Elite reserviert worden waren: ein Bett für die Frau eines Medienzaren, ein Bett für eine Prinzessin aus einem Königshaus.

Whitney hatte sich vorübergehend aus Great Ocean zurückgezogen, um unseren Kinderwunsch zu verwirklichen. In New York wohnte sie für einige Zeit in einem Hotel, aber dann mieteten wir ein Appartement, und schließlich kauften wir eine Wohnung unweit des Krankenhauses. Whitney wusste, dass sie nicht zwischen New York und Beijing pendeln konnte, und rührte sich nicht vom Fleck. Sie ließ ihre Mutter und ihren Stiefvater aus China einfliegen, damit sie ihr unter die Arme griffen. Whitney fuhr jeden Morgen in die Klinik, wo ihr Blut abgenommen wurde und abhängig von ihrem Hormonspiegel Spritzen verabreicht wurden.

Whitney nahm das Vorhaben, in New York schwanger zu werden, mit der Geisteshaltung einer erfolgreichen chinesischen Geschäftsfrau in Angriff: Solange sie keine besonders enge Beziehung zu ihrem Arzt hatte, zweifelte sie daran, dass sie die bestmögliche Betreuung erhielt. Prompt begann sie, die gesamte Familie des Arztes zu umgarnen. Sein Sohn hatte künstlerische Ambitionen; also besuchten wir seine Ausstellungen, und Whitney nötigte ihn, ein teures Gemälde als Geschenk anzunehmen. Wir luden die ganze Familie mehrfach zum Abendessen ein. Auf diese Vorgehensweise verstand sich Whitney. In China konnte man sich auf diese

Art eine medizinische Vorzugsbehandlung sichern, und sie glaubte, in New York werde es kaum anders sein, da die menschliche Natur rund um den Erdball dieselbe war.

Unser Arzt reagierte freundlich. Es war klar, dass er viele Patienten hatte, die seine Dienste zu schätzen wussten. Schließlich konnte er ihnen das Geschenk des Lebens machen. Aber er war in erster Linie ein gewissenhafter Fachmann und ließ nicht zu, dass sich die Großzügigkeit seiner Klienten auf die Qualität seiner ärztlichen Leistungen auswirkte. Der Zusammenstoß der Kulturen setzte sich während Whitneys gesamtem Aufenthalt in New York fort. Ich glaube nicht, dass die Familie dieses Arztes jemals mit einer Person wie Whitney zu tun gehabt hatte.

Mir war Whitneys Verhandlungskunst manchmal geradezu peinlich, aber zumeist fühlte ich mich lediglich ein wenig unwohl. Im Westen schien Whitneys Verhalten fehl am Platz. Wir hatten bereits sehr viel Geld für die Chance bezahlt, ein Kind zu haben, da waren all diese zusätzlichen Ausgaben nun wirklich nicht nötig. Aber sie verdiente auch ein wenig Verständnis. Whitney war das Produkt einer Umgebung, in der die persönlichen Beziehungen größte Bedeutung hatten. Ohne enge Bindungen erreichte man gar nichts, und das galt insbesondere für die ärztliche Betreuung. Wenn ein chinesischer Arzt einen mit Bargeld gefüllten »roten Umschlag« ablehnte, musste man beginnen, sich große Sorgen zu machen.

Whitneys geringe Englischkenntnisse erschwerten es ihr zusätzlich, sich auszudrücken und zu verstehen, wie die Dinge im Westen funktionierten. Sie probierte es mit ein paar Sätzen und überließ es mir, den Rest zu übersetzen. Im Lauf der Zeit ging ich dazu über, ihre Äußerungen nicht mehr wortwörtlich zu übersetzen, sondern den Sinn so abzuwandeln, dass er kulturell akzeptabler wurde.

In nur zwei Zyklen gelang es uns, nicht nur eine Eizelle, sondern gleich vier zu befruchten. Drei wurden Whitney eingepflanzt, die vierte ließen wir einfrieren. Eine der Eizellen nistete sich ein, und bald darauf erfuhren wir, dass es ein Junge werden würde.

Whitney bemühte sich, den Ablauf zu kontrollieren. Sie setzte einen Geburtstermin fest, um sicherzustellen, dass unser Sohn im Sternzeichen des Stiers geboren würde. Er sollte nach dem chinesischen Kalender im Jahr des Ochsen zur Welt kommen, und Whitney wollte die Eigenschaften des Stiers bei unserem Kind verstärken.

Ich sah meinen Sohn erstmals am 21. April 2009 in einem Kreißsaal eines New Yorker Krankenhauses. Ich hatte Bilder von Neugeborenen gesehen und erwartete ein Wesen, das runzlig wie ein alter Mann und haarlos wie ein Ei war. Doch dann kam nach einem perfekt durchgeführten Kaiserschnitt dieses Baby zum Vorschein, das einen dichten Haarschopf hatte und keineswegs wie eine überreife Pflaume aussah. Die Chinesen messen den Spitznamen große Bedeutung bei, und ich hatte die Aufgabe, dem Neuankömmling einen zu geben. Ich war verblüfft darüber, wie hübsch der Junge wenige Minuten nach seiner Geburt war. Ich nannte ihn Junjun, »Kleiner Hübscher«, und dieser Spitzname blieb hängen.

Bei der Wahl der englischen und chinesischen Vornamen unseres Sohns entschieden Whitney und ich uns für Namen, die unsere Träume für ihn zum Ausdruck brachten. Ich wählte den englischen Namen Ariston, der vom griechischen *áristos* abgeleitet ist, das so viel wie »Vortrefflichkeit« bedeutet. Whitney entschied über den chinesischen Namen und wählte Jian-kun, zwei Worte, die aus einem unserer Lieblingsgedichte stammen und die Notwendigkeit beschreiben, fortgesetzte Anstrengungen zu unternehmen, um so gewichtig wie der Berg Tai zu werden.

Einige unserer Freunde waren der Meinung, diese Namen seien eine zu schwere Bürde für unseren Sohn. Aber weder Whitney noch ich gehörten zu jenen abergläubischen Chinesen, die ihre Kinder »Stinkender Köter« oder »Hundeeier« nennen, um sie nicht dem Zorn eifersüchtiger Geister auszusetzen. Wir waren überzeugt, dass sich Ariston seines großen Namens würdig erweisen würde.

Um die Mission zu verwirklichen, ein Kind in die Welt zu setzen, hatte sich Whitney in Beijing, Hongkong und New York zahlreiche Spritzen verabreichen lassen. An jenem Tag auf der Geburtsstation teilten wir die gemeinsame Freude, Ariston zukünftig dabei zuzusehen, wie er in einem Land zu einem jungen Mann heranwachsen sollte, das seinen Einwohnern mehr Möglichkeiten eröffnen würde, als wir gehabt hatten.

Während Whitney versucht hatte, schwanger zu werden, hatte ich studiert, wie man ein von Reichtum umgebenes Kind am besten erzieht. Ariston würde ganz anders aufwachsen als wir. Whitney und ich waren in Armut geboren. Ariston hingegen kam mit einem goldenen oder sogar mit einem Platinlöffel im Mund zur Welt. Über die Kinder der chinesischen Neureichen erzählte man sich eine Reihe von Horrorgeschichten. Ich kannte den Sohn eines der reichsten Männer Chinas, der mit einem monatlichen Unterhalt von 20 000 Pfund nach London geschickt worden war, wo seine Freunde Prostituierte für ihn organisierten. Ein junger Mensch, der derart viel Geld hat, lockt Parasiten an, die sich an ihn klammern und vorgeben, seine Freunde zu sein. Es besteht die Gefahr, dass er sein Leben lang nie wissen wird, wem er vertrauen kann, und dass er noch nicht einmal in der Beziehung zu seiner Ehefrau sicher sein kann, ob sie nur wegen des Geldes mit ihm zusammen ist. Ein solches Leben wollte ich meinem Sohn ersparen.

Ich begann, Bücher über Vermögensverwaltung und Familienerbschaften zu lesen und Kurse zu belegen. Ich besuchte Seminare in der Schweiz, an der Stanford Graduate School of Business und an der Harvard-Universität. Ich nahm Kontakt zu wohlhabenden Familien in den Vereinigten Staaten, Europa und Asien auf. Ich fraß mich durch die dreibändige Geschichte der Familie Rothschild – eine Leistung, die den dreißigjährigen Rothschild-Spross Alexandre verblüffte. »Sie haben tatsächlich alle drei Bände gelesen?«, fragte er. In den Vereinigten Staaten erkundigte ich mich bei den Guggenheims. Ich traf mich mit Mitgliedern der Agnelli-Familie und mit einem bayerischen Prinzen, der seine Herkunft bis ins zweite Jahrhundert zurückverfolgen konnte. Ich lernte viel von Jay Hughes, dem Autor von *Family Wealth: Keeping It in the Fa-*

mily. Die Botschaften waren ähnlich: Whitney und ich mussten eine Familiengeschichte und eine Reihe von Werten definieren. Wir brauchten immaterielle Dinge – ein Wertegefüge –, die uns zusammenhalten würden. Eine der erfolgreichsten Familien, denen ich begegnete, stammte aus Indonesien: Ihr Geheimnis war, dass die Matriarchin der Familie eine eigene Religion gegründet hatte.

Ich lernte, dass unser Vermögen zerrinnen würde, wenn wir nicht durch immaterielle Werte verbunden wären. Ich entschloss mich, Ariston von Anfang an meine Liebe spüren zu lassen. Ich selbst hatte nie das Gefühl gehabt, dass mich meine Eltern liebten, obwohl sie viel für mich geopfert hatten. Ich war entschlossen, die Liebe zu dem Stoff zu machen, der Ariston und mich zusammenhalten sollte. Und ich schwor mir zu versuchen, Ariston beizubringen, große Leistungen nicht aus Angst vor Versagen, sondern aus Liebe zum Erfolg zu vollbringen.

Je länger ich mich mit dem Thema beschäftigte, desto häufiger schickten mir vermögende Freunde ihre Kinder, damit ich ihnen Ratschläge zur Lebensführung gab. Gelegentlich arrangierte ich Gespräche mit führenden Experten für Familienerbe, familiäre Werte und Wohltätigkeit. Ich hatte den Eindruck, dass viele neureiche Chinesen mehr darüber wissen wollten, wie sie ihren Reichtum bewahren konnten. Gleichzeitig waren sie in einer Gesellschaft, deren traditionelle Werte zerstört worden waren und die nun auch die egalitären kommunistischen Normen über Bord geworfen hatte, um sich ausschließlich auf das Erwerbsstreben zu konzentrieren, mit einem moralischen Vakuum konfrontiert. Ich gründete das Tsinghua Kaifeng Family Heritage Center an der Tsinghua-Universität, um vermögenden chinesischen Familien dabei zu helfen, die Frage, wie sie ihren Reichtum in den Dienst der Allgemeinheit stellen konnten, strategisch in Angriff zu nehmen.

Einer der reichsten Männer Chinas, ein Immobilienmogul namens Xu Jiayin, schickte Frau und Sohn in eines meiner Seminare. Bei einem Vortrag sah ich, dass sein Sohn mit weit geöffnetem

Mund auf seinem Stuhl schlief. Ich dachte: *Na, ob der sich wohl bis vier Uhr morgens in einem Nachtklub vergnügt hat.*

Ein weiterer Teilnehmer war ein junger Mann namens Ling Gu, der Sohn des hochrangigen Parteifunktionärs Ling Jihua. Ling Gu war Mitte dreißig, als ich ihn kennenlernte. Er teilte meine Vorliebe für schnelle Autos, und wir verbrachten einige Nachmittage damit, in Rennwagen über die Rennstrecke von Beijing zu flitzen. Unsere Beziehung wurde so eng, dass er mich »Großer Bruder Shum« nannte.

Ich beriet Ling Gu in Investmentfragen und förderte seine Neigung zum Studieren. Die Geschichte der Studentenverbindung an der Universität Yale interessierte ihn besonders. Ling Gu organisierte nach dem Vorbild von Skull and Bones einen Lesezirkel, an dem Mitglieder des roten Adels teilnahmen. Er sah in dieser Gruppe so etwas wie eine Bruderschaft, eine Gemeinschaft, in der Söhne und Töchter aus dem roten Adel über aktuelle Themen diskutieren konnten. Anstatt sich zu vergnügen und Frauen nachzustellen, wollte er eine Gruppe bilden, deren Bindeglied die Ideen sein würden, und daher gründete er einen Buchklub. Ich schlug ein paar Bücher vor. Die Gruppe traf sich nur ein paar Mal. Ling hatte einen untergeordneten Regierungsposten in der Provinz Shandong bekleidet, um sich ein Bild davon zu machen, wie die andere Hälfte lebte. Er weckte bei mir die Hoffnung, dass zumindest einige der privilegierten Angehörigen der jüngeren Generation an mehr als Partys, Sex und Alkohol interessiert waren. Einige Zeit später erfuhr ich schockiert, dass er den Tod gefunden hatte.

Im Sommer 2009 brachte Whitney unseren Sohn, der erst wenige Monate alt war, nach China. Wir waren vom Oriental Plaza in den Appartementkomplex Palm Springs im Osten Beijings umgezogen. Als sie heimkehrte, war ich ein anderer Mann. Die erste Phase des Flughafenprojekts war beinahe abgeschlossen. Als die Arbeiten im Juni 2006 begonnen hatten, verstand ich nichts von diesen Dingen. Ich wusste nicht einmal, wie eine Baustelle aussehen sollte, und als ich mir welche anschaute, sah ich ein furchtbares Durcheinander; die Ausrüstung lag willkürlich über das Gelände verstreut. Ich war der Meinung, dass Baustellen wohl immer so aussahen, denn was ich nicht wusste, war, dass es am schlechten Management lag.

Aber seitdem hatte ich viel gelernt.

Ich hatte die Mühle durchlaufen und war unbeschadet auf der anderen Seite herausgekommen. Ich hatte den Flughafenchef, meinen Freund Li Peiying, durch eine Korruptionsuntersuchung verloren. Der Bezirksleiter von Shunyi, Li Ping, war ebenfalls fort. Aber mein Team und ich hatten uns aufgerafft. Ich hatte einem Mann das Leben gerettet und mir ein gutes Karma gesichert, und jetzt schossen dort, wo es zuvor nur schlammige Felder gegeben hatte, Lagerhäuser und Bürogebäude aus dem Boden.

Ich hatte mich dank Whitney enorm weiterentwickelt. Sie hatte mir geholfen, die Regeln des chinesischen Systems zu verstehen. Und je mehr ich lernte, desto selbstsicherer wurde ich. Ich entdeckte in Sachen Mode den Avantgardestil meiner Jugend wieder und ersetzte die Brille durch Kontaktlinsen. Whitney und ich reisten sogar gemeinsam nach Hongkong, um uns am selben Tag Laseroperationen zu unterziehen – was nicht die klügste Entscheidung war, da auf dem Rückweg ins Hotel ein Blinder den anderen führen musste.

Ich bemühte mich nicht länger, ein »alter Mann auf jungen Schultern« zu sein, sondern verwandelte mich in mich selbst.

Durch den Verkauf unseres Anteils an Ping An im Jahr 2007 hatten Whitney und ich einen bilderbuchmäßigen Reichtum angehäuft. Im Juni 2006 hatten wir ein weiteres Vermögen verdient, als wir uns am Börsengang der Bank of China in Hongkong beteiligten. Die Manager der Bank hatten Whitneys Hilfe gebraucht, um die Genehmigung für den Börsengangs durch den Staatsrat zu beschleunigen. Im Gegenzug für Whitneys Unterstützung erhielten wir die Möglichkeit, vor dem Börsengang etwa drei Millionen Aktien zu erwerben. Am ersten Handelstag, dem 1. Juni 2006, stieg der Kurs der Aktie um 15 Prozent. Einige Tage später verkauften wir unser Aktienpaket. Wir nahmen an weiteren Börsengängen teil, und das Geld strömte nur so in unsere Kassen.

Ich fing an, Dinge zu kaufen, ohne auf das Preisschild zu schauen, und vergaß, was für Fähigkeiten ich zwanzig Jahre zuvor beim Kleiderkauf mit meinem Kumpel Steven in Hongkong entwickelt hatte. Ich besorgte mir Autos – einen Lamborghini und dazu einen Ferrari –, die ich dann sogar Freunden wie dem noch nicht dreißigjährigen Ling Gu borgte. An der University of Wisconsin hatte damals das Degustationsmenü im Restaurant Everest mein Interesse am Wein geweckt, und jetzt hatte ich endlich genug Geld, um eine eigene Weinsammlung aufzubauen. Heute habe ich in Weinkellern auf zwei Kontinenten mehrere Tausend Flaschen eingelagert.

Kontrolle über die Haushaltskasse hatte weiterhin Whitney. Ich schickte meine Rechnungen an ihren Finanzchef. Es ärgerte mich, dass wir keine bessere Regelung für den Umgang mit Geld gefunden hatten, aber ich schob eine Klärung der Frage weiter hinaus und redete mir ein, dass wir uns irgendwann einigen würden. Aber dazu sollte es nie kommen.

Wir waren nicht die Einzigen, die ungeheure Geldbeträge ausgaben. Im ersten Jahrzehnt des neuen Jahrtausends warfen rund um uns die Neureichen Chinas mit Geld um sich. In den Städten an der chinesischen Ostküste lösten »absurd reiche Asiaten« einen Konsumboom aus. Hatten in den Neunzigerjahren wohlhabende Chinesen Raubkopien gekauft, so erstanden sie zu Beginn des 21. Jahrhunderts die Originale – Louis Vuitton, Prada, Gucci und Armani. In China hatte so lange Zeit niemand große Summen ausgeben können, dass wir, sobald wir etwas übrig hatten, vollkommen außer Rand und Band gerieten und hemmungslos mit Geld nur so um uns warfen. Wie Höhlenmenschen tauchten wir aus dem Dunkel auf und hatten keine Ahnung, was wir kaufen sollten. Also richteten wir den Blick auf die größten Stars und die berühmtesten Marken und kauften oft zu deutlich überhöhten Preisen. Beim Wein musste es schon ein Château Lafite sein, bei Autos ein

Rolls-Royce. Und da sich die Chinesen um diese Luxusgüter rissen, schossen die Preise weltweit in die Höhe.

Whitney und ich konnten unseren plötzlichen Reichtum kaum fassen. Als wir die Aktien von Ping An abstießen, steckte ich so tief im Flughafenprojekt, dass ich gar nicht auf die Idee kam, dass plötzlich eine finanzielle Bürde von meinen Schultern genommen worden war. Natürlich hatten wir das Gefühl, nun wohlhabender zu sein, aber ich war nicht euphorisch. Ich war in ein Projekt vertieft, das mich rund um die Uhr beanspruchte – zu sehr damit beschäftigt, die Herausforderungen der Unternehmensführung zu bewältigen und das Vorhaben voranzutreiben.

Der Vermögenszuwachs schien Whitney mehr zu verändern als mich. Sie hatte stets viel Geld ausgegeben, aber nach dem Verkauf unseres Anteils an Ping An kletterten ihre Konsumausgaben auf ein neues Niveau. Wir reisten auf der Suche nach teuren Dingen um die Welt. Wir machten uns auf die Jagd nach einem farbigen Diamanten. Im House of Abram-Laden im Mandarin Oriental in Hongkong legte Whitney 15 Millionen Dollar für einen rosafarbenen hin. Anschließend klapperten wir auf der Suche nach einem gelben Stein alle großen Diamantenhändler in New York ab.

Ich hatte meine Sportwagen und meine Weine, aber Whitneys Appetit war sehr viel größer. Sie wollte den Menschen in ihrer Umgebung unbedingt zeigen, wie bedeutend ihr Leben war, und ihr wachsender Reichtum verstärkte diesen Wunsch nur noch weiter. Sie musste den Leuten beweisen, dass sie größer und besser war als sie, ja, dass sie ihnen in jeder Hinsicht überlegen war. Sie stellte ihren Reichtum zur Schau, um ihrer Umgebung zu demonstrieren, dass sie sämtliche Hindernisse überwinden konnte und Shandong hinter sich gelassen hatte. Ursprünglich waren wir uns einig gewesen, das Rampenlicht zu meiden, aber sie konnte der Versuchung nicht widerstehen. Das betraf sogar die Wahl unserer Autos.

Ich war nicht der Meinung, dass wir einen Rolls-Royce brauchten. Zu jener Zeit gab es nicht viele davon in Beijing, und ich befürchtete, dass ein solcher Wagen unnötige Aufmerksamkeit erregen würde. Aber sie bestand darauf. Also kauften wir einen Phantom in Salamanca Blue.

Während Whitney Besitztümer sammelte, um zu zeigen, wie weit sie es trotz ihrer einfachen Herkunft gebracht hatte, trieb mich die Neugierde zu immer neuen, teuren Spielzeugen. Von Kindheit an war ich abenteuerlustig, sei es, dass ich einen neuen Weg zum Schwimmbad suchte oder meine zweite Heimat Hongkong verließ, um nach Wisconsin aufzubrechen. Das Geldverdienen um des Geldverdienens willen interessierte mich nicht. Ich setzte das Geld ein, um Neues auszuprobieren. Ich wollte wissen, wie es sich anfühlte, einen Ferrari zu besitzen. Also kaufte ich mir einen. Ich fragte mich: *In welchen geistigen Zustand wird es mich versetzen, ein Auto zu haben, von dem die meisten Männer nur träumen können?* Und als ich einen Ferrari hatte und wusste, wie es sich anfühlte, hakte ich diese Erfahrung ab und setzte meinen Weg fort.

Manchmal fühlte ich mich bei diesem Geltungskonsum wie ein Idiot. Zu meinem vierzigsten Geburtstag schenkte Whitney mir eine Schweizer Uhr im Wert von einer halben Million Euro. Die Uhr, deren Erzeugung zwei Jahre gedauert hatte, stammte aus einer Reihe, die der Uhrmacher F. P. Journe angefertigt hatte. Mein Exemplar war das siebte in der Serie; Wladimir Putin hatte sich offenbar das zweite gesichert.

Aufgrund unserer Beziehung zu den Wens hatten wir bis dahin darauf geachtet, unseren Reichtum nicht offen zur Schau zu stellen. Wir hatten Sammlerstücke angehäuft, die wir den Personen in unserem engsten Kreis vorführten, aber anders als manche andere in unserer Gruppe zeigten wir unsere Reichtümer nicht herum. Wir suchten nicht die Gesellschaft anderer Geschäftsleute, denn wir wollten vermeiden, dass Gerüchte über uns in Umlauf gebracht wurden, und wir waren nicht auf der Partnersuche. Aber auch das änderte sich nach dem Verkauf unserer Ping-An-Aktien: Whitney konnte ihren Geltungswillen und ihre Sehnsucht nach Einfluss nicht mehr unterdrücken.

Sie begann, sich mit Malern wie Zeng Fanzhi zu umgeben, dem größten Star am Firmament der zeitgenössischen chinesischen Kunst. Zeng wurde stets von einem Gefolge begleitet, dem die Reichen und Schönen Beijings, Schriftsteller, Kritiker, andere Maler, Kunsthändler und Prominente aus dem Westen angehörten. Whitney schwang sich zu einer von Zengs Mäzeninnen auf. Sie verfasste die Einleitung für den Katalog zu einer von Zengs Ausstellungen. Alle, die den Text lasen, waren hingerissen von ihrem Geschick im Umgang mit Worten.

Whitney lieferte sich erbitterte Gefechte mit anderen Bietern, um sich Zengs Bilder zu sichern. Einer ihrer Rivalen war der französische Milliardär François Pinault, der Besitzer der Gucci-Gruppe (PPR) und einer der bekanntesten Sammler moderner Kunst. Pinault hatte einen Assistenten entsandt, der die Aufgabe hatte, Zeng zu begleiten und Fotos von den Gemälden zu machen, an denen der Maler arbeitete. Pinault legte Angebote für diese Bilder vor, noch bevor Zeng sie fertiggestellt hatte.

Whitney und Pinault begannen einen Bieterkrieg um ein Gemälde mit dem Titel *Betende Hände*. »Ich bin Christin«, erklärte Whitney dem Maler. »Ich bin sehr gläubig. Das Gemälde spricht mich an. Verkaufen Sie es nicht an Pinault.« Zeng erklärte sich einverstanden. Whitney fand immer einen Weg, um sich durchzusetzen. Und da sie Zengs Mäzenin war, machte er ihr obendrein einen guten Preis. Sie kaufte das Bild für fünf Millionen Dollar, was für eine Arbeit von Zeng Fanzhi geradezu ein Vorzugspreis war.

Das Ping-An-Geschäft war im Grunde ein Glücksfall und bewies eine von mir – und anderen – verfochtene Theorie, dass reiche Leute ihr Vermögen im Allgemeinen weniger ihrer Brillanz, sondern vielmehr dem Glück verdanken. Als wir das Aktienpaket gekauft hatten, waren wir keineswegs sicher gewesen, dass es an Wert gewinnen würde, und wir ahnten nicht, dass Ping An einen Börsengang plante. Ich war bereit, die Aktie abzustoßen, sobald sich der Kurs gegenüber unserem Kaufpreis vervierfacht hatte –, aber die Vorschriften machten das unmöglich. Wir erzielten nur einen derart hohen Gewinn, weil wir nicht verkaufen konnten, als ich das Paket abstoßen wollte.

Der Verkauf der Ping-An-Aktien war der erste von zwei gewaltigen finanziellen Triumphen für uns, und in beiden Fällen spielte der Zufall eine große Rolle. Wir hatten Ping An als sichere Geldanlage betrachtet. Zwar erhielten wir dank unserer Verbindungen Zugang zu den Aktien, aber das geschieht bei Tausenden Geschäften rund um den Erdball. In all diesen Transaktionen machen Akteure ihren Einfluss geltend. Wir taten es auf die chinesische Art. Es war nicht so, dass uns ein Parteifunktionär direkt einen unzulässigen Vorteil gewährte, sondern wir machten uns unsere Verbindung zur Frau eines Parteifunktionärs zunutze. Das war nicht unbedingt korrekt, aber so funktionierte das chinesische System.

Whitney lehrte mich, dass man innerhalb des Systems arbeiten musste, wenn man in China etwas bewegen wollte. Es gab keinen anderen Weg, um am Aufstieg des Landes teilzuhaben. Jeder Chinese, aber auch Ausländer und multinationale Konzerne bedienten sich dieser Art der Einflussnahme.

Heute ist die vereinfachende Einschätzung verbreitet, alle reichen Chinesen verdankten ihr Vermögen unethischen Praktiken. Aber wenn das zutrifft, beteiligte sich jeder, der zur damaligen Zeit in China Geschäfte machte, dort investierte und mit dem Land zu tun hatte, an unethischen Machenschaften, und das gilt für eine große Zahl von Personen, Regierungen und Unternehmen aus aller Welt und sogar für all jene, die Aktien solcher Unternehmen besaßen und ihre Haushalte mit Produkten aus China füllten. Ich würde dem entgegenhalten, dass die Mehrheit in Wahrheit glaubte, dass sich das chinesische System dem westlichen anpassen und im Lauf der Zeit transparenter und offener werden würde, da die private Unternehmertätigkeit schließlich die Wirtschaft beherrschen würde. Diesen Prozess hat die Kommunistische Partei unterbunden, und wahrscheinlich war er ohnehin nie eine realistische Option, aber zu jener Zeit wussten wir das nicht. Ich übernehme die volle Verantwortung für das, was Whitney und ich gemeinsam taten, und werde die mit diesen Entscheidungen verbundene Bürde auf mich nehmen. Aber da ich diese Geschehnisse nun einmal am eigenen Leib erlebt habe, ist mir klar, dass es nicht so einfach war, wie man als Außenstehender meinen könnte. Das Leben ist nicht perfekt. Ich werde meinen Weg fortsetzen.

Nach dem Ping-An-Geschäft versuchte COSCOs Chef Wei Jiafu, seine Beziehung zu Whitney und Tante Zhang zu nutzen, um sich eine Beförderung zum Verkehrsminister zu sichern. Wenn wir ihn zu Abendessen mit Tante Zhang einluden, erzählte er uns, welch neue Wege er gegangen sei und dass er sogar einen Hafen in Griechenland gekauft hatte und vom US-Senator (und späteren Außenminister) John Kerry für die Rettung des Bostoner Hafens geehrt worden war. Doch am Ende erhielt er keine Gegenleistung dafür, dass er uns auch den Kauf von Aktien ermöglicht hatte. Wei wurde nie Minister. Die China Ocean Shipping Company ging in der Finanzkrise von 2008 unter, und Wei nahm im Jahr 2013 seinen Abschied bei COSCO.

Das hinderte andere Mitglieder seiner Familie nicht daran, ebenfalls zu versuchen, das Geschäft zu ihrem Vorteil zu nutzen. Weis Tochter, die mit ihrem amerikanischen Ehemann in Kalifornien lebte, bat uns um ein Darlehen von 500 000 Dollar. Whitney war wütend darüber, dass Weis Tochter glaubte, einen Anspruch auf unser Geld zu haben. Sie wies darauf hin, dass wir die Aktien zum Marktpreis gekauft hatten. Dass COSCO sie an uns verkauft hatte, bedeute nicht, dass wir Wei oder seiner Familie irgendetwas schuldeten. Wir gaben seiner Tochter kein Darlehen, da wir bezweifelten, dass sie es jemals zurückzahlen würde.

Das Ping-An-Investment war das größte Geschäft, an dem die Familie Wen und wir jemals beteiligt waren. Der Erfolg festigte die Beziehung zu Tante Zhang, und wir verwandelten uns in so etwas wie Ehrenmitglieder des Clans. Wir verfolgten dieselben Interessen, und Whitney und ich wurden immer unverzichtbarer für Tante Zhang.

Tante Zhangs Beziehung zu Whitney wurde noch enger und vertrauensvoller. In ihrem Auftrag schickte Whitney mich nach Hongkong, wo ich persönliche Gegenstände für den Ministerpräsidenten einkaufte. Tante Zhang gab Whitney auch Tipps, wie sie unser Liebesleben aufpeppen konnte. Für Whitney waren die Wens Rollenvorbilder. Obwohl sich Tante Zhang dem siebzigsten Lebensjahr näherte, sprühte sie immer noch vor Lebenslust, und ihr Mann schien bemüht, mit ihr Schritt zu halten.

Stets bemüht, die Bedürfnisse der Wens vorwegzunehmen, machten Whitney und ich es uns zur Aufgabe, Wen Jiabaos zerzaustes Äußeres zu korrigieren. Wir kauften Anzüge und Krawatten für ihn. Wir mussten kichern, als wir sahen, dass er diese Kleidungsstücke in der Öffentlichkeit trug. Tante Zhang wollte Whitneys außergewöhnliches Können als Autorin nutzen, um nach Wens Ausscheiden aus der Regierung seine Memoiren zu veröffentlichen, und Whitney war gerne bereit, als Ghostwriter zu fungieren. Doch unsere Beziehung zu Tante Zhang war nie gleichberechtigt. Whitney und ich bemühten uns, ihr jeden Wunsch von den Lippen abzulesen – noch bevor sie sich dessen bewusst wurde.

Das Ping-An-Geschäft festigte auch Tante Zhangs Stellung in ihrer Familie. Sie lenkte seit jeher den Clan, verteilte Posten und Geschäftsmöglichkeiten unter ihren Kindern und Verwandten und beriet ihren Ehemann. Aber der Erfolg mit den Aktien von Ping An bewies in den Augen ihres Umfelds, dass Tante Zhang eine weitblickende Geschäftsfrau war, und machte sie reich. Sie konnte jetzt ein Vermögen von Hunderten Millionen Dollar in die Waagschale werfen.

12

Die Verwirklichung des Flughafenprojekts war mühevoll, aber der Erfolg erfüllte Whitney und mich mit Zuversicht nicht nur im Hinblick auf unsere eigene Zukunft, sondern auch für China. Wir schufen etwas Bedeutsames in unserem Heimatland. Obwohl wir Unternehmer waren, bewegten wir uns im Netz des kommunistischen Systems, und wir brachten etwas voran.

Wir hatten den Eindruck, dass sich das Land gut entwickelte. Kapitalisten wie wir waren für die Modernisierung Chinas unverzichtbar. Unternehmer schufen die meisten neuen Arbeitsplätze und einen Großteil des Wohlstands. Natürlich waren wir uns der Kritik bewusst, die im Westen an der KPCh geübt wurde. Aber wir hatten das Gefühl, dass das Land, in dem wir lebten, nicht dasselbe war wie das, welches in der *Washington Post* oder der *New York Times* beschrieben wurde. Whitney und ich waren überzeugt, dass sich die Lage besserte. Das Heute war besser als das Gestern, und jedes Jahr war besser als das vorangegangene. Die chinesische Regierung verteidigte sich offiziell mit dem Hinweis »Seht euch an, wie weit wir es gebracht haben«. Genau so hätten wir es formuliert. Man konnte einwenden, dass die Modernisierung Chinas schneller hätte vorankommen sollen, aber das Land war zweifellos in Bewegung. Und nicht nur Angehörige der Oberschicht wie Whitney und ich empfanden so. Ganz China hatte das Gefühl, unausweichlich auf eine offenere, freiere Gesellschaft zuzusteuern.

Schon am 1. Juli 2001 hatte die Partei ihre Politik gegenüber den Kapitalisten offiziell geändert, als der damalige Parteichef Jiang Zemin in einer Rede alle chinesischen Führungskräfte einschließlich der Unternehmer eingeladen hatte, sich der Partei anzuschließen. Zwar hüllte Jiang diese Ankündigung in den Parteijargon und sprach vom »Dreifachen Vertreten«, aber dieser Wortsalat konnte nicht verhüllen, dass es sich um eine bahnbrechende Veränderung handelte. Der Gründer des kommunistischen China, Mao Zedong, hatte Kapitalisten wie die Familie meines Vaters auf die unterste gesellschaftliche Stufe herabgesetzt. Deng Xiaoping hatte ihnen auf die Beine geholfen und erklärt, durch die Wirtschaftsreformen würde eine kleine Gruppe »als erste reich werden«. Und nun lud Jiang Zemin eine Generation später die Unternehmer ein, sich der Partei anzuschließen und zumindest am Rand des Systems an der politischen Macht teilzuhaben. Es war ein atemberaubendes Angebot.

Selbst auf den höchsten Parteiebenen schien sich die Elite geistig auf den Wandel vorzubereiten. Im Jahr 2004 wurde Chen Shuibian als Präsident Taiwans wiedergewählt, jener Insel mit 23 Millionen Einwohnern, die das kommunistische China seit Langem als Hoheitsgebiet beansprucht. Im Jahr 2000 hatte Chen als erster Oppositionskandidat eine Präsidentenwahl gewonnen, womit nach fünf Jahrzehnten die Einparteienherrschaft der Kuomintang geendet hatte. Die Demokratisierung Taiwans machte der Führung der KPCh Angst, denn die Kommunisten sahen darin ein potenzielles Vorbild für demokratische Bestrebungen in Festlandchina und damit eine Bedrohung für das kommunistische Machtmonopol. Nach seiner Wiederwahl kündigte Chen an, das Vermögen der Kuomintang ins Visier zu nehmen. Die Nationalisten hatten die taiwanesische Wirtschaft während ihrer Zeit an der Macht als ihr Sparschwein betrachtet. Nach der Wahl im März 2004 erhielt ich eine Einladung zum Essen mit Deng Xiaopings ältester Tochter Deng Lin, einer Malerin, die ein kleines Vermögen mit dem Verkauf ihrer mittelmäßigen Bilder an reiche Geschäftsleute in Hongkong verdient hatte, die sich beim Deng-Clan einzuschmeicheln versuchten.[11] Deng Lin lenkte unser Gespräch auf Taiwan. »Wir müssen die Mitgliedsbeiträge der Partei heraufsetzen, um ihre Finanzmittel zu erhöhen«, sagte sie. »Dann müssen wir die Vermögenswerte der Staatsunternehmen übernehmen und sie in parteieigene Firmen umwandeln.« So werde die Kommunistische Partei, sollte sie in Zukunft mit einer freien Wahl wie jener in Taiwan konfrontiert werden, zumindest »auf einen großen Notgroschen zurückgreifen können«. Ich fragte mich, ob dies die Denkweise der Leute an der Parteispitze war. Dachten sie tatsächlich über die Möglichkeit nach, die Kommunistische Partei werde eines Tages die Macht mit einer echten Oppositionspartei teilen müssen? Deng Lin hatte offenkundig keinen großen politischen Einfluss in China, aber ihre Sorgen wurden von weiten Teilen der Elite geteilt. In China stand viel auf dem Spiel, und Dengs Angst war ein Zeichen der Zeit.

Andere Vertreter der Partei schienen einen friedlichen Übergang des Landes zum Kapitalismus und zu einem pluralistischeren politischen System zu befürworten. In persönlichen Gesprächen äußerten sie die Meinung, dass sich die Wirtschaft zwangsläufig öffnen werde. Offenbar sahen sie ein, dass die Staatsbetriebe aufgrund ihrer inhärenten Ineffizienz auf Dauer nicht lebensfähig waren. Zu den höchstrangigen Parteifunktionären, die diese Überzeugung äußerten, zählte Wang Qishan.

Wang spielte jahrzehntelang eine zentrale Rolle in den Bemühungen zur Reform der chinesischen Wirtschaft. Er war ein langjähriger Anhänger Zhu Rongjis, des reformwilligen Architekten des Wirtschaftsbooms in den Jahren 1993 bis 2003. Im Jahr 1996, als Zhu erster Vizeministerpräsident in Beijing war, leitete Wang eines der größten Finanzinstitute Chinas und trieb gemeinsam mit Henry Paulson, dem damaligen Geschäftsführer von Goldman Sachs und späteren amerikanischen Finanzminister, den Börsengang von China Telecom in New York voran. Der Börsengang war Teil der von den Vereinigten Staaten unterstützten Bemühungen, das darniederliegende chinesische Finanzsystem mit seinem Netz aus Staatsunternehmen zu modernisieren. Paulson und andere sahen im Vorgehen Wangs und Zhus einen Versuch, die chinesische Wirtschaft zu privatisieren. In Wahrheit bestand das Ziel der Partei darin, das Überleben des Staatssektors zu sichern, der wirtschaftlichen Säule der andauernden Herrschaft der Kommunistischen Partei. Dies war einer der vielen Fälle, in denen der Westen glaubte, mit der Förderung nach einem freieren Markt in China auch die Entwicklung einer pluralistischen Gesellschaft zu unterstützen, während die Kommunistische Partei in Wahrheit die westlichen Finanzinstrumente einsetzte, um ihre Herrschaft zu festigen.

Kurz nach dem Börsengang ernannte Zhu damals Wang zum geschäftsführenden Vizegouverneur der Provinz Guangdong. Dort gelang Wang – erneut in Zusammenarbeit mit Goldman Sachs – die größte Konkursumstrukturierung in der Geschichte des kommunistischen China, die Goldman viel Geld einbrachte und die Rettung von Guangdong Enterprises ermöglichte.

Whitney lernte Wang im Jahr 2007 bei einem von Tante Zhang veranstalteten Bankett im Beijing Hotel kennen. Zu dieser Zeit war Wang Bürgermeister der Hauptstadt. Whitney stand Tante Zhang mittlerweile noch näher, und Tante Zhang war in ihre Doppelrolle als Abgesandte ihres Ehemanns Wen Jiabao und als eigenständige Geschäftsfrau hineingewachsen. Tante Zhang ging nicht gerne mit ihren Kindern aus und wollte sich in der Öffentlichkeit nicht mit Huang zeigen, der anscheinend ihr »Freund mit gewissen Vorzügen« war, da dies einen Skandal ausgelöst hätte. Also wurde Whitney ihre ständige Begleiterin.

Wang Qishan war nicht nur der Bürgermeister Beijings, sondern auch ein Kandidat für eine Beförderung zum Vizeministerpräsidenten unter Wen Jiabao. Folglich suchte er nach Möglichkeiten, seine Aussichten auf diesen Posten zu verbessern. Die Verbindung zu Tante Zhang und Whitney war die Gelegenheit.

Nach dem Essen lud Wang an jenem Abend Whitney zu einem Besuch im Rathaus ein. Nach seiner Ernennung zum stellvertretenden Ministerpräsidenten im Jahr 2008 wurden ihre Treffen in die Parteizentrale in Zhongnanhai verlegt und verwandelten sich in einen regelmäßigen Fixpunkt. Alle zwei bis drei Wochen lud Wang Whitney ein, und ihr Chauffeur fuhr sie quer durch die Stadt nach Zhongnanhai. Whitney und Wang saßen dann oft mehrere Stunden zusammen, tranken Tee und diskutierten über Politik.

Wang wusste Whitneys Scharfsinn zu schätzen. Nach Whitneys Aussage sprachen die beiden über alles, von der Weltgeschichte über politisches Denken bis zu den aktuellen politischen Entwicklungen in China und der Welt. Aber anders als andere Parteifunktionäre betrachtete Wang meine Frau nicht als Ratgeberin. Er fragte sie nach Einzelheiten über Wen Jiabao aus, der technisch gesehen sein Vorgesetzter war.

Im patriarchalischen China finden sich in der näheren Umgebung der Personen an der Spitze der Machthierarchie nur wenige Frauen, wenn man von Stewardessen oder Kellnerinnen absieht. Whitney war ein Sonderfall. Sie bekleidete keine offizielle Position, aber als Tante Zhangs Vertraute war sie als politisches Schwergewicht, als Überbringerin pikanten Tratsches und ergiebige Quelle von Insiderinformationen eine gefragte Gesprächspartnerin. Außerdem war Wang zwar verheiratet, hatte jedoch keine Kinder. So wie Tante Zhang in die Rolle einer Ersatzmutter von Whitney geschlüpft war, bemühte Wang sich um sie wie ein fürsorglicher Onkel. Für Wang Qishan war es aus mehreren Gründen interessant, in Whitneys Nähe zu sein.

Dasselbe galt für Whitney. Sofort, nachdem Wen im Jahr 2003 Ministerpräsident geworden war, begannen wir uns mit der Frage zu beschäftigen, was geschehen sollte, wenn er zehn Jahre später aus dem Amt ausschied. Whitney hielt es für notwendig, unser Netz von Kontakten zu erweitern und neue Figuren für ihr Schachbrett zu finden. Wang Qishan erfüllte die Kriterien.

Whitney stellte fest, dass sich Wangs Vorstellungen von Chinas Entwicklung mit ihren eigenen deckten. Er erwartete, dass die Staatsbetriebe eines Tages verkauft werden würden, und riet Whitney, Kapital beiseitezulegen, damit sie zu gegebener Zeit investieren konnte. Wir sollten unser Arsenal füllen, sagte er ihr, damit wir genug Munition hätten, wenn der Zeitpunkt komme, das Feuer zu eröffnen. In Wangs Augen war das chinesische Wirtschaftsleben eine riesige Reise nach Jerusalem: Irgendwann würde die Musik angehalten, und die Partei würde gezwungen sein, eine Privatisierung in großem Maßstab zu akzeptieren. Wir sollten vorbereitet sein.

Wang vertrat auch einige der in der herrschenden Elite Chinas verbreiteten paranoiden Wahnvorstellungen. Beispielsweise war er ein Anhänger des 2007 erschienenen Bestsellers *Currency Wars*, dessen Autor ein Finanzexperte namens Song Hongbing war. Song behauptete, die internationalen und insbesondere die amerikanischen Finanzmärkte würden von einer Clique jüdischer Bankiers kontrolliert, die sich der Währungsmanipulation bedienten, um sich zu bereichern, indem sie zuerst Dollar-Kredite an Entwicklungsländer vergäben und anschließend gegen die Währungen dieser Länder wetteten. Songs Buch war ein Beispiel für jene Mischung aus Verachtung, Misstrauen und Ehrfurcht, das viele in der chinesischen Führung gegenüber den Vereinigten Staaten hegten. Zumindest Wang Qishan hätte es besser wissen sollen, denn er hatte jahrzehntelang eng mit Partnern aus dem Westen zusammengearbeitet.

Whitney war eine Meisternetzwerkerin und begnügte sich im Streben nach neuen Kontakten, die irgendwann die Wens ersetzen konnten, nicht mit der Freundschaft zu Wang Qishan. Ihr begehrtestes Ziel war Sun Zhengcai, der ehemalige Parteichef von Shunyi. Sun hatte Whitney und mir kurz nach der Jahrtausendwende ein Stück Land zugeschanzt (auf dem wir jedoch nicht gebaut hatten), und er hatte Whitney dabei geholfen, die Genehmigung für die Protz-Wunschkennzeichen für ihren Audi zu bekommen.

Suns Aufstieg hatte sich beschleunigt, seit er im Jahr 2002 Shunyi verlassen hatte, um Generalsekretär des Parteikomitees von Beijing zu werden. Whitney setzte sich sehr für Sun ein, insbesondere in Wen Jiabaos Zeit als Ministerpräsident. Im Dezember 2006 unterstützte Wen Suns Beförderung zum Landwirtschaftsminister. Mit 43 Jahren war Sun einer der zwei jüngsten Minister Chinas.

Sun einen Ministerposten zu sichern, war harte Arbeit. Wer in

China Minister werden will, braucht einen durchsetzungsfähigen Fürsprecher im Ständigen Ausschuss des Politbüros und muss sicherstellen, dass keines der anderen Ausschussmitglieder seine Beförderung ablehnt. Whitney und Tante Zhang sorgten dafür, dass Wen sich für Sun einsetzte. Gleichzeitig musste Sun die anderen Ausschussmitglieder umwerben, damit ihm keiner dieser Männer Steine in den Weg legte. Sun hatte im Bezirk Shunyi Grundstücke an Verwandte des Vizepräsidenten Zeng Qinghong verteilt. Zeng stand dem ehemaligen Parteichef Jiang Zemin nahe. Die Familien beider Männer hielten große Stücke auf Sun. Nun forderte er ihre Unterstützung ein. All das tat er allein.

Whitney stand ihm die ganze Zeit mit Rat und Tat zur Seite. Besonders bei Tante Zhang setzte sie sich für ihn ein. Whitney war überzeugt, dass Suns Beförderung nicht nur für uns vorteilhaft sein, sondern auch die langfristige Sicherheit der Familie Wen gewährleisten würde. Wen Jiabao hatte nie ein Netzwerk loyaler Verbündeter aufgebaut, die das Erbe seiner Familie verteidigen und nach seinem Ausscheiden aus der Politik ihren bleibenden Einfluss garantieren könnten. Sun eröffnete den Wens eine Chance, das zu ändern und ein Vermächtnis zu hinterlassen. Suns Ernennung zum Minister in derart jungen Jahren machte ihn zu einem Kandidaten für die Position an der Spitze der Kommunistischen Partei. Und wer hatte ihm zu diesem Posten verholfen? Whitney und Tante Zhang mit Unterstützung von Wen Jiabao.

Dass Sun auf dem richtigen Weg war, zeigte sich bereits im Jahr 2009, als er im Alter von 46 Jahren aus dem Landwirtschaftsministerium ausschied und Parteisekretär der nordchinesischen Provinz Jilin wurde. Jeder, der Anspruch auf den Thron der Kommunistischen Partei erheben wollte, musste eine Zeit in den Provinzen verbringen und ein kleines Imperium regieren, bevor er die große Aufgabe übernehmen konnte, ganz China zu führen. Dies sollte Suns Moment werden.

Chinesische Parteifunktionäre bekunden ihre Ambitionen niemals öffentlich. Jeder, der Sunzis *Kunst des Krieges* gelesen hat, weiß, wie wichtig es ist, den geeigneten Zeitpunkt für einen Vorstoß abzuwarten. Aber hinter verschlossenen Türen verfolgte Sun seine Ziele aggressiv. Er konzentrierte sich insbesondere auf einen Konkurrenten, einen Parteifunktionär namens Hu Chunhua, dessen Lebenslauf dem seinen ähnelte. Wie Sun stammte Hu aus einfachen Verhältnissen. Er war im Jahr 1963 in der Provinz Hubei in eine Bauernfamilie hineingeboren worden und nicht ganz sechs Monate älter als Sun.

Sowohl Sun als auch Hu schienen in einer Rakete zu sitzen, die sie geradewegs an die Parteispitze katapultierte. Beide waren im Jahr 2007 ins ZK der KPCh aufgenommen worden und waren die jüngsten Mitglieder des Gremiums. Beide wurden im Jahr 2009 Parteichefs in einer Provinz. Beide erhielten im Jahr 2012 einen Sitz im Politbüro. Hu kam aus der Fraktion des kommunistischen Jugendverbands und war ein Schützling von Parteichef Hu Jintao. Deshalb wurde er auch als »der kleine Hu« bezeichnet. Es war klar, dass er und Sun für die beiden Spitzenposten aufgebaut wurden, die im Jahr 2022 frei werden würden; die einzige Frage war, welcher von beiden das höchste Amt im Staat – das des Generalsekretärs der KPCh – erringen und wer als Regierungschef die zweite Geige spielen würde.

Bei seinen zahlreichen Besuchen in der Hauptstadt suchte Sun stets den Kontakt zu Whitney. Hus kometenhafter Aufstieg bereitete ihm große Sorge. Whitney traf sich spätabends in einem Teehaus im Osten Beijings mit ihm, um darüber zu sprechen, wie er Hu im Kampf um den Spitzenposten ausstechen konnte.

Das Leben eines ehrgeizigen Parteifunktionärs war mit Restaurantbesuchen ausgefüllt. Sun nahm bei seinen Besuchen in Beijing oft an nicht weniger als drei Essen an einem Abend teil: Beim ersten setzte er sich um fünf Uhr mit Personen von niedrigerem Rang zusammen, die etwas von ihm brauchten oder um eine Gefälligkeit bitten wollten. Diese Leute willigten in ein Treffen am frühen Abend ein, weil ihnen klar war, dass Sun sehr beschäftigt war und noch andere Dinge zu tun hatte. Ein zweites Essen um halb sieben war Vorgesetzten oder politisch gleichrangigen Personen vorbehalten. Bei diesen Zusammenkünften wurden wichtige politische Fragen behandelt. Beim dritten Abendessen um acht Uhr traf er sich mit Personen, in deren Gesellschaft er sich wohler fühlte. Wenn er sich zu ihnen gesellte, war er bereits angetrunken, weshalb er eine Umgebung brauchte, in der er nicht auf der Hut sein musste. Seine Gastgeber waren bereit, sich lange nach der in China üblichen Zeit für das Abendessen mit ihm zu treffen, weil sie wussten, dass er um die Macht kämpfte. Gegen zehn Uhr abends, nach dem letzten Essen, schickte Sun eine Textnachricht an Whitney, und die beiden verabredeten sich in einem Privatraum im Teehaus, wo sie oft bis nach Mitternacht zusammensaßen.

Dass Sun sich zu derart später Stunde mit Whitney traf, unterstrich, wie wichtig ihm die Verbindung war. Es bewies, wie eng die Freundschaft zwischen ihnen war und dass sie auf die Förmlichkeit eines gemeinsamen Essens verzichten und sich ganz auf den Gesprächsinhalt konzentrieren konnten: Was war der beste Schachzug Suns mit den Figuren aus der chinesischen Politik? Whitney bemerkte, wie angespannt Sun war, wie besorgt er wurde, als er zu einem bestimmten Zeitpunkt gemessen an den Beförderungen mehrere Monate hinter Hu zurückfiel, und wie sehr er sich bemühte, den Rückstand zu verringern.

Nach Suns Beförderung zum Parteichef in der Provinz Jilin machten Whitney und ich bei einer Stippvisite in New York halt bei Zilli, einem elitären französischen Bekleidungsgeschäft im Erdgeschoss des Hotels Four Seasons in Manhattan, und kauften ein Paar schicke gefütterte Stiefel für Sun. Jilin war berühmt für seine kalten Winter, und wir wollten Sun zeigen, dass wir an ihn dachten.

So etwas war für uns alltäglich: Wir hatten für uns eine Checkliste, auf der alle Personen standen, deren Freundschaft wir uns sichern wollten. Jede Auslandsreise eröffnete uns die Chance, eine Kleinigkeit für eine unserer Kontaktpersonen zu besorgen, um die Verbindung zu vertiefen und zu zeigen, dass uns diese Person am

Herzen lag. Zu Beginn unserer Beziehung hatte Whitney mir oft Gedankenlosigkeit vorgeworfen, aber ich hatte mich geändert und mir ihre Überzeugung angeeignet, dass wir den Blick stets fest auf den Preis richten und nach Möglichkeiten Ausschau halten mussten, unseren Herren in der Kommunistischen Partei zu Diensten zu sein.

Sun sollte kaum lang genug in Jilin bleiben, um sich kalte Füße zu holen. Obwohl er offiziell dorthin versetzt worden war, verbrachte er fast die Hälfte seiner Zeit in Beijing, wo er sich regelmäßig mit Whitney und anderen Unterstützern traf. Whitney nahm ihn oft zum Essen mit Tante Zhang mit, womit sie ihm einen großen Gefallen tat. Tante Zhang genoss diese Abende ebenfalls, denn Sun brachte stets Informationen mit, die für ihren Ehemann nützlich waren. Ich gewann den Eindruck, dass zu Tante Zhangs zahlreichen Rollen auch die einer Art Geheimagentin von Ministerpräsident Wen gehörte.

Im November 2012 wurde Sun gemeinsam mit Hu ins Politbüro aufgenommen, wodurch er auf einen Schlag einer der 22 mächtigsten Männer Chinas wurde. Kurze Zeit später wurde er zum Parteichef von Chongqing ernannt, das im Zweiten Weltkrieg die Hauptstadt Chinas gewesen war, während Hu den Spitzenposten in der Parteiorganisation der Provinz Guangdong erhielt. Beider Sterne begannen hell zu leuchten.

Whitney gab sich nicht damit zufrieden, Chinas Könige, Königinnen, Läufer und Türme zu umgarnen. Auch die Bauern waren wichtig für sie, und sie bemühte sich aktiv um die Untergebenen der Mächtigen des Landes. Die als *mishu* (Assistenten) bezeichneten Mitarbeiter kontrollieren den Zugang zu ihren Chefs, gestalten deren Agenda und können Einfluss auf wichtige Entscheidungen nehmen. Gemeinsam mit der »Bande der Ehefrauen« und der »Bande der Bürochefs« stellt die »Bande der Assistenten«, die Mishu Bang, die dritte Machtsäule im kommunistischen China dar.

Whitney fühlte sich den Assistenten verbunden; schließlich hatte sie ihre Karriere als Assistentin eines Universitätspräsidenten begonnen. Zwar hatte dieser nicht an der Spitze der Machthierarchie gestanden, aber die Beziehung war ähnlich gewesen. Whitney brachte ihren Kontaktpersonen bei, nicht nur die eigene Karriere geschickt zu managen.

Zu Zhou Liang, einem von Wang Qishans Assistenten, pflegte Whitney eine derart enge Beziehung, dass er sie als »Große Schwester« bezeichnete. Whitney verbrachte Stunden mit Zhou am Telefon und gab ihm Ratschläge, wie er die Beziehung zu seinem Vorgesetzten festigen konnte. Sie erkundigte sich bei Wang Qishan nach Zhou und gab diesem anschließend Tipps, wie er seine Arbeit besser machen konnte. Ihre Gespräche führten sie oft mitten in der Nacht, die Zhou durchwachte, um internationale Entwicklungen im Blick zu behalten. Whitney und ich kamen um neun Uhr abends vom Essen nach Hause, und sie verbrachte die folgenden drei Stunden am Telefon mit Zhou, um ihm zu erklären, wie Wang ihn einschätzte, welches seine Schwachstellen waren, wo er sich verbessern konnte und welche Beförderung er anstreben sollte. Manchmal zogen sich diese Gespräche derart in die Länge, dass ich einschlief und Whitney ins Wohnzimmer umzog, wo sie bis in die frühen Morgenstunden mit Zhou sprach.

Im Gegenzug half uns Zhou beim Flughafenprojekt. Whitney bewegte ihn mehrfach dazu, einen Assistenten im Verkehrsministerium anzurufen und sich nach einer Genehmigung zu erkundigen, die wir brauchten. Zhou musste nicht erwähnen, dass Wang Qishan diese Genehmigung erteilt sehen wollte – es genügte, dass er das Thema ansprach. Die andere Seite reagierte automatisch so, als hätte Wang ein persönliches Interesse an dem Projekt. Solche Anrufe genügten nicht, um sämtliche Hindernisse zu überwinden, aber sie verhalfen uns zu einem guten Start, denn sie bewiesen, ein weiterer hochrangiger Regierungsvertreter war auf unserer Seite. Whitney belohnte Zhou für seine Unterstützung, indem sie ihre Verbindungen zur Familie Wen und anderen nutzte und ihm half, sich einen Posten in der für die Korruptionsbekämpfung zuständigen Zentralen Disziplinarkommission zu sichern.

Zhou war nicht der einzige Bauer auf Whitneys Schachbrett. Sie förderte auch die Karriere von Song Zhe, der von 2002 bis 2007 einer der drei Assistenten von Ministerpräsident Wen war. Song war als leitender Berater in der chinesischen Botschaft in London tätig, als Tante Zhang, Whitney und ich im Jahr 2000 dort hinreisten. Song zeigte uns die Stadt und erzählte uns, wie sehr er Beijing vermisse – ein versteckter Hinweis darauf, dass er an einer Beförderung interessiert war.

Mit Whitneys Unterstützung sorgte Tante Zhang dafür, dass Song nach Beijing zurückgeholt wurde. Er wurde befördert auf einen Posten als Assistent in Wens Büro, wo er für ausländische Angelegenheiten zuständig war. Whitney war eine wertvolle Verbündete für Song, denn sie sammelte Information aus erster Hand darüber, was Wen von ihm hielt, und gab ihm Ratschläge, wie er seinem Chef besser dienen konnte. Song zeigte sich für die Gefälligkeiten erkenntlich: Er war es, der für uns den Termin bei dem Spezialisten für künstliche Befruchtung in New York arrangierte. Im Jahr 2008 wurde er nicht zuletzt dank Whitneys Fürsprache und Tante Zhangs Unterstützung zum chinesischen Botschafter bei der Europäischen Union ernannt, und anschließend sollte er Chefrepräsentant des Außenministeriums in Hongkong werden. Während seiner Zeit in Hongkong stieg Song in den Rang eines stellvertretenden Ministers auf und verwandelte sich somit in einen *gaogan*.

Der Erfolg von Witneys Verbündeten bestärkte uns in dem Glauben, dass sich im neuen China unbegrenzte Möglichkeiten eröffnen würden, wenn wir hart arbeiteten, um Verbündeten zu Positionen auf allen Ebenen der Parteihierarchie zu verhelfen. Ich begann, von größeren Vorhaben als dem Bau einer Logistikdrehscheibe für einen der wichtigsten Flughäfen der Welt zu träumen. Ich dachte über die Möglichkeit nach, mich um weitere Projekte in China und im Ausland zu bemühen. Und ich wollte über die unternehmerische Sphäre hinausgehen und sah eine Chance, die chinesischen Unternehmer als Kraft für weiterreichende Veränderungen einzusetzen. Mein Denken war nicht ausgereift, aber so wie andere Kapitalisten begann ich mich mit der Frage zu beschäftigen, wie wir innerhalb des Systems arbeiten konnten, um die Zukunft des Landes zu gestalten.

Im Jahr 2003 hatte mir der Berater, Autor und Geschäftsmann Joshua Cooper Ramo, den ich bei einem Mittagessen im Grand Hyatt in Beijing kennengelernt hatte, vom Aspen Institute erzählt. Ramo arbeitete an einem Buch, das ein Jahr später erschien und den Titel *The Beijing Consensus,* also »Der Beijing-Konsens«, trug. Darin vertrat er die Ansicht, die chinesische Mischung eines autoritären politischen Regimes mit einer meritokratischen staatlichen Verwaltung und einer halbfreien Marktwirtschaft stelle ein neues globales Entwicklungsmodell dar. Ramo nahm kurze Zeit später einen Job bei Kissinger Associates an, der Firma, die der ehemalige amerikanische Außenminister Henry Kissinger gegründet hatte. Kissinger Associates verdiente sein Geld mit einer ausländischen Version von Whitneys Geschäften – mit *guanxi.*

Die vielen Seminare und Gastprofessoren machten das Aspen Institute zumindest für mich zu einem anregenden Ort. Ich bin seit jeher neugierig und immer auf der Suche nach neuen intellektuellen Herausforderungen und Ideen, und in Aspen konnte ich meine Neigungen ausleben. Dort wurde die Selbstvervollkommnung gefördert, eine Praxis, der ich seit meiner Zeit in Shanghai nachging, wo ich die Texte des chinesischen Philosophen Nan Huai-Chin gelesen hatte, der überzeugt war, die Selbstreflexion sei ein unverzichtbarer Bestandteil eines erfüllten Lebens.

Im Jahr 2005 wurde ich ein Crown Fellow am Institut. Im Lauf von fünf Tagen las und diskutierte ich in jenem Sommer in Colorado gemeinsam mit zwanzig weiteren Teilnehmern philosophische Texte und dachte unter der Anleitung von Moderatoren über mein Leben nach.

Zum ersten Mal seit dem Misserfolg von PalmInfo hatte ich die Chance zur Reflexion. Aber diesmal tat ich es aus einer Position der Stärke heraus. Mein Team in Beijing trieb den Genehmigungsprozess für den Bau der Logistikdrehscheibe am Flughafen voran. Ich war voller Zuversicht. Die von der Verhaftung Li Peiyings ausgelöste Krise lag noch in der Zukunft.

Die Erfahrung in Aspen bewegte mich dazu, über meine Karriere hinauszublicken. Wonach würden Sie streben, wenn Sie alles hätten? Nach gesellschaftlicher Verantwortung? Nach einem politischen Amt? Unter den Seminarteilnehmern in Aspen war ein Augenchirurg, der die Hälfte des Jahres als Freiwilliger in Entwicklungsländern im Einsatz war. Ein anderer erzählte die Geschichte von einem Amerikaner namens John Rochester Oldham, der im Jahr 1983 seinen Abschluss an der Columbia Law School gemacht hatte. John fand einen tragischen Tod, als die Sowjets im September desselben Jahres den Flug 007 der Korean Air Lines abschossen. Oldman war auf dem Weg nach Beijing gewesen, wo er ein Jahr lang an der Universität Recht lehren und studieren wollte. Nach seinem Tod sammelten seine Angehörigen und Freunde Spenden, mit denen sie ein nach ihm benanntes Stipendium finanzierten, mit dem jedes Jahr ein chinesischer Rechtsgelehrter in die Vereinigten Staaten und ein amerikanischer Jurist nach China geschickt wird. Diese Geschichte brachte mich auf eine Idee.

Die chinesisch-amerikanischen Beziehungen hatten zu jener Zeit einen Tiefpunkt erreicht. Ich war der Meinung, dass China nicht so schlecht war, wie die Amerikaner offenbar annahmen. Die Amerikaner mussten lediglich besser verstehen, wie der Durchschnittschinese dachte. Einer der Moderatoren unseres Seminars war der Philosophieprofessor Michael J. Sandel aus Harvard. Ich sprach ihn auf die Möglichkeit an, in Harvard ein Stipendienprogramm einzurichten, um Studenten zu unterstützen, die sich in verschiedenen Bereichen – von Geschichte über Archäologie und Soziologie bis zur Politikwissenschaft – mit China beschäftigen sollten. Sandel fand Gefallen an der Idee. Mit einer Spende von einigen Millionen Dollar und der Einführung des Shum Scholarship im Jahr 2004 zählten Whitney und ich zu den ersten chinesischen Unternehmern, welche die Universität Harvard finanziell unterstützten.

In Aspen lernte ich, wie vermögende Personen seit jeher am politischen Prozess teilnehmen. Das chinesische System war ein Sonderfall, da es den Kapitalisten die Teilhabe an der Leitung des Landes versagte. Aber diejenigen von uns, die sich als Kapitalist in diesem Sinne verstanden, wollten partizipieren. Wir wollten, dass unser Eigentum, unsere Investitionen und andere Rechte geschützt würden. Wir wollten ein Justizsystem, das, wenn schon nicht unabhängig, so doch zumindest auf der Grundlage des Gesetzes und nicht abhängig von den Launen des örtlichen Parteichefs entschied. Wir sehnten uns nach vorhersehbaren Vorschriften, die es uns erlaubten, mit Zuversicht zu investieren. Whitney wünschte sich als Christin auch größere religiöse Freiheit. Sie wollte, dass der Staat zumindest anerkannte, dass ein Chinese, der China liebte, auch Gott lieben konnte.

Diese Wünsche bewegten uns und viele andere Chinesen dazu, Geld für gute Zwecke zu spenden. Wohltätige Einrichtungen steckten in China noch in den Kinderschuhen, und Betrug war an der Tagesordnung. Also schufen Whitney und ich ein eigenes Spendenvehikel und finanzierten Stipendien für Studenten aus ärmeren Regionen, damit sie an der Tsinghua-Universität, einer der bedeutendsten Hochschulen Chinas, studieren konnten, die im Jahr 1911 mit amerikanischen Staatsgeldern als Tsinghua College gegründet worden war. Wir bauten eine eigene Denkfabrik auf, die Kaifeng Foundation, die sich auf die Förderung des chinesischen Nichtregierungssektors und den Aufbau der Zivilgesellschaft einschließlich von unabhängigen Hilfsorganisationen, Forschungsinstituten und Menschenrechtsorganisationen konzentrierte, welche die Kommunistische Partei nach ihrer Machtergreifung im Jahr 1949 zerschlagen hatte. Die Kaifeng-Stiftung nahm ihre Tätigkeit offiziell im März 2007 auf, im selben Monat, als Ping An Insurance in Shanghai an die Börse gebracht wurde und unser Vermögen erheblich wuchs. Die Kaifeng-Stiftung, die von Whitneys Firma

Great Ocean finanziell unterstützt wurde, war das erste private Forschungsinstitut, das von der chinesischen Zentralregierung zugelassen wurde.

Unsere Beziehung zur Beijinger Tsinghua-Universität war nicht unproblematisch. Ich gestaltete die Stipendien für benachteiligte Studenten so, dass sie nicht nur Studiengebühren und Lehrbücher abdeckten. Ich erinnerte mich daran, wie schwierig mein Leben gewesen war, als ich als Schüler in Hongkong nie Geld zur Verfügung gehabt hatte. Ich wollte diese jungen Menschen mit so viel Geld ausstatten, dass sie auch ein Sozialleben finanzieren konnten und sich nicht wie Studenten zweiter Klasse fühlen mussten. Studenten aus mittellosen Familien leiden trotz ihrer akademischen Leistungen oft unter einem geringen Selbstwertgefühl und sind sozial unbeholfen – Probleme, die sie in ihrer Entfaltung behindern, so man sie nicht aus der Welt schafft. Whitney und ich trafen uns mit ihnen, teilten unsere eigenen Erfahrungen mit ihnen und organisierten Ausflüge für sie.

An der Tsinghua war man nicht daran gewöhnt, dass Förderer derart aktiv am Leben von Studenten teilhatten. Die Universität war nicht einverstanden damit, dass unsere Stipendien auf das Individuum bezogen die großzügigsten überhaupt waren. Die Debatte über diese Frage löste eine umfassendere Diskussion über das Wesen der Philanthropie aus.

Der Parteisekretär an der Universität war Chen Xi, ein Tsinghua-Absolvent, der Anfang der Neunzigerjahre zwei Jahre an der Universität Stanford studiert hatte. In China werden sämtliche Universitäten von der Kommunistischen Partei geleitet, und an jeder Hochschule gibt es so wie auch an den Grund- und Mittelschulen Parteisekretäre, die normalerweise sehr viel mehr Macht haben als die Präsidenten, Dekane oder Schuldirektoren. Dasselbe gilt für das politische System des Landes: Der Generalsekretär der Partei nimmt einen höheren Rang ein als der Regierungschef. In China sagen in Ausbildungsstätten, Staatsbetrieben und Forschungseinrichtungen die Parteisekretäre, wo es langgeht.

Chen gehörte seit zwei Jahrzehnten dem Lehrkörper der Tsinghua an. Er war im Jahr 2002 zum Parteisekretär ernannt worden und genoss beträchtlichen Rückhalt in der Partei. Er stand Xi Jinping nahe, der zu jener Zeit der aufsteigende Stern am Firmament der Kommunistischen Partei war. Die beiden waren Zimmergenossen im Studentenwohnheim gewesen, als Chen und Xi Ende der Siebzigerjahre an der Tsinghua studiert hatten. Als Xi im Jahr 1999 zum Gouverneur der Provinz Fujian ernannt wurde, bot er Chen an, sein Stellvertreter zu werden, aber Chen lehnte ab: Er war Xi gegenüber loyal, aber nicht derart loyal. In Beijing war er ein hohes Tier – warum hätte er seine Machtposition gegen das Amt eines stellvertretenden Gouverneurs in einer abgelegenen Provinz eintauschen sollen?

Chen war ein großgewachsener, gut aussehender Gelehrter und verfügte über einen einnehmenden Charme, den er auch einzusetzen verstand. Als Parteichef der Tsinghua wusste er die Studenten zu mobilisieren und dachte sich wirksame Parolen aus. Im Oktober 2005 begann er einen Vortrag vor Studenten mit den Worten: »Seid ehrgeizig, schließt euch dem Mainstream an, klettert auf die große Bühne, leistet Bedeutsames, wählt das richtige Ziel, seid beharrlich.« Seine zentrale Botschaft lautete, dass die Studenten der Tsinghua in das Parteisystem eintreten und dem Staat dienen sollten.

Unter seiner Führung wurde die Tsinghua zur angesehensten Hochschule Chinas und erlangte großen politischen Einfluss. Um das Jahr 2005 waren alle sieben Mitglieder des Ständigen Ausschusses des Politbüros Tsinghua-Absolventen, eine Tatsache, die Chen jedermann in Erinnerung rief. Er ermutigte die Studenten, Rüstungstechnologie und insbesondere Raketentechnik zu studieren und eine Karriere im militärisch-industriellen Komplex anzustreben. Er spielte eine führende Rolle im Tausend-Talente-Plan, mit dem der chinesische Staat führende chinesische und ausländische Wissenschaftler ermutigte, nach China zu kommen, um dort Spitzenforschung zu lehren und zu betreiben. Chen, der zwei Jahre in Kalifornien studiert hatte, war besonders erpicht darauf, Talente aus den Vereinigten Staaten anzulocken. Er erklärte Whitney und mir, wie er ehemalige Lehrer und Verwandte einsetzte, um in den USA ansässige Chinesen zur Rückkehr in die alte Heimat zu bewegen. Die Tsinghua hatte ein großes Netz von ehemaligen Studenten, das Chen zu nutzen verstand, um sowohl die Universität als auch das kommunistische China zu stärken.

Da die Tsinghua der Zentralregierung unterstand, waren der Universität bei den Gehältern, die prominenten ausländischen Wissenschaftlern angeboten werden konnten, Grenzen gesetzt. Also wandte sich Chen an reiche Ehemalige und an Unternehmen, um diese Gehälter zu subventionieren. Er liebte es, sich mit seinen Erfolgen zu brüsten. Wenn wir ihn zu einem Abendessen mit Tante Zhang im Stadtzentrum einluden, verbrachte er anderthalb von zwei Stunden damit, voller Stolz zu erzählen, wie er der übrigen Welt »Genies abspenstig gemacht« hatte, wie er es ausdrückte.

Whitney wusste sehr wohl, das Ehemaligen-Netzwerk der Tsinghua für ihre Zwecke zu nutzen. Im Jahr 2008 begann sie ein Doktorandenstudium an der Tsinghua-Universität; das Programm hatte Chen ins Leben gerufen, um zukünftige Führungskräfte aufzubauen. Die Liste der Teilnehmer an Whitneys Kurs las sich wie ein Who's who der zukünftigen Parteispitze: Da waren ein vertrauter Assistent von Xi Jinping, der Sohn des damaligen Generalsekretärs Hu Jintao, mehrere Generaldirektoren, Vizeminister, ein Parteisekretär aus einer Stadt mit 1,3 Millionen Einwohnern …

Whitney nahm diese Herausforderung als Teil ihres nie endenden Strebens nach Verbindungen in Angriff. Wir hatten zwar die Familie Wen, aber diese würde nicht ewig da sein. Und das Netzwerk der Tsinghua-Ehemaligen war eines der wertvollsten in China.

Whitneys Kurs war dem Führungskräfteprogramm für öffentliche Politik an der Kennedy School der Universität Harvard nachempfunden. An vier Tagen im Monat fanden Klassen statt. Das Thema von Whitneys Abschlussarbeit war der chinesische Aktienmarkt. Sie gehörte zu den wenigen Teilnehmern, die ihre Arbeit tatsächlich selbst schrieben; die meisten Studenten überließen das ihren Assistenten. Sie war der Star ihres Jahrgangs, und ihre Kommilitonen wählten sie zur Klassenpräsidentin. Während des gesamten Kurses ermutigten die anderen Teilnehmer sie immer wieder, aus der Geschäftswelt auszuscheiden und in die Politik zu gehen. Aber sie hielt an dem Gelübde fest, das sie vor Jahren in Shandong abgelegt hatte.

Chen wollte die Tsinghua, die auf Physik, Ingenieurswissenschaften und Mathematik spezialisiert war, wieder in eine Universität mit geisteswissenschaftlicher Abteilung verwandeln. In maoistischer Zeit, als man in China das sowjetische Modell kopierte, hatte sich die Universität in eine technische Hochschule verwandelt, die Ingenieure und Physiker hervorbrachte. Gegen Ende des 20. Jahrhunderts erfuhr Chen, dass eine Sammlung alter chinesischer Texte entdeckt worden war, die mit Tinte auf Bambusstreifen verfasst worden waren. Er nutzte das Ehemaligennetzwerk der Tsinghua, um einen wohlhabenden Unternehmer dazu zu bewegen, die Texte bei einer Auktion zu ersteigern und der Tsinghua-Universität zu stiften. Die Bambusstreifen sind eine der wichtigsten Entdeckungen altchinesischer Schriftzeugnisse und umfassen Texte, die bereits im Altertum zitiert wurden, jedoch lange als verloren galten.

Chen lud Whitney und mich ein, uns die Texte anzusehen, die in einem sterilen Raum auf dem Campus aufbewahrt wurden. Er versicherte uns, dass die Texte erst zum dritten Mal Außenstehenden gezeigt würden; vor uns sei diese Ehre nur Parteichef Hu Jintao und dessen Vorgänger Jiang Zemin zuteilgeworden.

Chen warb uns für seine Mission an, die Geisteswissenschaften wieder an die Tsinghua-Universität zurückzuholen. Mithilfe unserer Spenden konnte er Professoren aus ganz China und dem Westen anlocken. Wir finanzierten die Abteilung für chinesische Literatur, und im Jahr 2007, dem Jahr, in dem wir unsere Ping-An-Aktien verkauften, spendeten wir zehn Millionen Dollar für den Bau einer fast 17 000 Quadratmeter großen Bibliothek, die einen Garten und einen Grillplatz auf dem Dach hatte; dies war ein geeigneter Ort für akademische Debatten in entspannter Atmosphäre. Das Projekt wurde im Jahr 2011 rechtzeitig für die Feiern anlässlich des hundertjährigen Bestehens der Tsinghua fertiggestellt. Wir glaubten an die Mission der Universität und waren stolz auf unsere gemeinnützigen Initiativen dort.

Und anscheinend glaubte China an uns. Im Jahr 2007 verschaffte mir Sun Zhengcai, der zu jener Zeit Landwirtschaftsminister war, einen Sitz in der Beijinger Kommunalversammlung der Politischen Konsultativkonferenz des chinesischen Volkes (PKKCV). Die PKKCV ist Teil einer bürokratischen Struktur, die als Abteilung für Einheitsfrontarbeit bezeichnet wird und von der KPCh eingesetzt wird, um innerhalb und außerhalb Chinas gesellschaftliche Gruppen zu kontrollieren, die nicht in der Partei vertreten sind – von Minderheiten wie den Tibetern über Religionsgemeinschaften und Unternehmer bis zu den Auslandschinesen. Ich wurde als Vertreter Hongkongs und Macaos eingestuft und damit einer der nur etwa fünfzig Bürger aus diesen beiden Territorien, die in die Ortsgruppe Beijing aufgenommen wurden.

Die Ortsgruppe stand eine Ebene unter der nationalen Konsultativkonferenz. Die Konferenz war im Grunde eine Vernetzungsplattform ähnlich dem Rotarier-Klub in den Vereinigten Staaten, und war jemand dort Mitglied, zeigte das an, dass die Partei in der jeweiligen Person einen potenziell nützlichen Einflussnehmer sah. Wir versammelten uns mehrere Male im Jahr und nahmen an Besuchen in verschiedenen Provinzen teil, wo uns die Einheimischen zu Investitionen drängten. Bei einer alljährlich stattfindenden einwöchigen Versammlung in Beijing sperrten die Behörden Straßen, damit unsere Busse freie Fahrt hatten, und man brachte uns in Fünfsternehotels unter. Wir erhielten Bargeld für Flugtickets, was sonderbar war, da die meisten dieser Unternehmer aus Hongkong ein Nettovermögen von mehr als zehn Millionen Dollar hatten. Wie dem auch sei, kaum jemand nahm die Konferenz ernst. Die Mitglieder aus Hongkong blieben den Versammlungen oft fern.

Einiges, was ich in meiner Zeit als Mitglied der Konferenz sah, verblüffte mich. Da war zum einen die Unterwürfigkeit der Leute aus Hongkong im Umgang mit den Parteifunktionären. Ich lebte in Beijing und arbeitete täglich mit Festlandchinesen zusammen, und daher wusste ich, dass dieses kriecherische Verhalten unnötig war. Aber die reichen Leute aus Hongkong glaubten, sich so verhalten zu müssen. Das zeigte mir, wie wenig sie über China wussten, obwohl sie in nächster Nachbarschaft lebten. Und es war ein weiterer Beleg dafür, dass die Parteifunktionäre der übrigen Welt beigebracht hatten, ihnen und dem kommunistischen China eine Sonderbehandlung angedeihen zu lassen.

Es gab jedoch auch ermutigende Entwicklungen. Manche Themen, die in unseren kleineren Versammlungen und sogar im öffentlichen Forum der PKKCV zur Sprache gebracht wurden, waren faszinierend. Einige mutigere Konferenzteilnehmer aus Festlandchina setzten sich dafür ein, innerhalb der Partei mit der Demokratie zu experimentieren und den Parteimitgliedern die Möglichkeit zu geben, zwischen mehreren Kandidaten für die höchsten Parteiämter zu wählen. Es gab Klagen über die Umweltverschmutzung im Gefolge der rasanten Modernisierung des Landes. Die Konferenz nahm mehr Geschäftsleute wie mich auf, die an solchen Fragen interessiert waren, anstatt das Gremium lediglich dafür zu nutzen, Verbindungen zu knüpfen oder Geschäfte abzuschließen. Wir hatten das Gefühl, dass die PKKCV an Relevanz gewann und sich eines Tages vielleicht in eine zweite Parlamentskammer neben dem Nationalen Volkskongress verwandeln könnte, der genau genommen für die Gesetzgebung zuständig war.

Dieses Streben nach mehr Demokratie im Rahmen der PKKCV ging mit entsprechenden Bemühungen in der chinesischen Gesellschaft einher. Seit der Jahrtausendwende hatten Hunderte Unternehmer begonnen, Nichtregierungsorganisationen und Bildungseinrichtungen finanziell zu unterstützen. Es floss privates Geld in Medien wie die Zeitschrift *Caijing*, die sich dem Enthüllungsjournalismus widmete. Es entstanden Bürgervereine. Es wäre nicht übertrieben, von einer Explosion des Bürgersinns zu sprechen. Unternehmer drangen in Bereiche vor, die traditionell tabu gewesen waren. In unserer Denkfabrik Kaifeng engagierten wir den politischen Philosophen Yu Keping als Direktor. Er war mit dem 2006 erschienenen Buch *Democracy Is a Good Thing* bekannt geworden, das um die Idee von Demokratie als einer guten Sache kreiste. In ihm sahen wir einen vertrauenswürdigen Intellektuellen, der behutsame politische Reformen innerhalb des Systems befürwortete.

Wir arbeiteten mit ausländischen Denkfabriken zusammen, um chinesischen Gelehrten die Funktionsweise der Demokratie und eine demokratische Formulierung der Außenpolitik nahezubringen. Als Ministerpräsident Wen Jiabao im Jahr 2004 Großbritannien besuchte, organisierten wir einen parallelen Besuch von Mitgliedern der Chinesischen Akademie der Sozialwissenschaften. Ich reiste ebenfalls nach London und nahm an Treffen in der Downing Street, in der Bank of England und im Oberhaus des britischen Parlaments teil. Im Jahr 2006 finanzierten wir den Chinabesuch einer vom ehemaligen EU-Kommissionspräsidenten Romano Prodi geleiteten Delegation, die mit chinesischen Regierungsvertretern ein inoffizielles Gespräch über weltpolitische Fragen beginnen sollten. Die Beziehungen zum Ausland fristeten in China seit jeher ein Schattendasein, aber wir vertrauten auf die Unterstützung von Wens Assistenten Song Zhe. Wir bemühten uns, keine roten Linien zu überschreiten. Wir glaubten wirklich an die Zukunft Chinas. Wir waren mit ganzem Herzen bei der Sache.

13

Rückblickend ist mir klar, dass infolge des Verschwindens des Flughafenchefs Li Peiying im Jahr 2006 und der späteren Anklageerhebung wegen Korruption bei uns die Alarmglocken hätten läuten sollen: Es kündigten sich Veränderungen an. Doch ich ignorierte die Warnsignale, was teilweise daran lag, dass ich vollauf damit beschäftigt war, die Auswirkungen von Lis Verhaftung zu bewältigen und das Flughafenprojekt am Leben zu erhalten.

Doch mittlerweile weiß ich, dass Li nicht einfach seiner Spielsucht zum Opfer fiel und stürzte, weil er Millionen beim Baccara verlor. Erschrocken angesichts der liberalen Neigungen der Kapitalisten, ging die Kommunistische Partei um das Jahr 2005 dazu über, die Vermögenden zu schwächen, die von uns ausgebrachte Saat der Zivilgesellschaft auszumerzen und die völlige ideologische und wirtschaftliche Kontrolle der Partei über die chinesische Gesellschaft wiederherzustellen. Im Rahmen dieser Bemühungen versuchte die Partei, die Position der Staatsbetriebe auf Kosten von Privatunternehmen zu stärken.

Nachdem die Partei Li Peiying hatte verschwinden lassen, ernannten die Behörden einen neuen Generalmanager. Li hatte als Chef der Flughafenverwaltung tatsächlich die Entscheidungen gefällt. Hatte er einmal seine Zustimmung gegeben, so schlossen sich seine Abteilungsleiter an. Zwar musste er sie anbrüllen, bedrohen und bedrängen, aber er sorgte dafür, dass die Dinge erledigt wurden. Der Mann, den die Partei an Lis Stelle setzte, war das Geschöpf eines anderen Systems. Die Abläufe wurden bürokratischer. Die individuelle Entscheidungsbefugnis wurde abgeschafft und durch die »kollektive Entscheidungsfindung« ersetzt. Von nun an mussten wir uns nicht nur mit dem Generalmanager, sondern auch mit seinen Untergebenen auseinandersetzen. Man sagte uns, dass unsere Vorschläge von Komitees begutachtet würden. Während die Aufgabe in Shunyi leichter wurde, weil ich dem Bezirkschef das Leben gerettet hatte, wurde sie am Flughafen schwieriger.

Der neue Flughafenchef kommandierte hochrangige Mitarbeiter ab und in unser Unternehmen, um größere Kontrolle über das Joint Venture zu erlangen. An den Versammlungen des Aufsichtsgremiums des Gemeinschaftsunternehmens hatten bis dahin fünf Personen teilgenommen. Von nun an entsandte allein der Flughafen zwei Dutzend Vertreter. Und jeder von ihnen hatte seine eigene Meinung. Die Managementstruktur wurde schwer beherrschbar. In der Vergangenheit hatte ich die meisten Entscheidungen gefällt. Jetzt musste ich mich mit all diesen Leuten einigen, und ihre Loyalität galt nicht dem Joint Venture, sondern dem Flughafen.

Die Leute begannen zu fragen, warum uns als Privatunternehmern das Recht zugestanden worden war, die Logistikdrehscheibe zu bauen. Es spielte keine Rolle, dass niemand außer uns in der Lage gewesen wäre, derart schnell eine Einigung zwischen dem Bezirk Shunyi und dem Flughafen zu vermitteln. All das war plötzlich vergessen. Jetzt hieß es: Woher nehmen diese Kapitalisten sich das Recht, einen Teil dessen zu privatisieren, was eine staatliche Einrichtung sein sollte? Und diese Einstellung betraf nicht nur unser Projekt, sondern griff in der gesamten chinesischen Wirtschaft um sich. »Die Staatsbetriebe marschieren voran, die Privatunternehmen sind auf dem Rückzug«, lautete die neue Parole, die eine Verschiebung der politischen Grundhaltung an der Parteispitze signalisierte. Staatsbetriebe begannen, erfolgreichen Privatunternehmen Fusionen aufzuzwingen. Das Unternehmertum war der Motor der chinesischen Wirtschaftsblüte, aber die Partei hatte uns Unternehmer stets mit Misstrauen betrachtet. Seit ihrer Machtergreifung im Jahr 1949 hatten die Kommunisten gesellschaftliche Gruppen bei Bedarf genutzt – und wieder ausgegrenzt, sobald sie ihren Zweck erfüllt hatten.

Die chinesische Bürokratie wandelte sich. In der Vergangenheit waren die örtlichen Führungskräfte Stufe für Stufe in der Hierarchie aufgestiegen. Li Peiying hatte sich am Flughafen emporgearbeitet. Li Ping stammte aus Shunyi. Da diese Führungskräfte in ihrer Umgebung verwurzelt waren, fiel es der Zentralregierung schwer, sie zu kontrollieren. Nun startete die Partei eine Kampagne zur Zentralisierung der Macht und begann, Machtpositionen mit Funktionären aus anderen Regionen zu besetzen. Die Staatsmedien wetterten gegen die »staubigen Kaiser«, mit denen »lokale Tyrannen« gemeint waren, die sich den Anweisungen aus Beijing widersetzten. Doch der neue Funktionärstyp beschwor ungeahnte Probleme herauf, weil diese Personen nur ein paar Jahre auf dem Posten bleiben wollten, um anschließend an andere Orte zu wechseln und in der Hierarchie aufzusteigen. Sie strebten rasche Erfolge an, um sich eine Beförderung zu verdienen. Das alte System hatte natürlich seine Nachteile gehabt: Die Korruption war verbreitet, und die »staubigen Kaiser« behandelten ihre Einflussgebiete oft wie persönliche Lehnsgüter. Aber diese Funktionäre hatten ihre Gemeinden gekannt und gewusst, was man dort brauchte und was nicht. Viele fühlten sich ihrem Heimatort verbunden und vermieden etwas zu tun, was ihre Mitbürger mit Groll quittieren könnten, wenn sie aus dem Amt ausschieden und in der Umgebung in den Ruhestand gingen. Sie arbeiteten für ihre Familie und ihre Freunde in ihrem Heimatort und waren bereit, sich für langfristige Projekte von bleibendem Nutzen zu engagieren. Und da sie in die Gemeinschaft integriert waren, konnten sie ihre Vorhaben voranbringen.

Whitney und ich betrachteten das Flughafenprojekt ebenfalls als langfristige Investition. Nachdem wir die erste Phase des Projekts abgeschlossen hatten, war es nicht unser Ziel, das Logistikzentrum zu bauen und zu verkaufen. Stattdessen wollten wir es bauen und *ausweiten*. Und wir wollten unser Modell auf andere Flughäfen übertragen. Mein Plan war es, Flughafenstädte in ganz China und später in aller Welt zu bauen. Ich hatte an der Airport Cities World

Conference 2004 in Hongkong teilgenommen, und im Jahr 2010 organisierten wir die Konferenz in Beijing. Wir hatten Chengdu, Guangzhou, Shenzhen und andere Orte in ganz China besucht, um für unsere Vision einer Kombination von Logistik, Produktion, Handel und Wohnanlagen in der Umgebung der Flughäfen anderer Städte zu werben. Das Interesse war groß.

Die anfangs unauffälligen, im Lauf der Zeit jedoch immer aggressiver vorangetriebenen Veränderungen veranlassten mich dazu, meine Haltung zu überdenken. Als die Situation in Beijing zusehends schwierig wurde und der Widerstand gegen unsere Ideen in der Flughafenverwaltung wuchs, musste ich umdenken. Ich gelangte zu der Überzeugung, dass ein langfristiges Geschäftsmodell in China nicht funktionieren würde. Ich begann zu verstehen, was mir einige befreundete Unternehmer seit Langem sagten: In China war es das Klügste, etwas zu bauen, zu verkaufen – und nur einen Teil des Geldes in ein neues Projekt zu investieren. Wenn man einen Dollar investierte und zehn verdiente, musste man sieben Dollar in Sicherheit bringen und die restlichen drei wieder investieren. Ließ man die zehn Dollar auf dem Tisch, so bestand die Gefahr, dass man alles verlor.

Die Kommunistische Partei schien die Unternehmer zunehmend als Bedrohung zu betrachten. Eine gesellschaftliche Gruppe, die über eigene Mittel verfügte, wurde unabhängiger. Unternehmer wie wir setzten sich für mehr Freiheitsrechte und insbesondere für die Meinungsfreiheit ein oder strebten Neuerungen an, die sich der Kontrolle der Partei entzogen. Es missfiel der Partei sehr, dass wir auf von ihr kontrolliertes Gebiet vordrangen.

Nehmen wir beispielsweise die Außenpolitik. Im Jahr 2006 hatten wir eine Delegation der Europäischen Union eingeladen, um mit ihr über die Beziehungen zwischen der EU und China zu sprechen. Im Verlauf der Gespräche erhielt Wen Jiabaos Assistent Song Zhe einen Anruf auf der direkten Leitung des Ministerpräsidenten. Eine Stimme am anderen Ende fragte: »Kennen Sie Desmond Shum?« Song bejahte. »Wissen Sie, dass er kein Festlandchinese, sondern in Hongkong ansässig ist?«, fragte die Stimme. »Ja«, antwortete Song. Der Anrufer legte auf.

Aus diesem Anruf schloss Song, dass die Geheimdienste unsere Aktivitäten genau beobachteten. Er riet uns dazu, uns bei unseren gemeinnützigen Aktivitäten auf unverfängliche Bereiche zu beschränken. Also ließen wir die außenpolitischen Initiativen fallen.

Die Partei fand auch andere Wege, um Personen wie uns an die Kandare zu nehmen. Eine Weile hatten wir gewagt zu hoffen, dass wir eines Tages eine unabhängige gesellschaftliche Kraft sein könnten, aber die Partei stellte klar, dass wir nach wie vor lediglich Rädchen in ihrer Maschine waren, kleine Schrauben in einem riesigen Apparat, dessen Zweck es war, die Herrschaft der Partei auf Dauer zu erhalten. Männer wie Jack Ma, der Gründer von Alibaba, oder Pony Ma, der Chef des Internetriesen Tencent, mochten auf dem Papier fabelhaften Reichtum besitzen, aber sie mussten der Partei dienen. Bald darauf erließ die Partei Gesetze wie das nationale Sicherheitsgesetz, das alle chinesischen Unternehmen verpflichtete, auf Anweisung für den Staat zu spionieren.

Die bedenklichen Veränderungen beschleunigten sich im Jahr 2008 in der zweiten Amtszeit von Parteichef Hu Jintao und Regierungschef Wen Jiabao. Die globale Finanzkrise trug zum Kurswechsel bei, denn sie bestärkte die Parteiführung in der Überzeugung, das politische und wirtschaftliche System Chinas sei dem des Westens überlegen.

Der chinesische Staat reagierte auf die Krise mit einem umfangreichen Hilfsprogramm, das sehr viel wirksamer war als alles, was im Westen versucht wurde. Die finanziellen Stimuli wurden über den Staatssektor verteilt, der Anweisung erhielt, das Geld produktiv einzusetzen. Anstatt zu versuchen, die Privatunternehmen zu Investitionen anzuregen, wies die Partei die Staatsbetriebe an, Geld in Infrastrukturvorhaben zu pumpen. Dank der Kontrolle über die Staatsbetriebe konnte die Partei die Rezession wirksam bekämpfen. Die Schwierigkeiten der kapitalistischen Länder und insbesondere in den Vereinigten Staaten schienen das Argument der Hardliner zu bestätigen, ein friedlicher Übergang zu einer offeneren Gesellschaft und Wirtschaft werde die Partei und China in eine Katastrophe stürzen. Sie erklärten, das Land müsse stattdessen entschlossener gegen westliche Vorstellungen vorgehen, weil diese China nur schwächen würden. Die Privatunternehmer, welche die chinesische Wirtschaft wenige Jahre früher gerettet hatten, wurden jetzt als fünfte Kolonne des Westens dargestellt. Die Partei kündigte an, uns und unser Kapital einer strengeren Kontrolle zu unterwerfen.

In unser Joint Venture am Flughafen war nie ein Parteikomitee eingebunden gewesen. Natürlich gab es unter den Beteiligten einige Parteimitglieder, aber wir gewährten der Partei kein Mitspracherecht bei unserem Tun. Im Jahr 2008 wurden wir jedoch gezwungen, ein Komitee einzurichten. Und wir mussten seine Meinung berücksichtigen. Seine Beteiligung erschwerte die Managemententscheidungen.

Diese Veränderung zwang die Partei in ganz China den Joint Ventures und Privatunternehmen gleichermaßen auf. Ich empfand die Entwicklung als bedrückend. Wir hatten geglaubt, dass sich das Land gut entwickelte. Wir hatten den Eindruck, dass die Regierung eine eigenständige Position gegenüber der Partei anstrebte und dass es Bemühungen gab, Partei und Staat voneinander zu trennen. Viele Chinesen sprachen sich für Reformen und ein wenig mehr Pressefreiheit aus. Dabei dachte niemand daran, das Machtmonopol der Partei zu beseitigen. Wir wollten lediglich ein offeneres System. Wir gaben der Partei einen sanften Schubs. Aber im Jahr 2008 wurde klar, dass die Parteiführung sogar einen sanften Schubs als bedrohlich empfand. Wir hatten geglaubt, mit unserem Vermögen gesellschaftliche Veränderungen anstoßen zu können. Wir hatten uns getäuscht. Es war eine der traurigsten Erfahrungen meines Lebens.

Wenn ich heute darüber nachdenke, ist mir klar, dass die Einschränkung der gerade erst gewonnenen Freiheiten unvermeidlich war. Die Experten nennen eine Vielzahl von Gründen für die Entscheidung der Partei, die Uhr zurückzudrehen. Der Arabische Frühling und die Farbenrevolutionen im Nahen Osten und Osteuropa zu Beginn des neuen Jahrtausends hatten der chinesischen Führung Angst gemacht. Und die amerikanische Rezession im Anschluss an die Finanzkrise von 2008 bestärkte die chinesischen Kommunisten in der Überzeugung, das chinesische System sei der Marktwirtschaft überlegen. Dies stärkte das Selbstvertrauen der Regierung, die sich nun entschloss, auf der Weltbühne aggressiver aufzutreten. So beobachtete die amerikanische Kriegsmarine verblüfft, wie China im südchinesischen Meer aus dem Nichts Inseln baute, und begann, Gegenmaßnahmen zu ergreifen, womit sie die ohnehin ausgeprägte antiamerikanische Stimmung in der Partei verstärkte.

Aber in meinen Augen findet man die überzeugendste Erklärung für die diktatorische Regression der Partei in der Natur der KPCh. Die Kommunistische Partei hat einen instinktiven Hang zu Unterdrückung und Kontrolle. Die Diktatur ist ein Grundbestandteil des leninistischen Systems. Wann immer sich die Partei eine Rückkehr zur Repression erlauben kann, wird sie diesen Weg wählen.

Als Deng Xiaoping Ende der Siebzigerjahre die Führung der KPCh übernahm, war der chinesische Staat praktisch bankrott. Die von Deng eingeleitete wirtschaftliche Liberalisierung entsprang keineswegs dem Streben nach einer freien Marktwirtschaft, sondern sie war unausweichlich: Wenn die Partei überleben wollte, musste sie den Würgegriff um die Wirtschaft lockern. Selbst in den Neunzigerjahren unter Jiang Zemin verloren die chinesischen Staatsunternehmen gewaltige Mengen Geldes; deshalb war die Regierung auf Privatunternehmer wie Whitney und mich angewiesen, um die Wirtschaft über Wasser zu halten und die Arbeitslosigkeit zu verringern. Aber nach dem Ende der ersten Amtszeit von Hu Jintao und Wen Jiabao in den Jahren 2008/09 und nach den Jahrzehnten des zweistelligen Wirtschaftswachstums hatten sich die Staatsbetriebe erholt, und die Partei war weniger auf den

Privatsektor angewiesen. Mit einer Reform des Steuersystems sicherte sich der Staat ein größeres Stück des Kuchens. Die Partei war nicht länger gezwungen, die Kontrolle über die Wirtschaft und damit über die Gesellschaft zu lockern. Da die Kapitalisten nicht mehr als Retter der Wirtschaft gebraucht wurden, verwandelten sie sich wieder in eine politische Bedrohung. Die Partei konnte den Würgegriff wieder verstärken.

Angesichts dessen, was mit Li Peiying geschehen war, begann ich über die Möglichkeit nachzudenken, das Flughafenprojekt abzustoßen. Nachdem er fast zwei Jahre verschollen gewesen war, stellte sich heraus, dass Li Peiying von den Behörden festgehalten wurde. Er wurde wegen Bestechung und Unterschlagung von 15 Millionen Dollar angeklagt und im Februar 2009 von einem Gericht zum Tode verurteilt. Er legte erfolglos Berufung ein. Obwohl er den Großteil des Geldes zurückerstattete, wurde er am 7. August 2009 hingerichtet.

Li Peiying hatte den tödlichen Fehler begangen, zu viel zu reden. Wenn man in China der Korruption beschuldigt wird, sollte man den Mund halten. Die KPCh funktioniert wie die Mafia: Sie hat ihre eigene *omertà*, ihr Gesetz des Schweigens. Doch wie ich erfuhr, hatte Li Peiying all seine Vereinbarungen mit hochrangigen Parteifunktionären preisgegeben. Die Ermittler wussten nicht, was sie angesichts seiner Geständnissen tun sollten, zumal er Personen auf der höchsten Ebene der Parteihierarchie belastet hatte, darunter die Familie des ehemaligen Staats- und Parteichefs Jiang Zemin. Außerdem fehlte Li die Art von Blutsbande, die ihm das Leben hätte retten können.

Im Juli 2009, nur einen Monat bevor er mit einem Genickschuss hingerichtet wurde, wurde ein Beamter namens Chen Tonghai, der ehemalige Leiter der China Petroleum and Chemical Corporation, wegen Korruption verurteilt, wobei es in seinem Fall um 28 Millionen Dollar ging, das heißt fast um das Doppelte des Betrags, den Li unterschlagen hatte. Aber Chen wurde nicht hingerichtet. Sein Vater Chen Weida war vor der Revolution in Shanghai ein wichtiger kommunistischer Führer im Untergrund gewesen und hatte nach 1949 Führungspositionen bekleidet. Wir erfuhren, dass sich Chens Mutter direkt an Jiang Zemin gewandt und um Gnade für ihren Sohn gefleht hatte. Jiang war vor der Revolution ebenfalls im Untergrund aktiv gewesen.

Die sehr unterschiedliche Behandlung von zwei korrupten Parteifunktionären zeigt deutlich, wie diese Dinge in China funktionierten. Angehörige des roten Adels gingen ins Gefängnis, Normalbürger bekamen einen Genickschuss.

Im Jahr 2010 schlossen Whitney und ich die erste Phase des Flughafenprojekts ab. Wir hatten Anlagen mit einer Fläche von mehr als 460 000 Quadratmetern errichtet. Ursprünglich waren mehrere Jahre für die Fertigstellung des Logistikzentrums vorgesehen gewesen, das am Ende dreimal so groß werden sollte wie geplant. Wir befanden uns in einer beneidenswerten Position. Wir hatten immer noch große Grundstücke für neue Lager übrig. Diese Lager wären direkt mit dem Rollfeld verbunden. Wir glaubten, dass wir die Anlage sukzessive erweitern konnten, wenn das Frachtaufkommen des Flughafens wuchs.

Aber abgesehen davon, dass wir uns nach Li Peiyings Verhaftung mit einem neuen Flughafenchef auseinandersetzen mussten, tauschte die Zollverwaltung ihren Leiter dreimal aus, und einige unserer Verbündeten in Shunyi gingen in den Ruhestand. Die Bürokratie begegnete Privatunternehmen mit wachsender Feindseligkeit, und als ich sah, dass ich noch mehr trinken und schmeicheln musste, um die für die Fortsetzung des Projekts erforderlichen neuen Beziehungen zu knüpfen, entschloss ich mich zum Ausstieg.

Im Jahr 2010 nahmen wir Verhandlungen mit mehreren Interessenten auf, um unseren Anteil am Joint Venture zu verkaufen. Zwei dieser Firmen waren Staatsbetriebe. Das dritte Unternehmen war Prologis, ein internationaler Immobilienfonds, der mir zu Beginn der Flughafenodyssee ein sehr niedriges Angebot gemacht hatte. Whitney und ich stritten über das Geschäft, denn ich war nicht bereit, an die Staatsunternehmen zu verkaufen, während Whitney glaubte, in den Verhandlungen mit Staatsbetrieben größeren Einfluss ausüben zu können. Ich sehnte mich nach der Transparenz einer privatwirtschaftlichen Transaktion, denn wenn man Geschäfte mit einem Staatsunternehmen machte, konnte der Staat nach ein paar Jahren fadenscheinige Anschuldigungen wie jene erheben, man habe für einen überhöhten Preis verkauft (und damit nationales Vermögen gestohlen). Dann bestand die Gefahr, dass man im Gefängnis landete.

Letzten Endes kam der von Whitney angestrebte Verkauf nicht zustande, aber die Teilnahme von zwei chinesischen Bietern bewegte Prologis dazu, ein recht gutes Angebot vorzulegen. Im Januar 2011 kaufte Prologis unseren Anteil am Joint Venture. Wir stiegen mit einem Gewinn von fast 200 Millionen Dollar aus.

Ich lernte bei dem Flughafenprojekt eine unschätzbare Lektion über die Funktionsweise des chinesischen Systems. Einer meiner Freunde scherzte, allein mit dem Abschluss der ersten Projektphase habe ich schon die Erleuchtung eines Buddha erlangt.

Nachdem Whitney und ich unseren Anteil verkauft hatten, versuchte ich, sie zu zwei Dingen zu bewegen: Erstens mussten wir unsere Risiken streuen, indem wir im Ausland investierten. Ich kannte die Geschichte der KPCh und wusste, dass die Partei nach ihrer Machtergreifung im Jahr 1949 nicht gezögert hatte, sämtliches Privateigentum zu beschlagnahmen, darunter zum Beispiel das Haus und die Anwaltskanzlei meines Großvaters und den Grundbesitz meiner Familie. Erst im Jahr 1979 wurde überhaupt wieder Privateigentum in China erlaubt. Aber alles, was dir die Partei gibt, kann sie dir auch wieder wegnehmen.

Tausende vermögende Chinesen brachten Geld ins Ausland. Ich war der Meinung, dass wir ihrem Vorbild folgen sollten. Whitney erklärte sich widerstrebend zu dem Zugeständnis bereit, mich ein Büro in London eröffnen zu lassen, damit ich erkunden konnte, wie wir Geld in Luxusgüter, belgische Schokolade, französisches Kristallglas und italienische Kaschmirkleidung investieren konnten. Aber Whitney nahm diese Investitionen nicht ernst. Der Löwenanteil unseres Geldes blieb in China.

Zweitens war ich der Meinung, dass wir beginnen sollten, uns in China auf dem offenen Markt um Projekte zu bewerben, anstatt uns ausschließlich auf Verbindungen und *guanxi* hinter verschlossenen Türen zu verlassen. In China fanden mittlerweile öffentliche Versteigerungen von Grundstücken statt, und das Verfahren wurde transparenter. Erfolgreiche Unternehmen wie SOHO China entwickelten sich gut in diesem Freiraum und sicherten sich Aufträge nicht dank der Verbindungen, sondern bei Ausschreibungen. Ich schlug vor, mit diesen Unternehmen zu konkurrieren. Wir hatten bei Great Ocean ein vorzügliches Team aufgebaut. Ich war überzeugt, dass wir in der Lage waren, uns im Wettbewerb auf dem Markt zu behaupten.

Whitney war anderer Meinung. Der offene Wettbewerb machte ihr Angst. Sie hatte es noch nie versucht. Sie vertraute darauf, dass ihr *guanxi*-Netzwerk genügen würde, um weiterhin gute Geschäfte zu machen. Sie wollte auch in Zukunft entsprechend der alten Regeln Schach auf dem chinesischen Brett spielen. Was würde es für sie bedeuten, wenn sich unsere Firma unter gleichen Bedingungen gegen andere Unternehmen durchsetzen konnte? Sie sah ihre Aufgabe darin, Great Ocean stets einen Insidervorteil zu verschaffen. Aber was, wenn Great Ocean keinen Insidervorteil brauchte und auch ohne sie das Rennen für sich entscheiden konnte?

Da sie Wang Qishan, Sun Zhengcai und andere Minister, Vizeminister und Assistenten in ihrem Rolodex hatte, war Whitney zuversichtlich, dass sie in der Partei einen neuen Schutzherrn finden würde, dem wir dienen konnten. Und sie war unentwegt auf der Suche nach weiteren Kontakten.

Im Jahr 2008 arrangierte Tante Zhang ein Essen mit einem aufstrebenden Parteifunktionär namens Xi Jinping, der kurz zuvor zum Vizepräsidenten ernannt worden war. Tante Zhang nahm Whitney als zweites Augen- und Ohrenpaar zu dem Treffen mit, um sich ein Bild von diesem neuen Star der Partei zu machen. Ich blieb daheim. Bei einem Abendessen wie diesem musste jeder Anwesende ein Ziel verfolgen. Ich wurde nicht benötigt, um eine weitere Beziehung zu knüpfen.

Xi erschien zu dem Abendessen in Begleitung seiner zweiten Frau Peng Liyuan, einer glamourösen Sängerin aus der Volksbefreiungsarmee, die sich auf schnulzige patriotische Balladen spezialisiert hatte und eine ähnliche Energie ausstrahlte wie das amerikanische Country-Phänomen Dolly Parton. Xi war der Sohn des kommunistischen Revolutionärs Xi Zhongxun und gehörte dem roten Adel an. Sein Vater war ein prominenter Verbündeter Deng Xiaopings gewesen und zählte zu den Architekten der Sonderwirtschaftszonen, die in den Achtzigerjahren den Grundstein für den chinesischen Exportboom legten.

Xi Jinping hatte siebzehn Jahre in verschiedenen Regierungs- und Parteifunktionen in der Provinz Fujian gearbeitet. Während seiner Zeit war dort ein großer Schmuggelskandal aufgedeckt worden, in den er jedoch nicht verwickelt war. Er hatte auch hochrangige Parteiämter in der Provinz Zhejiang bekleidet, die zu den Motoren der chinesischen Privatwirtschaft zählte.

Im Jahr 2007 eröffnete eine Affäre, die viel über das politische System Chinas verrät, Xi Jinping seine große Chance. Ein Jahr zuvor war der Parteisekretär von Shanghai, Chen Liangyu, im Gefolge einer Korruptionsuntersuchung, in der es um die Unterschlagung von Hunderten Millionen Dollar aus dem öffentlichen Rentenfonds der Stadt ging, seines Amtes enthoben worden. Aber Chens Sturz hatte eigentlich nichts mit Korruption zu tun; es war ein politisches Komplott, das als Strafverfahren getarnt wurde. Chen wurde zum Verhängnis, dass er Parteichef Hu Jintao die Gefolgschaft verweigert hatte. Chen war eine wichtige Figur in der sogenannten Shanghai-Bande, die von Hus Amtsvorgänger Jiang Zemin angeführt wurde. Als Hu Jintao im Jahr 2002 das Amt des Parteichefs von Jiang Zemin übernommen hatte, hatte dieser sich geweigert, sämtliche Funktionen in der Partei abzulegen, und war weitere zwei Jahre Vorsitzender der Zentralen Militärkommission geblieben. Außerdem hatte Jiang den Ständigen Ausschuss des Politbüros mit Gefolgsleuten gefüllt: mehrere Jahre lang hielten seine Leute fünf der neun Sitze im Ausschuss, weshalb Hu Jintao bei jeder Entscheidung auf die Zustimmung seines Vorgängers angewiesen war. Als Hus Anhänger im Jahr 2006 eine Chance sahen, mit Chen Liangyu einen prominenten Gefolgsmann Jiang Zemins zu Fall zu bringen, schlugen sie zu.

Im September 2006 wurde Chen zum Rücktritt gezwungen und durch Han Zheng ersetzt, den Bürgermeister von Shanghai. Han war erst wenige Monate im Amt, erzählte uns Tante Zhang, als entdeckt wurde, dass ein Angehöriger von ihm mehr als 20 Millionen Dollar auf einem Bankkonto in Australien versteckt hatte. Die Partei konnte nicht auch noch Han beseitigen, denn es hätte die Stabilität des führenden chinesischen Finanzzentrums gefährdet, in derart kurzer Zeit sowohl den Parteichef als auch den Bürgermeister der Stadt zu entmachten. Tante Zhang erzählte uns, dass Han Zheng trotz des Skandals die Erlaubnis erhielt, auf seinen alten Posten als Bürgermeister zurückzukehren. Sein Nachfolger als Parteichef von Shanghai wurde Xi Jinping. Auch Han Zheng wurden seine Sünden verziehen: Im Jahr 2017 erhielt er einen Sitz im Ständigen Ausschuss des Politbüros und wurde zum stellvertretenden Ministerpräsidenten ernannt. Dies bewies einmal mehr, dass politische Linientreue und Loyalität in China Vorrang vor allem anderen haben.

Xis Umzug nach Shanghai erwies sich als glückliche Fügung, die entscheidend zu seinem Aufstieg an die Spitze beitrug. In seiner neuen Position hatte er Zeit, die Nähe von Jiang Zemin zu suchen, und Ende 2007 wurde er mit Jiangs Unterstützung und Hu Jintaos Billigung ins Politbüro aufgenommen und ging nach Beijing. Mittlerweile war klar, dass er einer von zwei Kandidaten für die Nachfolge von Parteichef Hu Jintao war, der das Amt des Generalsekretärs der KPCh im Jahr 2012 ablegen sollte. Sein Rivale war Li Keqiang, ein Absolvent der Universität Beijing.

Was Whitney faszinierte, war die Tatsache, dass Xi das Reden während des gesamten Essens seiner Frau überließ. Er schien sich nicht recht wohlzufühlen und lächelte lediglich hin und wieder unbeholfen. Whitney berichtete mir, dass sie weder zu Xi Jinping noch zu seiner Frau Peng einen Draht gefunden hatte. Die Teilnehmer an dem Abendessen blieben einander fremd. Whitney verstand sich darauf, Zugang zu Personen zu finden, insbesondere zu den Frauen hochrangiger Parteifunktionäre. Aber bei Peng fand sie keinen Punkt, an dem sie hätte ansetzen können. Xi war bereits für eine hohe Machtposition bestimmt, und seine Frau und er waren Fremden gegenüber auf der Hut.

Whitney und ich hatten unsere Kontakte in Zhejiang und Fujian genutzt, um herauszufinden, warum die Parteispitze Xi Jinping mit der Führung des Landes betrauen wollte. Viele unserer Freunde und Kontaktpersonen waren überzeugt, dass er keinerlei Talent besaß. Mao Zedongs ehemaliger Assistent Li Rui, der Xis Vater nahestand, erinnerte sich an ein Treffen mit Xi Jinping einige Jahre zuvor und beklagte sich über die mangelnde Bildung dieses Mannes. Doch Xi Jinping sollte sich als wendiger und kaltblütiger politischer Nahkämpfer erweisen und der mächtigste Parteichef seit einer Generation werden.

In unserer Umgebung herrschte Konsens in der Einschätzung, dass sich Xi Jinping an die überkommenen Regeln halten würde. Whitney vertraute darauf, dass wir das Spiel mit *guanxi* unter seiner Führung genauso würden spielen können wie unter Hu Jintao.

Die Meinungsverschiedenheiten zwischen Whitney und mir in Bezug auf die Diversifizierung der Risiken und die Beteiligung am Wettbewerb auf dem offenen Markt traten im Lauf der Zeit immer deutlicher zutage. Ich gelangte zu der Überzeugung, dass die Aussicht auf eine Ausweitung unserer Aktivitäten bei Whitney eine tief verwurzelte Angst weckte. Sie befürchtete, dass sie irrelevant werden und dass ich zu große Unabhängigkeit erlangen würde, wenn wir aufhörten, uns im Bemühen um Aufträge auf ihre Verbindungen zu verlassen.

Diese Sorgen bewegten sie dazu, genau in dem Augenblick, in dem sie meiner Meinung nach ihren Griff hätte lockern sollen, den Versuch zu unternehmen, meine Äußerungen und Handlungen besser zu kontrollieren. Zu Beginn unserer Beziehung hatte ich mein Freiheitsstreben unterdrückt und versucht, zu Whitneys Füßen zu lernen. Aber je erfolgreicher ich wurde, desto stärker wurde mein Wunsch, selbst über mein Leben zu bestimmen. Nachdem wir uns in Beijing durchgesetzt hatten, dachte ich natürlich, dass wir es auch im übrigen China und in der Welt schaffen würden. Whitney sträubte sich dagegen, und weil unser Geld nominell ihr gehörte, musste ich mich anpassen. Ich tat es widerwillig.

14

Angesichts all der Möglichkeiten, Außergewöhnliches zu vollbringen, wollte Whitney, dass wir uns völlig auf *ihre* Methode konzentrierten und uns weiter Personen auf den höheren Ebenen der Parteihierarchie andienten, um noch mehr Angehörige des roten Adels für uns gewinnen. Eine dieser Personen war Li Botan, der auf den englischen Namen David hörte. Er war der Schwiegersohn von Jia Qinglin, der dem Ständigen Ausschuss des Politbüros angehörte.

Der »Alte Jia« leitete von 2003 bis 2013 die Politische Konsultativkonferenz des Chinesischen Volkes und damit auch die Abteilung für Einheitsfrontarbeit, deren Aufgabe es war, sämtliche nichtkommunistischen Elemente der Gesellschaft – darunter Minderheiten, Glaubensgemeinschaften und Unternehmer – zu kontrollieren. Wie bereits erwähnt, hatte mir Sun Zhengcai einen Sitz in der Beijinger Ortsgruppe der PKKCV verschafft.

Davids Vater, ein Mann mit runden Wangen und prallem Bauch, der das Haar stets mit Gel zurückkämmte, war ein fröhlicher, geselliger Mann, der stets ein Lächeln auf den Lippen hatte. Sein Hang zur Korruption war legendär.[12] Anfang der Neunzigerjahre war er Vizegouverneur, Gouverneur und schließlich Parteichef der Provinz Fujian gewesen, die nördlich von Hongkong gegenüber von Taiwan liegt. Es ging das Gerücht, dass der Alte Jia dort ein riesiges Schmugglernetz unterstützt hatte. Der Schmuggel hatte gewaltige Ausmaße angenommen und Tausende ausländische Autos, Milliarden Zigaretten, Tonnen ausländischen Biers und mehr als ein Sechstel der chinesischen Erdölimporte umfasst. All diese Güter strömten durch die Häfen an der Küste Fujians nach China.

Lin Youfang, die Frau des Alten Jia (und Schwiegermutter Davids), leitete in der Zeit der großen Schmuggelunternehmungen die größte staatseigene Import-Export-Firma in der Provinz Fujian. Mir wurde erzählt, dass Lin, einst eine schillernde Figur in den Kreisen des roten Adels, nach Aufdeckung des Skandals im Jahr 1999 so große Angst bekam, sie und ihr Mann könnten in die Mühlen der Korruptionsuntersuchung geraten, dass sie einen Nervenzusammenbruch erlitt, die Sprache verlor und mehrere Jahre in einem Krankenhaus in Beijing verbrachte. Doch weder Lin noch Jia wurden jemals angeklagt, was zeigt, dass es in China nicht darauf ankommt, was man möglicherweise getan hat, sondern darauf, wen man kennt.

Parteichef Jiang Zemin kannte den Alten Jia, seit ihrer Begegnung in den Sechzigerjahren im Ministerium für Maschinenbau. Jiang Zemin sorgte nicht nur dafür, dass die Familie seines Freundes geschützt wurde, sondern beförderte den Alten Jia sogar.

Im Jahr 1996 holte Jiang Zemin den Alten Jia als stellvertretenden Bürgermeister nach Beijing, und im Jahr darauf wurde der Alte Bürgermeister. Im Jahr 2002 wurde er in den neunköpfigen Ständigen Ausschuss des Politbüros aufgenommen. Nach Jiang Zemins Rückzug aus dem Ständigen Ausschuss im Jahr 2007 blieb der Alte Jia als Vertreter von Jiangs politischer Fraktion noch eine weitere Amtszeit im Ausschuss. Er sollte noch bis 2012 im Amt wirken.

Für Whitney lag auf der Hand, dass es sich lohnte, eine enge Beziehung zu seinem Schwiegersohn David Li zu knüpfen.

Der gut 1,80 Meter große David trug den typischen Schmerbauch eines erfolgreichen chinesischen Geschäftsmanns vor sich her. Er kleidete sich elegant, aber leger und vertrieb sich gerne die Zeit in Gesellschaft seiner Freunde in Beijing, wo er sich mit Malern, Sängern, Filmregisseuren und den Söhnen und Töchtern der roten Aristokratie umgab.

David hatte ein Vermögen angehäuft und dafür offenbar die Beziehungen seines Schwiegervaters genutzt. Über seine in der Hauptstadt ansässige Holding Beijing Zhaode Investment Company hielt er große Anteile an zahlreichen Firmen. Im Dezember 2009 eröffnete er den »Moutai Club«. Zu jener Zeit schien jeder, der über das notwendige Geld verfügte, einen eigenen Nachtklub besitzen zu wollen, und diese Lokale breiteten sich in Beijing, Shanghai und Guangzhou wie Unkraut aus. Eine ihrer Dienstleistungen war Diskretion: In einem privaten Klub konnte man politische und geschäftliche Vereinbarungen aushandeln, ohne dass irgendjemand erfuhr, mit wem man sich traf. Dazu kam, dass die Angehörigen des kommunistischen Adels ihren Reichtum nur ungern in der Öffentlichkeit zeigten, während sie ihn gegenüber vertrauten Personen sehr gerne zur Schau stellten. In einem privaten Klub konnten sie hinter verschlossenen Türen ihrer Geltungssucht frönen. Und der größte Vorzug eines privaten Klubs war in vielen Fällen, dass man ihn auf einem staatseigenen Grundstück bauen und auf diese Art ein öffentliches Gut zum persönlichen Vorteil nutzen konnte. Wenn das kein Paradebeispiel für niedrige Gemeinkosten ist …

David eröffnete seinen Klub unweit der Verbotenen Stadt in einer von Bäumen gesäumten Straße. Das Lokal war in einem traditionellen Hofhaus, das anscheinend der Gemeinde gehörte; die Regelung wurde wohl dadurch erleichtert, dass der alte Jia einst Bürgermeister und Parteichef von Beijing gewesen war.

Einem Besucher des »Moutai Clubs« fiel als Erstes ein außergewöhnlicher Tisch mit einem Durchmesser von sieben Metern auf, der aus dem Stamm eines gelb blühenden Birnbaums gefertigt war, einem der wertvollsten Hölzer in China. Dieser Baum ist praktisch ausgestorben. Die Muster in der Maserung des rotbraunen Holzes ließen an Geister denken, die in einem goldenen Tableau tanzen. Jenseits des Tischs führte ein weiter Zugang zu einem Hof und privaten Speiseräumen. Die mit kostbaren Antiquitäten – oder zumindest sehr guten Fälschungen – dekorierten Räume strahlten jene Art von fernöstlicher Raffinesse aus, die David und seine Kreise pflegten.

Davids bestes Verkaufsargument war seine Verbindung zur Kweichou Moutai Company, dem Hersteller des Moutai. Der aus Sorghumhirse gebrannte Schnaps ist das bevorzugte Getränk der chinesischen Geschäftselite. David Li hatte sogar einen Sitz im Aufsichtsgremium des Unternehmens. Die Beziehung war offenkundig mit Unterstützung des alten Jia zustande gekommen, der als Leiter der Abteilung für Einheitsfrontarbeit seine Fühler überallhin ausstrecken konnte, auch in Gebiete, in denen Minderheiten wie Tibeter und Uiguren die Bevölkerungsmehrheit stellten. Der Moutai wurde in der Provinz Guizhou gebrannt, der Heimat der Minderheit der Miao, einer Ethnie, welche die Gebirge Südwestchinas bewohnt und auch in Vietnam, Laos und Kambodscha ansässig ist.*

David erzählte mir, dass er sich ein Drittel der Gesamtmenge an zehnjährigem Moutai gesichert hatte, welche die Firma im Jahr produzierte. Der Großteil des alten Moutai, der in China verkauft wurde, enthielt kaum einen Tropfen der wirklichen Spirituose. David hatte Zugang zum authentischen Getränk.

Der Moutai ist das Nationalgetränk Chinas. Jeder, der etwas auf sich hält, kauft besondere Jahrgänge, um damit anzugeben. Es gibt einen Jahrgang für die Volksbefreiungsarmee, einen für den Staatsrat und einen für die Polizei. Einige Flaschen kosten 125 000 Dollar oder mehr. Das Gehabe der Moutai-Kenner ähnelt dem Snobismus und dem Konkurrenzdenken von Weinkennern: »Wenn der einen 82er Chateau-Lafite mitbringt, werde ich einen 69er mitbringen.« Dieselbe Rolle spielt der Moutai.

David verkaufte seinen zehn Jahre alten Moutai in roten Flaschen. Wir nannten das Getränk »Rotes Haar«, *hong mao,* was ein Wortspiel mit *moutai* war. Die Leute in unseren Kreisen rührten keinen Moutai aus dem Laden an. Die chinesische Fälschungsindustrie ahmt alles nach und natürlich auch den Moutai. Die chinesischen Schwarzbrenner brennen so gute Moutai-Imitate, dass

* Im Westen werden die Miao als Hmong bezeichnet.

chinesische Normalbürger das gefälschte Getränk im Ausland kaufen, weil sie glauben, in ausländischen Geschäften werde gewiss nur echter Moutai angeboten.

Wer in den Genuss von Davids kostbarem »Roten Haar« kommen wollte, musste Mitglied im »Moutai Club« werden. Die Mitgliedschaft kostete mehrere Zehntausend Dollar. Aber so wie man für den Erwerb eines Beijinger Wunschkennzeichens gute Beziehungen brauchte, war auch im Fall des »Moutai Club«s Geld allein keine Garantie für die Aufnahme. David musste persönlich für den Bewerber bürgen, und da das potenzielle Mitglied eine wichtige Persönlichkeit sein musste, war die Zugehörigkeit zu Davids Klub in Beijing ungemein begehrt. Im Vorstand saßen einige der reichsten Geschäftsleute Chinas. Da war Liu Changle, der Leiter und CEO von Phoenix Satellite Television, einem theoretisch privaten Medienunternehmen mit Sitz in Hongkong, das jedoch im Auftrag der Regierung in Beijing prochinesische Propaganda betreibt. Sodann waren da Kong Dan, der Präsident der CITIC Group, des größten staatlichen Firmenkonglomerats, und auch Jack Ma, der Gründer des Internetriesen Alibaba. Einmal traf ich im Klub einen Jungen, der sich als Alvin vorstellte. Erst später erfuhr ich, dass er Alvin Jiang war, der Enkel von Parteichef Jiang Zemin. Einige Jahre später sollte Alvin im Alter von wenig mehr als zwanzig Jahren ein milliardenschweres Private-Equity-Unternehmen gründen.

Anderthalb Jahre nach der Eröffnung seines Klubs schlug mir David vor, einen Ableger für Weinliebhaber zu gründen. Whitney, die stets die Nähe der Mächtigen suchte, ermutigte mich, die Beziehung zu David zu vertiefen. Meine Frau und ich erklärten uns bereit, uns als Investoren und Unternehmensengel an dem Vorhaben zu beteiligen. Ich teilte mein Wissen über Weine mit David. Aber die meiste Zeit schmierte ich ihm lediglich Honig ums Maul. Wenn David von einem bestimmten Jahrgang schwärmte, nickte ich ungeachtet der Qualität des Weins zustimmend, während David Körper, Bouquet und Abgang des edlen Tropfens pries.

Wir machten uns auf die Suche nach einem geeigneten Standort für unseren Weinklub. Eines Tages kamen wir bei einem Spaziergang im Beihai-Park gegenüber dem Nordtor von Zhongnanhai, dem Sitz der KPCh, auf die Idee, eines der Gebäude in diesem Park zu »borgen«. Wir sahen uns um und versuchten herauszufinden, ob eine Renovierung des betreffenden Gebäudes möglich war. Es war ein weiteres Beispiel für die Nutzung von Staatseigentum für private Zwecke.

Als wir eine Runde um das Gebäude drehten, bemerkte David, dass sich ein Mann näherte. Er trug eine Drahtgestellbrille und einen dunkelblauen Anzug ohne Krawatte und wirkte wie ein Parteifunktionär. »Mein Gott«, sagte David, als der Mann näher kam, »das ist Minister Meng.« Meng Jianzhu war der Minister für Öffentliche Sicherheit, der Chef der chinesischen Sicherheitsdienste. Er unternahm einen Verdauungsspaziergang nach dem Essen. Wir liefen davon wie zwei Schulkinder. »Kein Weinklub hier«, murmelte David, als wir schnellen Schritts das Weite suchten. Niemand wollte Minister Meng über den Weg laufen.

Ich stellte David mein Managementteam zur Verfügung, das ihm dabei helfen sollte, einen Geschäftsplan zu entwickeln. Wie viele Angehörige des roten Adels hatte er keine guten Mitarbeiter – er brauchte keine. Er verdiente sein Geld, indem er seine Verbindungen nutzte, um Zugang zu Insidergeschäften zu erhalten, oder indem er sich Dinge verschaffte, die er bekam, weil er einer bestimmten Familie angehörte. Er hatte die Beziehungen des alten Jia genutzt, um an den Moutai heranzukommen, und er hatte einen garantierten Absatzmarkt für das Getränk. Eine Weile war der wertvollste Vermögenswert von Davids Investmentfirma das Gebäude des »Freundschaftsladens«, eine ausgezeichnete Adresse in der Jianguomenwai-Straße im Osten Beijings. Es ging das Gerücht, dass David das Gebäude in seinen Besitz gebracht hatte, indem er den ursprünglichen Eigentümer mit Unterstützung seines Schwiegervaters aus dem Gefängnis geholt hatte. Sobald er auf freiem Fuß war, übertrug der Geschäftsmann das Gebäude David. Dessen Firma sicherte sich auch einen Exklusivvertrag für den Verkauf von Werbeflächen an den Beijinger Bushaltestellen – das war nichts anderes als eine Lizenz zum Gelddrucken. Später investierte David in Elektroautotechnologie und übernahm einen Anteil an einem amerikanischen Unternehmen namens Canoo.[13]

David war nicht in den roten Adel hineingeboren worden, aber er hatte eingeheiratet und sich einige der eigentümlichen Verhaltensweisen roter Aristokraten angeeignet. Er trug seinen dichten, grau melierten Haarschopf stets kurz geschoren, ein Haarschnitt, der an die militärischen Ursprünge der Partei erinnerte. Jedem Besucher seines Büros bot er Tee und eine Zigarre an. Die Zigarre musste kubanisch sein, was eine zynische Verneigung vor der dortigen Revolution war. Der Tee war durchweg erlesener *pu'er* aus der Provinz Yunnan, ein Ausdruck der kulturellen Authentizität, die David anstrebte. Im Haus trug David stets schwarze Baumwollschuhe mit weißer Sohle und weißen Socken – eine Reminiszenz an die Traditionen der Männer in den *hutong*-Gassen des alten Beijing. Diese modische Fußbekleidung enthielt eine verschlüsselte Frage: »Im alten China trugen unsere Vorfahren diese Schuhe. Trugen eure Vorfahren sie auch?«

Im Frühjahr 2011 schlug Whitney vor, wir sollten David Li und seine Frau Jia Qiang zu einer Europareise samt Intensivkurs für Weinkenner einladen. Die Idee gefiel David, und er lud zwei weitere potenzielle Investoren des Weinklubs und ihre Ehefrauen ein, ebenfalls an der Reise teilzunehmen. Einer von ihnen war Xu Jiayin, der Geschäftsführer der Evergrande Group, des größten Immobilienunternehmens Chinas, dessen Sohn in den von mir durchgeführten Seminaren über Familienvermögen so gut geschlafen hatte. Der andere war Yu Guoxiang, ein schlecht gelaunter Bauunternehmer, der den Spitznamen Kleiner Ningbo trug, weil er klein war und aus Ningbo stammte, einer Hafenstadt südlich von Shanghai. Die Idee war, dass jeder von uns fünf Millionen Dollar investieren sollte, um die Weinsammlung des Klubs aufbauen und den Betrieb aufnehmen zu können.

Ich wusste nicht, ob David und seine Frau Jia Qiang bereits einmal nach Europa gereist waren, aber seine Tochter Jasmine war zweifellos schon dort gewesen. Im November 2009 hatte Jasmine in einem knöchellangen Carolina-Herrera-Kleid beim Ball im Hôtel de Crillon in Paris ihr Debüt in der besseren Gesellschaft gefeiert. Ein Foto der jungen Debütantin tauchte in der französischen Ausgabe der *Vogue* auf. Jasmine studierte später in Stanford und wurde in den Panama Papers als einzige Aktionärin von zwei Offshore-Firmen identifiziert, die auf den Britischen Virgin Islands registriert waren und sich auf Investments und Consulting spezialisiert hatten.[14] Offenbar war der Apfel nicht weit vom Stamm des alten Jia gefallen.

Die erste Frage, die es bei der Vorbereitung unserer europäischen Vergnügungsreise zu klären galt, betraf den Transport. Whitney hatte sich daran gewöhnt, in Privatflugzeugen zu reisen, und wir standen bereits auf der Warteliste für den Kauf einer 43 Millionen Dollar teuren Gulfstream G500. Also schlugen wir einen Jet vor. David war einverstanden, glaubte jedoch, der Annehmlichkeit halber sollten wir besser drei Flugzeuge chartern. Im Juni 2011 brach unsere achtköpfige Reisegruppe nach Paris auf.

Der Plan, in drei Flugzeugen zu reisen, wurde in letzter Sekunde gekippt, weil die anderen Männer beschlossen, dass sie während des Flugs Karten spielen wollten. Die beiden anderen Maschinen nahmen wir trotzdem mit – sie flogen dann eben ohne Passagiere. Diese sonderbare Regelung hatte auch damit zu tun, dass alle Beteiligten das Gesicht wahren wollten: »Wenn er einen Privatjet nimmt, muss ich auch einen nehmen.« Und ein Chinese will immer auf die Möglichkeit vorbereitet sein, dass sich eine Geschäftschance eröffnet und er schnell heimkehren muss, um das Geschäft unter Dach und Fach zu bringen.

Während unsere Frauen an Bord plauderten und sich Sushi munden ließen, spielten wir *doudizhu* – »Kampf dem Grundherrn« –, ein beliebtes chinesisches Kartenspiel, das seinen Ursprung in der brutalen kommunistischen Landreform der frühen

Fünfzigerjahre des vergangenen Jahrhunderts hat. In einer Reihe von Runden werden Gebote abgegeben, und der erste Spieler, der alle Karten loswird – und damit »den Grundherrn tötet« – hat gewonnen. Ich war fassungslos angesichts der Höhe der Einsätze. Ich bin kein leidenschaftlicher Spieler und nahm nur widerstrebend teil. Auf dem Hinflug verlor ich 100 000 Dollar, aber ich war eher peinlich berührt als besorgt. Geld an Männer wie diese zu verlieren, konnte sich tatsächlich als gutes Geschäft erweisen. Wer spielt nicht gerne mit einem bereitwilligen Verlierer? Ich wusste, dass sie mich immer wieder einladen und mir damit eine Chance eröffnen würden, eine engere persönliche Beziehung zu knüpfen.

Während des Spiels kam das Gespräch auf die Geschäfte. Yu Guoxiang hatte offenbar bereits einige Male Probleme mit dem Gesetz gehabt. Berichten zufolge hatte er einem Beamten in der Provinz Zhejiang 500 000 Dollar »geliehen«, um sich einen Auftrag im Wert von 1,2 Milliarden Dollar für den Bau einer Umgehungsautobahn in Hangzhou zu sichern. Der Beamte war schließlich wegen Korruption zu lebenslanger Haft verurteilt worden. In Medienberichten und Telegrammen amerikanischer Diplomaten wurde Yu auch mit einem fragwürdigen Kredit des staatlichen Rentenfonds von Shanghai im Jahr 2003 in Verbindung gebracht, der ihn in die Lage versetzt hatte, für 150 Millionen Dollar das Hotel Jing'an Hilton zu kaufen.[15]

David brachte einen Toast auf Yu und seine Konflikte mit dem Gesetz aus und erklärte, im heutigen China sei »das Gefängnis die moderne Version der Militärakademie Whampoa. Ein chinesischer Geschäftsmann, der nicht im Gefängnis gewesen ist, hat nichts geleistet.« Ich fand diese Aussage verblüffend. Die Militärakademie Whampoa war so etwas wie ein chinesisches West Point gewesen, eine ehrwürdige Institution, in der in den Zwanziger- und Dreißigerjahren des 20. Jahrhunderts die erste Generation moderner chinesischer Offiziere ausgebildet worden war. Den Gefängnisaufenthalt eines Geschäftsmanns mit der militärischen Ausbildung eines patriotischen Kadetten gleichzusetzen, grenzte an Blasphemie. Dabei hätte man angenommen, dass eine Haftstrafe in diesen Kreisen ein Makel wäre und dass Whampoa Verehrung genösse. Aber jetzt hörte ich, wie der Schwiegersohn des viertmächtigsten Politikers in China seine Hochachtung für Wirtschaftskriminelle bekundete. Alle Anwesenden nickten in feierlicher Zustimmung, stießen mit ihren Champagnerflöten auf Yu an und schluckten das prickelnde Getränk hinunter. Aber während mich Davids Unverfrorenheit schockierte, machte ich mir eigentlich keine Sorgen, denn Whitney und ich bemühten uns bei unseren Geschäften stets darum, keine Gesetze zu übertreten.

Whitney hatte mich angewiesen, für die Gruppe ein Spektakel zu inszenieren, und als wir für unseren ersten Stopp in Frankreich landeten, begann die Show. Am Abend des 10. Juni 2011 brachte ich meine Mitreisenden zum Essen ins Pavillon Ledoyen, eines der ältesten Restaurants von Paris, das sich östlich der Champs-Élysées in einem Park befindet. Hier, im schicken 8. Arrondissement, hatte Napoleon Josephine kennengelernt, erzählte ich meinen Gästen, und hier hatten Duellanten das Kriegsbeil begraben, nachdem sie im nahe gelegenen Bois de Boulogne aufeinander geschossen hatten.

Im Speisesaal hatte man in drei Richtungen durch große, mit weißen Vorhängen drapierte Fenster einen schönen Blick auf die gepflegte Parkanlage. Auf weißen Tischdecken schimmerte Silberbesteck. Unter den Gästen an jenem Abend waren ein paar französische Paare, saudische Prinzen, deutsche Industrielle, eine Gruppe japanischer Geschäftsleute und ein paar nicht dem Anlass entsprechend gekleidete Amerikaner. Wir wurden in ein Privatzimmer geführt. Der Chef Christian Le Squer war bei Anhängern der feinen Küche als schillernde Figur bekannt: Er hatte sich vom Angestellten eines Fast-Food-Restaurants über einen Matrosen auf einem Fischkutter zum Sternekoch emporgearbeitet.

Ich hatte einen französischen Freund namens François eingeladen, sich zu uns zu gesellen. Er besaß eine der größten privaten französischen Weinsammlungen von Jahrgängen vor 1960, was in einem Land von Weinliebhabern keine geringe Leistung war. Ich hatte François gebeten, das Menü gemeinsam mit Chef Le Squer zu planen, denn ich wollte meinen Freunden zeigen, mit welcher Fürsorge die Franzosen ihre Weine behandeln und wie wichtig ihnen die gastronomische Erfahrung ist. Die kommunistische Revolution hatte in China die Tradition der berühmten Handwerkskunst und der Kennerschaft im kaiserlichen China zerstört. Jetzt konnte ich meine Reisegefährten mit der Schönheit der Tradition und ein paar wirklich guten Weinen bekannt machen.

Neben drei Champagnern und einer Flasche aus der Privatsammlung der Familie Rothschild hatte François eine vertikale Verkostung von sechs Jahrgängen des Château Lafite arrangiert, beginnend mit dem Jahrgang 1900, gefolgt von einem 22er, einem 48er, einem 61er, einem 71er und einem 90er. Es waren allesamt Magnum-Flaschen. Chef Le Squer servierte dazu gegrillte Meerbarbe, geschmorten Steinbutt, Frühlingslamm und Räucheraal. Zum Abschluss genossen wir ein Zitronensorbet. Die Weine allein kosteten über 100 000 Dollar, und wir aßen und tranken stundenlang. Ja, es war Geltungskonsum, aber für Whitney und mich diente dieser Geltungskonsum einem Zweck.

In China ist die Politik der Schlüssel zum Reichtum, nicht umgekehrt, und David Li war politisch im System verwurzelt. Meine Frau und ich waren dort, um Beziehungen zu knüpfen. Whitney konnte immer eine zusätzliche Figur auf ihrem Schachbrett gebrauchen. Beide waren wir angenehm überrascht von Davids Frau Jia Qiang. Obwohl sie dem kommunistischen Adel entstammte, war sie locker und zugänglich.

Whitney war vollkommen darauf fixiert, unsere persönliche Marke aufzubauen und eine Methode zu vervollkommnen, um uns als Paar von der Masse abzuheben. Sie übernahm die Rolle einer dem Osten zugewandten Frau, die die chinesische Lernfähigkeit geradezu verkörperte. Ich spielte die Rolle eines Mannes, der den Westen und die westliche Lebensart verstand. In Europa öffnete ich Türen für unsere Gruppe, die normalerweise verschlossen geblieben wären. Um meine Kenntnis der Welt außerhalb Chinas unter Beweis zu stellen, plante ich jeden Schritt auf unserer Reise sorgfältig. Warum hier übernachten und nicht dort? Warum hier essen und dort einkaufen gehen? Warum das eine trinken, aber das andere nicht? Ich konnte diese Fragen beantworten. Unter diesem Gesichtspunkt waren die Kosten des Abends Teil der Show.

Von Paris aus reisten wir nach Bordeaux, um ein Weingut der Familie Rothschild zu besuchen. Ich hatte diesen Zweig der Familie auf früheren Europareisen kennengelernt, als ich mich mit meinem Projekt zu Familienvermächtnissen beschäftigte. Auf dem Gut luden uns der siebzigjährige Eric de Rothschild, ein in New York geborener Spross der Familie, und seine Frau Maria-Béatrice zu einer Mahlzeit ein. Eric, ein Bankier, Winzer und Philanthrop, war ein Mann mit vielen Talenten. An jenem Tag trug er einen gut geschnittenen Anzug, den er offensichtlich sehr liebte, denn er war nicht nur an den Ellbogen, sondern überall mit Flicken bedeckt. Meine Reisegefährten waren verblüfft. Es war ein weiterer lehrreicher Moment: Dies, erklärte ich meinen Mitreisenden, war der Stil des alten Geldadels. Seinerzeit war das ein Maßanzug gewesen. Mittlerweile war er in die Jahre gekommen, aber Eric wollte sich nicht davon trennen und pflegte ihn fürsorglich. Einer Gruppe etwas vulgärer chinesischer Neureicher eröffnete dieser Anblick die Chance zu lernen, die Dinge zu schätzen, die sie besaßen.

Unser nächstes Ziel war die Côte d'Azur. Der Bauunternehmer Xu Jiayin wollte sich eine Jacht ansehen. Der 1958 geborene Xu war ein Selfmade-Millionär, der aus einem Dorf in der ländlichen Provinz Henan stammte. Xus Vater war Lagerarbeiter gewesen wie mein Vater. Seine Mutter, eine Bäuerin, starb, als er acht Monate alt war. Er wurde von seinen Großeltern aufgezogen und begann mit zwanzig Jahren, in einem Stahlwerk in Südchina zu arbeiten.

Xu stieg zum Leiter der Stahlhütte auf. Als der Betrieb Ende der Achtzigerjahre privatisiert wurde, kündigte er. Die Arbeit in einer Stahlhütte ist gefährlich, und Xu hatte ein leistungsfähiges Team um sich geschart. Er überzeugte seine Leute, sich ihm anzuschließen und gemeinsam mit ihm in den Bausektor zu wechseln.

Das war im Jahr 1992, in dem Jahr, in dem Staats- und Parteichef Deng Xiaoping ins südchinesische Shenzhen reiste, um die Wirtschaftsreformen wieder in Gang zu bringen und die Hardliner auszubooten, die die Niederschlagung der Demokratiebewegung auf dem Tiananmen-Platz im Juni 1989 angeordnet hatten. Xu und sein Team stiegen in dem Augenblick ins Baugewerbe ein, als dessen Blütezeit begann. Zur Zeit unserer Reise war er ein Milliardär, dessen Unternehmen Wohnungen an Angehörige der aufstrebenden chinesischen Mittelschicht verkaufte.

Im Bemühen, seine Verbindungen zu nutzen, ging Xu meiner Meinung nach sehr viel unverfrorener vor als wir. Nachdem er sich mit Whitney und Tante Zhang in Beijing zum Essen getroffen hatte, lud er Whitney zu einem Besuch bei einem Juwelier ein und bot ihr an, ihr für eine Million Dollar einen Ring zu kaufen. Whitney lehnte das Angebot in dem Wissen ab, dass er für dieses Geschenk irgendwann eine Gegenleistung erwarten würde. Daraufhin kaufte Xu zwei Exemplare dieses Rings, die offensichtlich nicht beide für seine Frau bestimmt waren. In China gibt es verschiedene Möglichkeiten, die Aufmerksamkeit der Mächtigen zu wecken. Xus bevorzugte Methode bestand darin, empörend teure Geschenke zu machen.

Xu wollte sich eine 100 Millionen Dollar teure Luxusjacht ansehen, die vor der Côte d'Azur vor Anker lag. Das Schiff gehörte einem Milliardär aus Hongkong. Xu wollte wie David Li einen eigenen Privatklub eröffnen und war der Meinung, ein Etablissement auf dem Wasser wäre intimer als ein Lokal in einer Seitengasse im Zentrum Beijings. Xu träumte von einem schwimmenden Palast, auf dem er Parteifunktionäre vor der Küste Chinas bewirten konnte, wo seine Gäste nicht den neugierigen Blicken von Beamten der Korruptionsbekämpfungsbehörden oder den Kameras von Chinas neuen Paparazzi ausgesetzt sein würden.

Es besagt einiges über jene Zeit, dass keiner von uns angesichts des Preises von 100 Millionen Dollar erschrak. Im chinesischen Jetset war es nicht unbedingt alltäglich, aber auch nicht vollkommen ungewöhnlich, dass jemand mit derartigen Geldbeträgen um sich warf. Aber als wir am Kai eintrafen und die Jacht sahen, war ich verblüfft über die eher bescheidene Ausstattung. Natürlich war es eine riesige Jacht. Für den Betrieb brauchte man ein Dutzend Köche, Hausmädchen und Kellner. Aber für 100 Millionen Dollar hätte man mehr Eleganz, glitzernde Kronleuchter und Holztäfelungen wie jene erwartet, die mich bei der ersten Fahrt in einem Rolls-Royce mit meinem Vater und seinem Chef vor vielen Jahren in Hongkong fasziniert hatten. »Das ist alles, was man für 100 Millionen Dollar bekommt?«, fragte ich. Es erübrigt sich zu sagen, dass Xu das Boot nicht kaufte.

Unsere Reisegruppe zeigte kaum Interesse an der Geschichte und Kultur Europas. Meine Mitreisenden gehörten der ersten Generation chinesischer Reicher an; sie waren Unternehmer, die sich emporgearbeitet hatten wie Xu, abgebrühte Bauunternehmer wie der Kleine Ningbo und Angehörige des kommunistischen Adels wie David Li. Wagemut wurde belohnt, Haftstrafen waren ein Berufsrisiko. Bildung war keine Voraussetzung für den Aufstieg. Leute wie sie interessierten sich nicht für berühmte Gemälde in den Museen. Ihnen ging es nur darum, der Welt ihren Stempel aufzudrücken. Und abgesehen davon, war dies eine Einkaufstour.

Von der französischen Mittelmeerküste zogen wir weiter nach Mailand. Die Männer machten es sich im Hotel Bulgari gemütlich, während sich die Frauen im Quadrilatero della Moda, dem Mode-Stadtviertel Mailands, einem Kaufrausch hingaben. Sie waren wie Gladiatoren im Kolosseum und beobachteten eifersüchtig, wer sich was leisten konnte. Es war mir ein Rätsel, wie man aus dem Shoppen einen Wettkampf bis aufs Blut machen konnte, aber was wusste ich schon? Als wir uns anschickten, nach China zurückzukehren, dauerte es drei Stunden, am Mailänder Flughafen die Formulare für die Mehrwertsteuererstattungen auszufüllen. In der Zwischenzeit wurde ich an den Kartentisch in der VIP-Lounge zurückgerufen. Diesmal verlor ich 200 000 Dollar. Zum Glück forderte nie jemand diese Spielschulden ein.

Auf dem Rückflug lehnte ich mich 10 000 Meter über Asien in meinen Ledersessel zurück und dachte über den faszinierenden Verlauf unseres Lebens nach. »Noch vor wenigen Jahren«, sagte ich laut, »waren wir froh, wenn wir ein Fahrrad besaßen. Jetzt sitzen wir in Privatjets. Von dort hierher in weniger als einem Leben – das ist unbegreiflich.« Meine Mitreisenden nickten. Zurück in China, einigten Whitney und ich uns darauf, dass die Zeit noch nicht reif für einen Weinklub war.

Tante Zhang reiste ebenfalls sehr gern, und Whitney und ich arrangierten Ausflüge für sie, während ihr Ehemann beruflich beschäftigt war. »Wenn der alte Herr erst einmal im Ruhestand ist, werden sie nicht mehr erlauben, dass ich China verlasse«, sagte Tante Zhang einmal. »Ich sollte also besser ins Ausland reisen, solange ich noch die Möglichkeit dazu habe.« Die KPCh verbietet den meisten ihrer hochrangigen Funktionäre nach dem Ende der aktiven Laufbahn, das Land zu verlassen. Beispielsweise wurde der ehemalige Ministerpräsident Zhu Rongji daran gehindert, einen Posten als Gastprofessor an der Universität Harvard anzunehmen. In anderen Ländern spielen ehemalige Spitzenpolitiker oft eine nützliche Rolle hinter den Kulissen als Vermittler, unterbreiten Vorschläge und äußern Kritik, die gegenwärtige Regierungsmitglieder nicht aussprechen könnten. Aber die stets um absolute Kontrolle bemühte Kommunistische Partei hat einem solchen Engagement einen Riegel vorgeschoben.

Tante Zhang legte auf Reisen eine atemberaubende Energie an den Tag. Wir reisten mit ihr in die argentinische Pampa, zu den neuseeländischen Fjorden und ins australische Outback. Wir besichtigten die Loire-Schlösser in Frankreich und machten Ausflüge in die Schweiz, wo sie sich in exklusiven Heilbädern Behandlungen unterzog, die ihr Langlebigkeit verhießen.

Bei einem Abenteuerausflug im Jahr 2007 flogen wir nach Zürich, von wo aus ich Tante Zhang quer durch das halbe Land zum

Genfer See fuhr, wo sie auf halbem Weg zwischen Montreux und Vevey in der Clinique La Prairie einen Termin für ein Facelifting hatte und sich ein aus Schafplazenta gewonnenes Elixier spritzen ließ, das den Alterungsprozess aufhalten sollte. Nachdem ich sie an der Rezeption abgeliefert hatte, nahm ich im Warteraum der Klinik Platz und schaute der Prozession von Frauen in Bademänteln zu, deren Gesichter unter mehreren Schichten Gaze verborgen waren. Einige Stunden später tauchte Tante Zhang mit einer ähnlichen Bandage auf, und ich brachte sie in das Fünfsternehotel, in dem sie eine Suite bezogen hatte.

Nach wenigen Tagen wurden die Verbände abgenommen, und Tante Zhang, die sich nicht weiter um die unübersehbaren Narben der Einschnitte bei den Ohren kümmerte, wollte unbedingt sofort aufbrechen. Sie war sehr viel lebenshungriger als meine Unternehmerfreunde. Und sie gab einen beängstigenden Rhythmus vor.

Um fünf Uhr morgens tauchte sie mit dem Reiskocher, den sie aus Beijing mitgebracht hatte, im Speisesaal des Hotels auf und begann unter den ratlosen Blicken europäischer Kellner, eine Reissuppe zuzubereiten, die sie mit gemischtem chinesischen Gemüse anreicherte, das sie im Handgepäck transportiert hatte. Gegen sechs Uhr war das Frühstück fertig, und Tante Zhang befahl einem ihrer Untergebenen, uns wecken zu gehen. Es kam nicht infrage, auszuschlafen oder ein europäisches Frühstück zu bestellen. Für mich war das besonders schmerzhaft, denn ich habe eine Vorliebe für Croissants.

Tante Zhang wurde von einem kuriosen Gefolge begleitet. Der ehemalige Fabrikleiter Huang war stets an ihrer Seite; obwohl wir ihn nie ins Zimmer seiner Herrin schleichen sahen, nahmen wir alle an, dass die beiden ein Techtelmechtel hatten. Ein weiterer Begleiter war ein Mann, der sich Sunshine nannte und ein Kumpel von Tantes Sohn Winston war.

Nach dem Frühstück brachen wir um halb acht Uhr in einem großen Minibus samt chinesischem Fahrer auf, der uns herumkutschierte. Auch Tante Zhang hatte nicht viel für Museen übrig, aber sie liebte es, sich die Landschaft anzusehen. Vom frühen Morgen bis um neun Uhr abends kam sie nicht zur Ruhe. Für das Mittag- oder Abendessen musste ich ein chinesisches Restaurant finden, was in der ländlichen Schweiz oder in den Weiten der argentinischen Pampa eine schwierige Aufgabe sein konnte.

Ich empfand den Rhythmus dieser Reisen als unerbittlich. Ich brachte Tante Zhang in den besten Hotels Europas unter und fand obendrein einige der besten Restaurants für sie. Oft zahlte ich mehr als tausend Euro für Tantes Hotelzimmer, aber wir hielten uns nie in den Zimmern auf, aßen nur selten in den besten Restaurants und verließen die Hotels stets kurz nach Tagesanbruch.

Tante Zhang reiste nie mit chinesischen Leibwächtern, und allem Anschein nach hatten die Sicherheitsdienste der von uns besuchten Länder keine Ahnung, wer diese Frau war. Bei einer Tour zu den Fjorden Neuseelands lachten wir in uns hinein, als Tante Zhang eine Schale Instant-Nudeln genoss, während wir und eine Schar westlicher Touristen das Naturschauspiel bewunderten: Diese Leute hatten keine Ahnung, dass die ältere Dame, die neben ihnen eine Nudelsuppe schlürfte, die Frau des chinesischen Ministerpräsidenten war.

15

Wie bereits gesagt, bin ich überzeugt, dass die meisten großen Vermögen als reine Glückstreffer begonnen haben. Whitney und ich landeten so einen Glückstreffer mit dem Börsengang von Ping An. Und das Glück war uns noch ein weiteres Mal hold.

Zu Beginn seiner Zeit als Flughafenchef hatte Li Peiying mit der Beijing Tourism Group (BTG), einem großen Staatsunternehmen, eine Vereinbarung über den Kauf eines BTG-Hotels im Zentrum von Beijing geschlossen. Li hatte anstelle des Hotels eine zweite Zentrale der Beijing Capital International Airport Group im Stadtzentrum errichten wollen. Es sollte ein gewaltiger Prestigebau werden, aber das Vorhaben verlief im Sande. Etwa ein Jahr nach Gründung unseres Joint Ventures am Flughafen erzählte mir Li Peiying von der Geschäftsidee.

Allerdings hatte er das Interesse daran verloren, auf diesem Grundstück zu bauen. Ich wusste es nicht, aber Li stand unter ständiger Beobachtung der Zentralen Disziplinarkommission der Partei, weil er der Korruption verdächtigt wurde. So war es nur natürlich, dass er es vorzog, den Traum von einem zweiten Hauptquartier für das Flughafenkonglomerat – gleich um die Ecke bei seiner bevorzugten Sushi-Bar – aufzugeben.

Ich fragte Li, ob unser Joint Venture dem Flughafen das Projekt abkaufen könne. Die Idee gefiel ihm. Wir schlugen das Geschäft der Beijing Tourism Group vor.

Das Grundstück im Bezirk Chaoyang erstreckte sich 450 Meter entlang des Liangma (übersetzt der »Fluss des Leuchtenden Pferds«), der zu jener Zeit ein übel riechendes Gewässer war, das im Winter zufror und im Frühjahr von schädlichen Algen erstickt wurde. Das Dreisternehotel Huadu, ein etwas schäbiges vierstöckiges Gebäude mit einer überraschend guten Kantine, beherrschte das Grundstück.

Wir ließen den Wert des Grundstücks von einem unabhängigen Experten schätzen und legten den Parteikomitees der Flughafengesellschaft und der Beijing Tourism Group die Zahlen vor. Whitney und ich wussten nicht, wie sich die Immobilienpreise entwickeln würden, aber wir erwarteten einen Aufschwung und wollten so viel Boden wie möglich unter unsere Kontrolle bringen. Als sich die beiden Seiten auf den Wert des Grundstücks und des Hotels geeinigt hatten – die Schätzung belief sich auf etwa 100 Millionen Dollar –, kaufte unser Gemeinschaftsunternehmen die Immobilie mit Krediten einer Staatsbank.

Wir ließen das Projekt ebenfalls mehrere Jahre ruhen. Meine gesamte Energie und unser ganzes Kapital steckten im Flughafen. Dann brach Whitney nach New York auf, um Ariston zur Welt zu bringen. Im Jahr 2010 war ich endlich so weit, mit dem Bau zu beginnen. Aber die Politik kam uns einmal mehr in die Quere.

Nach Li Peiyings Verhaftung waren neue Vorschriften erlassen worden. Nun war es der Flughafengesellschaft verboten, sich an irgendwelchen Aktivitäten zu beteiligen, die außerhalb des Kerngeschäfts lagen. Das galt insbesondere für Immobilienprojekte, weil derartige Unternehmungen eine unerschöpfliche Quelle der Korruption darstellten. In dem Augenblick, als ich meine Aufmerksamkeit dem Bauvorhaben zuwandte, bekam die Beijing Capital International Airport Group, der größte Aktionär unseres Joint Ventures, kalte Füße.

Die Flughafengesellschaft trat an uns heran und befahl Great Ocean geradezu, dem Joint Venture das Grundstück abzukaufen. Die Flughafengesellschaft wollte das Grundstück zuerst neu bewerten lassen, um es uns anschließend zum aktuellen Wert zu veräußern. Offensichtlich hoffte die Flughafengesellschaft auf einen satten Gewinn. In der Zwischenzeit waren die Grundstückspreise in Beijing in die Höhe geschossen, vor allem in erstklassigen Lagen wie am Ufer des Liangma.

Unser Gegenangebot lautete, dass wir das Land zum ursprünglichen Preis kaufen würden, den das Joint Venture bezahlt hatte; dazu würden wir Zinsen zahlen. Wir sahen uns vor die Tatsache gestellt, dass die Flughafengesellschaft uns praktisch zwang, dem Joint Venture das Grundstück abzunehmen. Wenn es nach uns gegangen wäre, hätte das Joint Venture das Projekt verwirklicht – warum sollten wir dem Joint Venture jetzt das Grundstück zu einem überhöhten Preis abkaufen?

Die geltenden Vorschriften sahen vor, dass der Verkauf des Grundstücks öffentlich ausgeschrieben werden musste. Aber das Verfahren konnte so gestaltet werden, dass Konkurrenten abgeschreckt wurden. Zunächst einmal stand technisch nicht das Grundstück zum Verkauf, sondern eine Holdinggesellschaft, die das Hotel Huadu besaß, das seinerseits Eigentümer des Grundstücks war. Außer uns kannte keiner der potenziellen Bieter die Verbindlichkeiten dieser Holding – sie war eine Blackbox. Am Ende blieb unser Angebot von 130 Millionen Dollar das einzige. Whitney und ich trieben das Geld auf. Diesmal steuerte Tante Zhang tatsächlich etwas Kapital bei, nämlich 45 Millionen Dollar.

Am Ende brachte uns das Bauvorhaben – das ein Hotel, Wohn- und Bürogebäude sowie ein Museum umfasste – einen gewaltigen Gewinn ein. Das Hotel Huadu hatte eine Fläche von etwa 40 000 Quadratmetern gehabt. Nachdem wir das Grundstück entwickelt hatten, standen dort vier Gebäude mit einer überirdischen Gesamtfläche von fast 140 000 Quadratmetern und einer unterirdischen Fläche von etwa 75 000 Quadratmetern. Ich kann nur schätzen, welchen Gesamtwert das Gelände heute hat, aber er dürfte irgendwo zwischen 2,5 und 3 Milliarden Dollar liegen. Niemand ahnte, wie sehr die Immobilienpreise in Beijing steigen würden. Da war wieder viel Glück im Spiel gewesen.

Für mich war das Projekt eine Freude. Der Ausbau des Flughafens war meine Feuerprobe gewesen. Nachdem ich sie bestanden hatte, konnte ich das Gelernte in dem Neubau anwenden, Anfängerfehler vermeiden und meine Kreativität zur Geltung bringen.

Unser erster Gedanke war, das höchste Gebäude Beijings zu errichten. Whitney und ich schrieben einen Wettbewerb aus, an dem sich einige der berühmtesten Architekten der Welt beteiligten. Norman Foster reichte einen Entwurf für einen 380 Meter hohen Wolkenkratzer ein. Aber die Vorschriften besagten, dass die Wohnhäuser auf der gegenüberliegenden Straßenseite am kürzesten Tag des Jahres mindestens zwei Stunden lang direktem Sonnenlicht ausgesetzt sein mussten. Daher mussten wir die Höhe halbieren und jeden Quadratzentimeter der verfügbaren Grundfläche nutzen. Whitney bot dem Maler Zeng Fanzhi ein Atelier im Obergeschoss des geplanten Museums in dem Komplex an sowie angrenzende Räume als Entertainment-Forum. In den darunterliegenden Geschossen sollten Zengs Werke ausgestellt werden, die in aller Welt für Millionen Dollar verkauft wurden. In China sind die meisten Museen in staatlicher Hand. Doch im Rahmen einer privaten Ausstellung hatte man freie Hand beim Kuratieren.

Am Ende erhielten wir Baugenehmigungen für vier Gebäude. In einem zwanzigstöckigen Wolkenkratzer sollten ein Hotel und Eigentumswohnungen untergebracht werden. Dazu kamen zwei Bürotürme und das Museum. Die Büroräume sollten fast drei Viertel der Gesamtfläche einnehmen, mit dem Hotel auf dem Rest der verbleibenden Fläche, dazu auf dem vierten Viertel die Eigentumswohnungen. Die Einkaufsflächen reduzierten wir auf ein Mindestmaß, denn in China gibt es zu viele Einkaufszentren. Das Museum selbst sollte nur wenige Laufmeter vom Ufer des Liangma entfernt entstehen.

In meinen Augen war der Standort einer der besten überhaupt in Beijing. Die gesamte Südseite des Komplexes grenzte an das Flussufer. Am gegenüberliegenden Ufer erstreckte sich eines der ältesten Botschaftsviertel der Hauptstadt, wo grüne Alleen von zweistöckigen Häusern und Kanzleien gesäumt werden, die von großzügigen Gärten umgeben sind. An smogfreien Tagen hatte man von unserem Komplex aus demnach einen schönen Blick auf weitläufige Grünflächen, so als blickte man aus einem Haus in der

59. Straße in Manhattan nach Norden auf den Central Park. Außerdem bemühte sich die Stadtverwaltung von Beijing, den Fluss zu säubern. Der üble Geruch war bereits verschwunden.

Whitney und ich waren seit Beginn unserer Berufslaufbahn bei unseren Reisen stets in den exklusivsten Hotels der Welt abgestiegen. Wir wussten, wie diese Häuser arbeiteten, und verstanden, was ein erstklassiges Hotel ausmachte. Anders als beim Flughafenprojekt mussten wir uns nicht erst Hotelbetriebe in aller Welt ansehen, denn dieser Aufgabe hatten wir uns bereits unbewusst gewidmet. Whitney und ich stellten ein All-Star-Team von Dekorateuren, Beleuchtungsdesignern, Architekten und Ingenieuren zusammen. Für die Gestaltung der umgebenden Landschaft zogen wir das Engagement eines japanischen Mönchs in Betracht, der ein Zen-Kloster von seinem Vater geerbt hatte. Letzten Endes entschieden wir uns jedoch für ein Team von australischen Landschaftsarchitekten. Die Gestaltung des Museums überließen wir dem Pritzker-Preisträger und Autodidakten Tadao Andō. Die Gebäude von Bürokomplex, Hotel und Wohnungen entwarf das New Yorker Architekturbüro Kohn Pedersen Fox (KPF), das Hochhäuser in aller Welt gebaut hat.

Unser Ziel war es, das beste Immobilienprojekt auf die Beine zu stellen, das China je gesehen hatte. Wir scheuten keine Kosten, um unseren Traum zu verwirklichen. Wir gingen ganz bewusst einen anderen Weg als andere reiche Bauherren, die einfach einen Architekten engagierten und ihm alle Entscheidungen überließen. Das Problem war, dass die Designer und Manager von Baufirmen ein Leben im Luxus nicht kannten. Whitney und ich hingegen waren seit einem Jahrzehnt an ein solches Leben gewöhnt. Wir wussten, dass wir beeindruckende Resultate erzielen würden, wenn es uns gelänge, unsere ästhetischen Vorstellungen mit der Sachkenntnis unseres Teams zu kombinieren. Ich taufte das Projekt auf den Namen Genesis, weil ich glaubte, dass wir ein neues Kapitel in der Geschichte des globalen Immobiliensektors schreiben konnten.

Im Januar 2011 trommelten wir unser Team zu einem Meeting zusammen, um den Startschuss für das Projekt zu geben. Rund siebzig Fachleute aus aller Welt drängten sich in dem kleinen Konferenzsaal. Ich trug einen dunkelblauen Anzug und karmesinrote Sergios-Maßschuhe, die aus der französischen Schuhmacherwerkstatt Atelier du Tranchet stammten. Ich begann meine Begrüßungsansprache mit folgender Frage: »Haben Sie je einen Eigentümer gesehen, der in einem solchen Aufzug bei einer Versammlung wie dieser erschien? Sehen Sie sich meine Schuhe an! Dies ist der Stil, den ich mir für das gesamte Projekt wünsche.« Im Saal brach Gelächter aus, aber die Teilnehmer wussten, dass ich es durchaus ernst meinte. Sie empfanden es als inspirierend, an einem Projekt mitzuarbeiten, das sich in ihrer Vita gut machen würde. Sie hatten nie einen Eigentümer gesehen, der bereit war, derart viel Geld auszugeben, um das Allerbeste zu bauen, der nie versuchte, die Kosten zu senken, der nach Perfektion strebte und leuchtend rote Schuhe trug.

China ist mit Hotels übersät, was teilweise daran liegt, dass chinesische Geschäftsleute Hotels fast so sehr lieben wie ihre privaten Klubs. Die Manager von Staatsunternehmen bauen sehr gerne Hotels, weil sie diese wie Klubhäuser nutzen können, um auf Staatskosten ihre Kontakte zu pflegen oder ihre Mätressen zu verwöhnen. Auch nach der Pensionierung schwimmen die ehemaligen Manager eines Staatsbetriebs weiter im betriebseigenen Pool. Sie essen im Betriebsrestaurant oder buchen Privaträume, ohne dafür zu bezahlen. In Beijing gibt es mehr Fünfsternehotels als in jeder anderen Stadt der Welt. Wenn mein Komplex ein Hotel beinhalten sollte, war klar, dass es von begrenzter Größe sein musste, damit zumindest die Chance blieb, dass es Gewinn abwarf. Ich entschied mich für eine Partnerschaft mit Bulgari, einer der Kronjuwelen im globalen Hotelsektor, weil dies den Wert des Unterfangens erhöhen würde. Ich wollte ursprünglich nicht mehr als 60 Zimmer, aber Bulgari drängte auf mehr. Am Ende einigten wir uns auf 120 Zimmer.

Ich kümmerte mich persönlich um sämtliche Aspekte der Ausstattung. Mein Hotel sollte seinen Gästen Dinge anbieten, die sie sonst nirgendwo bekommen konnten – kleine Annehmlichkeiten, welche die oft enervierende Erfahrung des Reisens verbessern konnten. Beispielsweise gibt es in den meisten Fünfsternehotels kaum genug Platz für einen offenen Koffer. Aber die Gäste kommen oft zu zweit. Ich wies mein Team an, sicherzustellen, dass sämtliche Zimmer genug Platz für zwei offene Koffer boten. Dieser zusätzliche halbe Quadratmeter kostete viel Geld, aber die Ausgabe lohnte sich.

Wir stritten mit Bulgari über die Frage, ob die obersten Stockwerke für das Hotel oder die Appartements reserviert werden sollten. Wir wollten diese Stockwerke für Wohnungen nutzen, weil wir damit in einer erstklassigen Lage wie dieser die höchsten Preise in Beijing erzielen würden. Schließlich gab Bulgari nach. Whitney und ich sicherten uns das Penthouse, eine gut 900 Quadratmeter große Wohnung samt Hallenbad für Ariston und mich. Dies sollte unser neues Heim werden.

Whitney kehrte im Jahr 2010 gerade rechtzeitig an den Arbeitsplatz zurück, damit wir das Projekt gemeinsam in Angriff nehmen könnten. Doch wir begannen, in Gegenwart unserer Mitarbeiter über die Projektdetails zu streiten. Whitney schien Vergnügen daran zu haben, mir zu widersprechen. Wenn wir am Abend unter vier Augen darüber sprachen, gestand sie, dass das keinen vorteilhaften Eindruck machte … nur um sich am folgenden Morgen wieder genauso zu verhalten. Schließlich einigten wir uns darauf, unsere Zuständigkeitsbereiche abzugrenzen, um unsere Interaktion am Arbeitsplatz auf ein Mindestmaß zu begrenzen.

Ich übernahm die Verantwortung für Marketing, Planung, Strategie und Verkauf, während Whitney für Bauarbeiten, Kosten und Qualitätssicherung zuständig war. Dennoch überschnitten sich unsere Zuständigkeitsbereiche. Und in gemeinsamen Sitzungen wies sie mich weiterhin offen in die Schranken. In einem Meeting, in dem es um die Größe der Wohnungen ging, kamen detaillierte finanzielle und politische Fragen zur Sprache: Welche Art von Klientel wollten wir ansprechen? Käufer, die eher kleine Wohneinheiten von 130 Quadratmetern für drei Millionen Dollar erstehen würden, oder Personen, die sich für das Zwanzigfache ein ganzes Stockwerk sichern wollten? Es sei daran erinnert, dass dies die Jahre des großen Booms in China waren. Wir konnten mit Käufern rechnen, die im Zentrum Beijings ein Herrenhaus in luftiger Höhe wollten. Schließlich gehörten wir zweifellos selbst zu diesem Personenkreis.

Der soziale Status der einen Käufergruppe war nicht mit dem der anderen zu vergleichen. Die einen waren einfach reich, die anderen superreich. Sollten sie überhaupt denselben Aufzug benutzen und das Haus durch denselben Eingang betreten, oder sollte es getrennte Lobbys geben? Und war es unter politischen Gesichtspunkten in einem vorgeblich kommunistischen Land klug, mehrere Millionen Dollar in eine Wohnung zu investieren? Oder würden die potenziellen Käufer davor zurückschrecken, in China derart viel Geld auszugeben? Auf welche gesellschaftlichen und politischen Trends sollten wir setzen?

Meine Leute zerbrachen sich monatelang die Köpfe über diese Fragen. Dann teilten wir Whitney und ihrem Team mit, zu welchem Ergebnis wir gelangt waren. Schließlich waren sie für den Bau zuständig. Whitney war keineswegs überzeugt. Die von uns vorgeschlagene Mischung gefiel ihr nicht. Aber ich spürte, dass es ihr im Grunde einfach unangenehm war, dass ich den Ton angab. Sie ging im Raum herum und fragte ihre Leute, was sie von unserem Plan hielten. Sie redeten um den heißen Brei herum. Ich fühlte mich, als säße ich wieder am Flughafen mit dem Manager zusammen, der Li Peiying ersetzt hatte. Jeder Anwesende hatte eine andere Meinung, und da wir uns nicht einig wurden, kam das Projekt nicht voran.

Whitney erklärte, sie wolle die Entscheidung fürs Erste verschieben. Ich fuhr aus der Haut. »Wenn du dich für so unglaublich schlau hältst, dann mach du es doch!«, schrie ich. »Ich bin raus!«

Ich stürmte hinaus. Dies war keine einfache Meinungsverschiedenheit. Whitney verhielt sich mir gegenüber in der Öffentlichkeit respektlos, was in Anbetracht meiner lebenslangen Sorge um mein Ansehen besonders schmerzhaft für mich war.

In der Beziehung zu Whitney hatte es stets Anklänge an meine Beziehung zu meinen Eltern gegeben. Als wir uns kennenlernten, kritisierte sie mich unablässig, so wie es meine Eltern früher getan hatten. Ich nahm mir ihre Kritik zu Herzen, und in der Hoffnung, ihr Erfolgsrezept werde auch das richtige für mich sein, änderte ich meine Art zu leben, zu sprechen, mich zu kleiden und zu bewegen. Aber als ich mich beruflich durchgesetzt hatte, erkannte ich – wie seinerzeit in der Beziehung zu meinen Eltern – einen Widerspruch zwischen meinem Privatleben, das von Whitneys Unzufriedenheit mit mir geprägt war, und meinem Leben in der Öffentlichkeit, in dem ich von Erfolg zu Erfolg eilte und mit Lob überhäuft wurde. Eine der beiden Welten musste ich verlassen.

Rückblickend glaube ich, dass Whitney das Bedürfnis hatte, ihre Autorität zu bekräftigen. Sie war ins Ausland gegangen, um Ariston auszutragen, und während meine Bedeutung für die Firma wuchs, hatte sie das Gefühl, dass ihre Position geschwächt war. Ich hatte das Managementteam aufgebaut. Mit Ausnahme des Finanzchefs hatte ich alle Posten besetzt. Beginnend mit dem Flughafenprojekt hatte ich unser Team zusammengestellt. Und beim Verkauf unseres Anteils am Flughafen hatte ich mit dem Käufer Prologis vereinbart, dass ich das gesamte Führungsteam mitnehmen durfte. Der Aufbau dieses Teams war eine meiner größten Leistungen. Whitney konzentrierte sich darauf, gute Beziehungen zu den Parteibonzen zu knüpfen. Aber die eigentliche Arbeit machten mein Team und ich. Whitney hatte nicht viel mit dieser Arbeit zu tun, was ihre Unsicherheit verstärkte.

Mein Team und ich versuchten eine Hybridkultur zu entwickeln, die Elemente des östlichen und westlichen Denkens miteinander verknüpfte. Anders als die meisten chinesischen Unternehmenschefs glaubte ich an den Wert des freien Wochenendes. Gleichzeitig war dies kein multinationaler Konzern, der aus Tausenden Kilometern Entfernung versuchte, andere Werte zu vermitteln. Ich gestaltete alles von Grund auf neu. Ich glaubte daran, dass man sich persönlich weiterentwickeln kann – ich wäre ein Heuchler gewesen, hätte ich es nicht getan, denn schließlich hatte ich nach dem Zusammenbruch von PalmInfo in Shanghai und später am Aspen Institute viel Zeit mit dem Versuch verbracht, mich zu verbessern. Ich bot ein Paket von Nebenleistungen an, das sich mit denen internationaler Firmen messen konnte. Ich bezahlte einigen meiner Spitzenmanager MBA-Kurse. Und ich verzichtete darauf, Verwandte einzustellen. Whitney hatte ihrem Halbbruder beim Aufbau seines Immobiliengeschäfts in Tianjin geholfen, aber er stand nie auf der Gehaltsliste meines Unternehmens. Dieses Vorgehen ersparte uns die internen Fraktionskämpfe, die so vielen chinesischen Unternehmen zu schaffen machten.

Obwohl wir ein Ehepaar und Geschäftspartner waren, lieferten Whitney und ich uns einen erbitterten Konkurrenzkampf. Sie hatte mich geformt und mir zum Erfolg verholfen, aber jetzt hatte sie das Gefühl, dass ich ihre Autorität infrage stellte, und befürchtete, dass ich sie nicht mehr brauchte. Das war nicht ganz falsch: Tatsächlich glaubte ich, dass die Zeit für mich arbeitete; mit meiner Kompetenz als treibender Kraft des Unternehmens würden wir uns bald auf Augenhöhe mit chinesischen und internationalen Firmen um Bauvorhaben im In- und Ausland bemühen. Außerdem ging ich davon aus, dass Whitney und ich unser Vermögen eines Tages ausgewogener unter uns aufteilen und genießen würden.

Aber Whitney schien wenig geneigt, etwas zu verändern. Sie sah ihre einzige Fähigkeit darin, das Spiel mit *guanxi* zu spielen, und fürchtete sich vor dem Tag, an dem gute Beziehungen – und damit auch ihre Person – nicht mehr benötigt würden.

Als wir im Jahr 2012 die Genehmigungen für den Bau des Hotels Bulgari erhalten hatten, hing der Fortschritt des Projekts nicht mehr so sehr von Beziehungen ab wie seinerzeit das Flughafenprojekt. So verlor Whitneys Beitrag an Bedeutung. Das Projekt wurde von Ausländern dominiert. Alle meine Auftragnehmer waren internationale Firmen. Wir waren nicht darauf angewiesen, unsere Partner zu bewirten und zu verwöhnen. Den Moutai hatte ich hinter mir gelassen – obwohl sich das Team freute, wenn ich gelegentlich eine gute Flasche Rotwein entkorkte.

Die Arbeit machte mir großen Spaß, aber die Beziehung zu Whitney verschlechterte sich zusehends. Es war widersinnig, ja sogar tragisch, dass ein Projekt, das unsere Beziehung hätte festigen sollen, einen Keil zwischen uns trieb. Aus der Distanz sehe ich klar, dass wir einander emotional nie nahe genug standen und unsere Verbindung zu pragmatisch und analytisch betrachteten. Whitney war stets der Meinung gewesen, die Leidenschaft müsse in unserer Beziehung eine untergeordnete Rolle spielen; sofern die grundlegende Übereinkunft stabil sei, werde unsere Partnerschaft Bestand haben.

In meinen Augen genügte es nicht, auf die Vernunft zu pochen. In den wichtigen Beziehungen in unserem Leben muss man mal über den eigenen Schatten springen, dann wieder angemessen selbstsüchtig vorgehen. Es gibt keine ideale Formel für die Mischung. Fest steht, dass die Mischung bei Whitney und mir nicht stimmte. In unserer Verbindung mangelte es an Emotion. Rückblickend ist mir klar, dass Emotion der Klebstoff gewesen wäre, der uns zusammengehalten hätte. Gefühle hätten wie weiches Gewebe den Körper unserer Beziehung auch bei einer Schwächung des Skeletts aufrecht gehalten und Härten abgefedert.

16

Am 26. Oktober 2012 erschien auf der ersten Seite der *New York Times* ein Artikel, in dem das immense Vermögen von Wen Jiabaos Familie detailliert beschrieben wurde. Gestützt auf Unternehmensaufzeichnungen schätzten die Autoren, dass die Familie Wen fast drei Milliarden Dollar besaß. Am Anfang des zwanzigsten Absatzes wurde Whitneys Name genannt.[16] Es war ein herber Schlag für unsere bereits angeschlagene Beziehung.

Drei Tage vor Erscheinen des Artikels hatte der *Times*-Journalist David Barboza Kontakt zu Whitney aufgenommen, um ihr mitzuteilen, dass sie eine prominente Rolle in der Geschichte einnehmen würde. Er bat sie um eine Stellungnahme. Whitney setzte sich mit Tante Zhang zusammen, um über die richtige Reaktion zu beraten. Barboza eröffnete Whitney, er werde in seiner Reportage erklären, dass Great Ocean als Vehikel für den Kauf von Ping-An-Aktien genutzt worden sei und dass zu einem späteren Zeitpunkt Aktien im Wert von mehr als 100 Millionen Dollar auf ein Konto von Wen Jiabaos Mutter übertragen worden seien, einer pensionierten Lehrerin, die außer einer staatlichen Rente keinerlei Einkommen beziehe.

Whitney und Tante Zhang zogen es fürs Erste vor, sich nicht zu der Geschichte zu äußern. Dann nutzte Whitney ihre Verbindungen in der Kunstszene, um Kontakt zu Barbozas taiwanesischer Ehefrau aufzunehmen. Mehrere Stunden lang flehte Whitney die Frau an, Barboza dazu zu bewegen, die Geschichte in der Schublade verschwinden zu lassen. »Wir sind alle Chinesen«, hörte ich Whitney sagen. »Wir sollten imstande sein, das freundschaftlich zu regeln. Ich habe Kinder, Sie haben Kinder. Sie wissen, wie sehr das meiner Familie schaden wird. Das würden Sie keiner Familie wünschen.« Das war ein weiteres Beispiel für die tiefe Kluft zwischen der Kultur, in der Whitney lebte, und der westlichen Welt. Aber sie war verzweifelt. Es war ein Schuss ins Blaue. Es erübrigt sich zu sagen, dass die Barbozas kein Interesse an einer »freundschaftlichen Regelung« hatten.

Nun änderte Tante Zhang ihre Meinung und befahl Whitney, die Verantwortung für das Ping-An-Geschäft auf sich zu nehmen. Sie wies Whitney an, mit Barboza zu sprechen und ihm zu sagen, dass sämtliche auf die Namen der Mutter und anderer Verwandter des Ministerpräsidenten registrierten Aktien in Wahrheit ihr gehörten und dass sie die Namen dieser Personen genutzt habe, um das Ausmaß ihres eigenen Vermögens zu verschleiern.

»Als ich in Ping An investierte, wollte ich vermeiden, dass es öffentlich wurde«, erzählte Whitney der *Times*. »Daher bewegte ich meine Verwandten dazu, andere Personen zu finden, die diese Aktien für mich halten konnten.«

Diese Erklärung war gelinde gesagt weit hergeholt und offenkundig wenig glaubwürdig. Aber Whitney sah sich aus Loyalität zu Tante Zhang gezwungen, deren Anweisung zu befolgen. Natürlich waren die Aktien ursprünglich nicht unter dem Namen von Great Ocean registriert worden, um Whitney zu schützen, sondern um die Beteiligung der *Wens* zu verschleiern. Erst nach dem Verkauf unserer eigenen Aktien im Jahr 2007 fällte Tante Zhang die unkluge Entscheidung, das Eigentum an ihren Aktien auf ihre Schwiegermutter und andere Verwandte zu übertragen. Und dieser Vorgang hinterließ eine Spur. Wären die Aktien unter Great Oceans Namen registriert geblieben, so hätte Barboza kaum etwas gefunden, an dem er seine Geschichte hätte aufhängen können.

Im Grunde wusste ich immer, dass Tante Zhang irgendwann Whitney opfern würde. Aber ich hatte geglaubt, dass Whitney besser darauf vorbereitet wäre. Ich war im Irrtum. Whitney hatte persönlich zu viel in die Beziehung zu Tante Zhang investiert. Und sie hatte den chinesischen Kodex der Brüderlichkeit – *yiqi* – verinnerlicht, den ich und meine Busenfreunde einst in Shanghai auch gepflegt hatten. Sie schlüpfte bereitwillig in die Rolle des Sündenbocks, um Tante Zhang zu beweisen, dass diese gut daran getan hatte, ihr all die Jahre zu vertrauen.

Die meisten Leute hätten rasch das Weite gesucht, denn dies war nicht der richtige Zeitpunkt, um den Helden zu spielen. Aber Whitney hielt die Stellung. In meinen Augen war dies eine zutiefst persönliche Entscheidung, die sich zu gleichen Teilen aus Verzweiflung und Mut speiste. Möglicherweise spielte auch ihr christlicher Glaube eine Rolle. Aber vor allem wollte sie an der Beziehung festhalten, die sie aufgebaut hatte. Ich flehte sie an, nicht mit Barboza zu sprechen. Sie entschied sich zu dem Schritt, weil ihre Beziehungen das Einzige waren, was sie hatte. Im Grunde ging es um ihr Selbstbild.

Die Familie Wen und die Führungsebene der Kommunistischen Partei wurden von einem Erdbeben erschüttert. Zum zweiten Mal waren in westlichen Medien die Reichtümer einer führenden kommunistischen Familie detailliert beschrieben worden. Wenige Monate früher, im Juni 2012, hatte die Nachrichtenagentur Bloomberg einen ähnlichen Bericht über das Vermögen der Verwandten des Vizepräsidenten – und kommenden Parteichefs – Xi Jinping publik gemacht.[17] Interessanterweise kostete diese Enthüllung niemanden den Kopf.

Whitney hatte nicht so viel Glück.

Die Reaktion der KPCh bestand darin, die Website der *New York Times* in China zu sperren. Ein Sprecher des Außenministeriums beschuldigte die Zeitung, Chinas Ansehen böswillig zu beschädigen und »weitergehende Beweggründe« zu haben. Intern rückte die Partei zusammen. Ihrem paranoiden Instinkt gehorchend, betrachtete die Parteiführung die westlichen Medienberichte als einen von der amerikanischen Regierung orchestrierten Angriff auf die politische Führung Chinas. Wäre der Bericht über das Vermögen von Xis Familie nicht veröffentlicht worden, so hätte die Partei möglicherweise anders reagiert und Wen verschont. Aber der Artikel über Xis Vermögen weckte bei der Regierung die

Überzeugung, die Vereinigten Staaten wären für die Enthüllungen verantwortlich, weshalb die beste Antwort darin bestehe, eine Verteidigungshaltung einzunehmen.

Wen Jiabao machte im privaten Kreis keinen Hehl aus seiner Wut über die Enthüllungen. Besonders erbost war er über die geschäftlichen Aktivitäten seiner Frau und seines Sohns Winston. (Seine Tochter Lily wurde im ursprünglichen Bericht nicht genannt, aber ihr Name tauchte in späteren *Times*-Artikeln auf.) Whitney und ich waren überzeugt, dass Tante Zhang und ihre Kinder Wen über viele ihrer Aktivitäten im Dunkeln gelassen hatten. Außerdem hatte er nie einen Hehl aus seiner Ablehnung gemacht, als er von Geschäften seiner Angehörigen erfahren hatte.

Jetzt verlangte er die Scheidung, wie uns erzählt wurde. In einem Wutanfall kündigte er seinen Verwandten an, er werde sich nach seinem Ausscheiden aus dem Amt den Schädel rasieren und in ein buddhistisches Kloster eintreten. An diesem Punkt schritt die Parteiführung ein: Sie wollte Wen nicht nur von der Scheidung, sondern auch davon abhalten, gewissermaßen im buddhistischen Sinne »den roten Staub« der menschlichen Begierden zu durchschauen und sich in einen Mönch zu verwandeln. Besonders die zweite Entscheidung wäre peinlich für eine zumindest offiziell atheistische Partei gewesen.

Die Auswirkungen der Enthüllungen schwollen an wie ein Tsunami, der mit einer niedrigen Welle beginnt. Unsere Beziehung zur Familie Wen änderte sich. Tante Zhang teilte uns mit, dass die Familie nicht länger daran interessiert sei, einen Anteil von 30 Prozent an unseren Projekten zu übernehmen. Wir hatten gerade erst den Grundstein für das Hotel Bulgari gelegt, und jetzt eröffnete uns Tante Zhang plötzlich, dass sie aussteigen wollte. Wir konnten uns keinen Reim auf ihr Verhalten machen, gelangten jedoch zu der Überzeugung, dass sie ihre Meinung nach einer Weile wieder ändern würde. Wir hatten nie einen Vertrag mit Tante Zhang unterzeichnet. Wie so vieles in China war auch unser Übereinkommen nirgends dokumentiert.

Nach der Veröffentlichung des *Times*-Artikels stellte Whitney ihre Tätigkeit als Netzwerkerin ein. Sie knüpfte keine neuen Kontakte mehr, und niemand trat an sie heran. Sie wollte niemanden in eine unangenehme Lage bringen. In der Zwischenzeit versuchte ich, mir ein Bild davon zu machen, wie groß die Risiken für uns waren. Ich ahnte, dass die Geschichte Folgen haben würde, wusste jedoch nicht, welche es sein würden und wann wir mit Konsequenzen rechnen mussten. Wir warteten einen Monat ab und setzten die Arbeit am Hotelprojekt fort. Niemand von den Sicherheitsdiensten oder der gefürchteten Zentralen Disziplinarkommission klopfte an unsere Tür.

Tante Zhang verriet uns, dass sie ihre Kinder angewiesen hatte, sich aus dem Rampenlicht zurückzuziehen. Winston Wen nahm einen Posten in einem Staatsbetrieb an. Lily Chang machte ihre Beratungsfirma dicht und fand eine Anstellung im Staatlichen Devisenamt. Tante Zhang ließ das Vorhaben fallen, auf einem großen Grundstück im Norden Beijings ein Ausbildungszentrum für Juweliere zu errichten. Sie überließ das Grundstück ihrem Sohn Winston, der sich daranmachte, die Keystone Academy aufzubauen, ein Internat, das er zum besten im kommunistischen China machen wollte.

Im Gespräch mit Whitney äußerte Tante Zhang die Überzeugung, jemand versuche, ihre Familie zu zerstören. Sie machte sich auf die Suche nach dem Urheber der Geschichte. Unter Berufung auf Kontaktpersonen in der Regierung erklärte sie, das Ansehen ihres Mannes sei zu einem Kollateralopfer in einem erbitterten Machtkampf innerhalb der Partei geworden.

In dieser Auseinandersetzung standen einander Xi Jinping und ein Parteifunktionär namens Bo Xilai gegenüber. Beide waren Söhne kommunistischer »Unsterblicher«, das heißt von Veteranen der Revolution. Und beide verdankten ihre Karriere einer Entscheidung, welche die Partei im Jahr 1981 auf Betreiben eines hochrangigen Funktionärs namens Chen Yun gefällt hatte: Es war beschlossen worden, in der Personalabteilung der Partei eine

»Sektion für Nachwuchskader« einzurichten. Diese Sektion sollte sicherstellen, dass die Söhne und Töchter hochrangiger Parteifunktionäre gute Posten in Regierung und Partei erhielten.[18] »Wenn uns unsere Söhne und Töchter nachfolgen«, erklärte Chen Yun, »werden wir nicht aus unseren Gräbern geholt.« Die Niederschlagung der Demokratiebewegung auf dem Tiananmen-Platz im Jahr 1989 bewies der Parteiführung, dass unbedingt für Kontinuität gesorgt werden musste. Aus der Krise zog der rote Adel die Lehre, dass »man sich auf die eigenen Kinder am ehesten verlassen kann«, wie es in der Redensart heißt. Alle führenden Familien wählten einen Abkömmling aus, der auf eine politische Führungsrolle in der Zukunft vorbereitet werden sollte. Xi Jinping und Bo Xilai wurden von ihren Vätern nominiert und begannen ihren Aufstieg in der Parteihierarchie.

Xis Vater Xi Zhongxun war ein Held des Bürgerkriegs gegen die von Chiang Kai-shek geführte Kuomintang in den Dreißiger- und Vierzigerjahren gewesen. Ende der Siebziger- und in den frühen Achtzigerjahren leistete er wichtige Beiträge zur Entwicklung der Wirtschaftspolitik, die China in eine führende Wirtschaftsmacht verwandelten.

Bo Xilai war der Sohn von Bo Yibo, einem weiteren Weggefährten Maos. Auch er hatte gegen die Nationalisten gekämpft. Bo Yibo war in wirtschaftlichen Fragen konservativer als Xi Zhongxun, aber in den Achtzigerjahren leitete er die Einrichtung der beiden chinesischen Börsenplätze in Shanghai und Shenzhen.

Anfang der Neunzigerjahre hatte Bo Xilai sich als erfolgreicher Bürgermeister der Hafenstadt Dalian einen Namen gemacht. Im weiteren Verlauf seines Aufstiegs wurde er Gouverneur der Provinz Liaoning und Handelsminister, und im Jahr 2007 war er dann zum Parteisekretär der Riesenstadt Chongqing (ehemals Chunking, auch T'schungch'ing) im Südwesten Chinas befördert worden. Mit seinem dichten, mit Gel nach hinten gekämmten schwarzen Haar und seinem strahlenden Lächeln wurde Bo ein Liebling der Medien und hatte stets einen prägnanten Spruch auf den Lippen. Wäre Bo Amerikaner gewesen, so hätte er einen erfolgreichen Gebrauchtwagenhandel in einen Kongresssitz umgemünzt.

Xi Jinping war weniger schillernd und sehr viel vorsichtiger. Als er in den Neunzigerjahren in der Parteihierarchie in der Provinz Fujian aufstieg, ahnten seine Mitarbeiter nicht, dass er die populäre Armeesängerin Peng Liyuan umwarb, die er schließlich heiraten sollte. Xi hatte sich von seiner ersten Frau, einer Diplomatentochter, getrennt, weil sie nach einem Studienaufenthalt in Großbritannien bleiben wollte.

Xis Lebenslauf, der hochrangige Posten in Regierung und Partei in den Provinzen Shanghai und Zhejiang beinhaltete, war nicht weniger beeindruckend als der von Bo. Dennoch war Xi für die Medien eher ein unbeschriebenes Blatt, als er im November 2002 ins Zentralkomitee der KPCh aufgenommen wurde und damit ins Rampenlicht trat. Auch Bo sicherte sich dank der Fürsprache seines Vaters einen der begehrten Plätze im ZK. Doch fünf Jahre später hängte Xi ihn im Rennen um die Position an der Spitze der Parteihierarchie ab: Obwohl sich beide im Jahr 2007 einen Sitz im Politbüro sichern konnten, wurde nur Xi Yinping in den Ständigen Ausschuss des Politbüros aufgenommen – das eigentliche Machtzentrum Chinas.

Es waren viele Geschichten über Bos verzweifelte Versuche in Umlauf, den Rückstand auf Xi wettzumachen. Er unternahm zahlreichen Aktivitäten, um auf sich aufmerksam zu machen. Als Parteichef in Chongqing sorgte er mit politischen Kampagnen für Aufsehen, die an die Massenkundgebungen unter Mao in der Kulturrevolution erinnerten. Er versuchte, nostalgische Erinnerungen an die Tage der Revolution zu wecken, indem er gewaltige Aufmärsche organisierte, bei denen Tausende Einwohner der Stadt gemeinsam alte kommunistische Kampflieder sangen.

Aber Bos Ehrgeiz wurde ihm zum Verhängnis. Sein Sturz begann am 15. November 2011, als im Zimmer 1605 des Hotels Lucky Holiday, einer heruntergekommenen Absteige in Chongqing, die Leiche eines britischen Geschäftsmanns namens Neil Heywood gefunden wurde. Im ursprünglichen Bericht des Leichenbeschauers wurde als Ursache des »plötzlichen Todes« exzessiver Alkoholkonsum angegeben, und die Leiche wurde ohne Autopsie verbrannt.

Heywood war ein langjähriger Geschäftspartner von Bos schillernder zweiter Frau Gu Kailai gewesen. Als sich Wang Lijun, der Polizeichef von Chongqing, den Fall genauer ansah, entdeckte er, dass es Bos Frau gewesen war, die Heywood offenbar wegen eines geschäftlichen Streits vergiftet hatte.

Wang suchte Bo Xilai in dessen Büro auf und konfrontierte ihn mit seiner Entdeckung. Bo verstand diese Mitteilung als unausgesprochene Drohung. Seiner Meinung nach hätte ein loyaler Polizeichef die Beweise einfach verschwinden lassen und den Fall zu den Akten gelegt. Bo sprang von seinem Schreibtischsessel auf und gab Wang eine derart wuchtige Ohrfeige, dass das Trommelfell des Polizeichefs riss. Bo entließ Wang auf der Stelle und leitete Korruptionsermittlungen gegen ihn ein.

Aus Angst, er werde das nächste Mordopfer sein, flüchtete Wang aus Chonqing und klopfte am 6. Februar 2012 im nahe gelegenen Chengdu an die Tür des amerikanischen Konsulats, wo er seine Geschichte amerikanischen Diplomaten erzählte und um politisches Asyl bat. Während Wang in der US-Gesandtschaft sein Anliegen vorbrachte, umzingelten chinesische Polizeibeamte, die verschiedene konkurrierende politische Fraktionen in der Partei vertraten, das Konsulat. Das Tauziehen um Wang endete am folgenden Tag, als die Amerikaner den geschassten Polizeichef von Chongqing in die Obhut eines Vizeministers aus dem Ministerium für Staatssicherheit gaben, der Wang nach Beijing brachte. Der Partei kamen diese Ereignisse denkbar ungelegen, denn sie bereitete sich gerade auf die jährliche Vollversammlung des Nationalen Volkskongresses vor, die im folgenden Monat stattfinden sollte.

Tante Zhang eröffnete uns, dass nach der Ankunft von Wang Lijun in Beijing der neunköpfige Ständige Ausschuss des Politbüros zusammengetreten war, um über den richtigen Umgang mit dem Skandal zu diskutieren. Zhou Yongkang, der im Ausschuss für die Sicherheitsdienste zuständig war und zu Bo Xilais Verbündeten zählte, hatte demnach als Erster das Wort ergriffen und erklärt, die Untersuchung solle auf die Verfehlungen von Polizeichef Wang beschränkt bleiben. Es herrschte Stille im Raum. Zhous Stellungnahme bedeutete, dass nicht gegen Bo Xilai ermittelt würde. Die Mitglieder des Ständigen Ausschusses dachten über Zhous Vorschlag nach. Als sich niemand äußerte, brach Xi Jinping mit dem Protokoll und ergriff das Wort, obwohl er eine relativ niedrige Position innerhalb der Hierarchie einnahm. Er erklärte, die Partei müsse nicht nur Wang, sondern alle Personen untersuchen, die möglicherweise ihre Hände im Spiel gehabt hatten. Xi musste Bo Xilai oder dessen Frau nicht einmal namentlich nennen: Allen Anwesenden war klar, wen er meinte. Xi wusste, dass ihm eine unbezahlbare Gelegenheit entgangen wäre, sich seines Erzrivalen zu entledigen, wenn er in dieser Situation geschwiegen hätte.

Wen Jiabao hatte als Nummer zwei des Ständigen Ausschusses beträchtlichen Einfluss auf die Entscheidung. Er stimmte Xi Jinping zu. Daraufhin sprach sich auch der stets vorsichtige Parteichef Hu Jintao für eine umfassende Untersuchung aus. So wendete sich das Blatt. Als der Ständige Ausschuss in der folgenden Sitzung am 7. März schließlich über die Vorgehensweise abstimmte, widersetzte sich lediglich Zhou dem Vorhaben, Bo Xilai aus der Partei auszuschließen, den Fall den Ermittlungsbehörden zu übertragen und Bos Frau wegen des Mordes an Neil Heywood zu belangen.

Der Beschluss, Bo zu stürzen, wurde in einer dramatischen Pressekonferenz zum Abschluss des Nationalen Volkskongresses am 14. März bekannt gegeben. Es war Wen Jiabaos letzte Pressekonferenz nach einem Jahrzehnt an der Spitze der Regierung. In Reaktion auf eine Frage der *New York Times* rügte der Ministerpräsident Bo Xilai und rief das Parteikomitee von Chongqing auf, »sich ernsthafte Gedanken zu machen und aus dem Zwischenfall mit Wang Lijun zu lernen«. Damit ließ Wen eine politische Bombe platzen: Nachdem er sich hinter verschlossenen Türen auf Xis Seite gestellt hatte, ging er nun so weit, Bo öffentlich bloßzustellen. Am folgenden Tag verlor Bo seinen Posten als Parteichef von Chongqing. Am 10. April wurde er aus dem ZK und aus dem Politbüro entfernt. Im September verurteilte ihn ein Gericht zu einer lebenslänglichen Gefängnisstrafe. Und am 15. November desselben Jahres wurde Xi Jinping Generalsekretär der KPCh.

Tante Zhang glaubte, dass sich ihr Ehemann durch die Unterstützung einer umfassenden Untersuchung und mit der Teilnahme an der öffentlichen Demontage von Bo Xilai auf Kollisionskurs mit Bos Verbündeten begeben hatte, unter denen einige mächtige Angehörige der Sicherheitsdienste waren. Weitere Informationen, die uns zu Ohren kamen, bestätigten Tante Zhangs Einschätzung. Im Februar 2012 hörten Whitney und ich Gerüchte darüber, dass Bo chinesische Journalisten und Wissenschaftler engagiert hatte, um belastendes Material über Tante Zhang und ihre Kinder zu sammeln. Auf Fragen nach den Quellen seiner Geschichte hat David Barboza allerdings stets bestritten, Informationen von mit Bo verbündeten Kreisen innerhalb der Partei erhalten zu haben, die sich an Wen Jiabao rächen wollten. Aber Tante Zhang wollte erfahren haben, dass Sicherheitsbeamte, die Bo Xilai ergeben waren, Barboza in Hongkong Schachteln mit Dokumenten übergeben hatten.

Im Jahr 2013, etwa ein Jahr nach dem Beginn von Xi Jinpings Kampagne zur Korruptionsbekämpfung und nach der Veröffentlichung des NYT-Berichts über den Reichtum der Familie Wen, erzählte uns Tante Zhang, sie und ihre Kinder hätten ihr gesamtes Vermögen dem Staat »gespendet« und von der Partei im Gegenzug die Zusage der Straffreiheit erhalten. Andere Familien aus dem roten Adel hätten dasselbe getan. Es gab noch einen weiteren Grund für dieses Verhalten. Die Partei wollte die Geschichte umschreiben. Wenn sie in Zukunft mit dem Vorwurf konfrontiert würde, systemische Korruption zu dulden, konnte sie darauf verweisen, dass die Familien des roten Adels lediglich dem Staat gedient hätten, indem sie ihm ihr Vermögen »geschenkt« hätten. Whitney und mir schien all das einigermaßen surreal. Auf der anderen Seite waren die chinesischen Kommunisten seit Langem geübt darin, sich Privateigentum anzueignen und die Wahrheit zu verdrehen.

Der Bericht in der *New York Times* war ein Beleg dafür, dass ich mit der Forderung richtiglag, Whitney und ich sollten einen großen Teil unserer Investitionen im Ausland tätigen und uns nicht länger auf Verbindungen zu einflussreichen Figuren innerhalb der Partei verlassen, um in China Geschäfte zu machen. Ich war überzeugt, dass wir kompetent genug waren, um uns auf dem freien Markt zu behaupten. Wir hatten das Spiel mit *guanxi* sehr geschickt gespielt, aber in meinen Augen war es an der Zeit, zu einem neuen Modell überzugehen. Rückhalt fand ich bei einigen westlichen Geschäftspartnern, die mittlerweile enge Freunde waren. Internationale Akteure wie Paul Katz, der damalige Geschäftsführer der Architekturfirma Kohn Pedersen Fox, waren von unserer Arbeit beeindruckt und ermutigten uns, uns um Projekte im Ausland zu bemühen.

Whitney war anderer Meinung. Sie schreckte davor zurück, den Schwerpunkt ins Ausland zu verlagern. Außerdem war sie überzeugt, dass Wen und seine Familie – und damit auch wir – den Schutz von Xi Jinping genießen würden, nachdem Wen eine so wichtige Rolle bei Xis Aufstieg gespielt hatte. Sie sah weiterhin eine strahlende Zukunft für uns in China und wollte an ihren bewährten Methoden festhalten.

Es gab noch andere Dinge, die zu Zerwürfnissen zwischen uns führten. Eines Abends eröffnete sie mir im Bett, was ihr ein Wahrsager erzählt habe. Die Angehörigen der chinesischen Elite waren geradezu verrückt danach, sich die Zukunft voraussagen zu lassen. Mitglieder der Hautevolee engagierten Wahrsager, Qigong-Meister und Anbieter von allem möglichen Hokuspokus. In sieben Jahrzehnten an der Macht hatte die Kommunistische Partei die traditionellen chinesischen Werte zerstört und die Religion unterdrückt. In dem spirituellen Vakuum, das zurückblieb, hatte sich der Aberglaube eingenistet. In einem unberechenbaren Gesellschaftssystem, in dem ein Mensch im Handumdrehen alles verlieren kann, wirkt jedes Versprechen, das Leben einen Sinn verleiht, sehr verlockend.

Whitney holte ein kleines rotes Büchlein hervor, in dem ein Wahrsager mit einer Kalligrafiefeder ihre Zukunft niedergeschrieben hatte. Aber was meine Aufmerksamkeit weckte, war nicht die Vorhersage an sich, sondern Whitneys Geburtsjahr: Der Wahrsager hatte »1966« geschrieben. Whitney hatte stets behauptet, sie sei im Jahr 1968 geboren und damit genauso alt wie ich.

Mein Geburtstag war im November 1968, und Whitney hatte mir erklärt, sie sei im Dezember desselben Jahres geboren, womit ich etwa einen Monat älter war als sie. Und jetzt stellte sich heraus, dass sie in Wahrheit zwei Jahre älter als ich war. Sie hatte ihr wirkliches Alter vor mir, nicht jedoch vor ihrem Wahrsager verborgen. Ohne ihr wirkliches Geburtsdatum wäre er nicht in der Lage gewesen, eine »korrekte« Vorhersage anzustellen.

»Was zum Teufel ist das?«, fragte ich und deutete auf das Geburtsdatum. Whitney erbleichte ein wenig. »Ich bin seit zehn Jahren mit dir verheiratet, ohne dein wirkliches Alter zu kennen«, sagte ich.

Sie schwieg einen Augenblick. »Ich bin trotzdem dieselbe Person«, sagte sie beschämt.

»Ja, aber nicht genau dieselbe«, sagte ich. »Das Grundlegende, was man über einen Menschen wissen muss, sind sein Name, sein Geburtsdatum und sein Geschlecht. Wann immer man ein Formular ausfüllt, muss man als Erstes diese drei Angaben machen. Wenn du eine dieser Informationen änderst und behauptest, trotzdem dieselbe Person zu sein, sagst du eigentlich nicht die Wahrheit.«

»Ich bin trotzdem ich«, wiederholte sie.

Sie erklärte mir, mit ihrer Mutter darüber gesprochen zu haben, als wir uns kennengelernt hatten. Ihre Mutter hatte den Eindruck, dass wir perfekt zueinander passten. »Fordere nicht das Schicksal heraus, indem du ihm dein wirkliches Alter verrätst«, habe sie ihrer Tochter geraten. Die beiden Frauen befürchteten, ich könne mich zurückziehen, wenn ich erfuhr, dass Whitney älter war als ich. In der patriarchalischen chinesischen Gesellschaft sind die Ehefrauen stets jünger als ihre Männer.

Dass ich erst nach so langer Zeit von diesem Täuschungsmanöver erfuhr, versetzte unserer Beziehung einen weiteren Schlag. Wir konnten uns nicht auf eine gemeinsame berufliche Zukunft einigen und stritten unentwegt in Gegenwart unserer Mitarbeiter. Und jetzt das.

Wir gerieten auch in einer weiteren Frage aneinander. Whitney wollte unbedingt ein großes Bauprojekt in der Nachbarschaft des China World Hotel im Geschäftsviertel von Beijing an Land ziehen. Dort sollte auf einer Gesamtfläche von mehr als 450 000 Quadratmetern ein riesiger Komplex mit Hochhäusern und Einkaufszentren entstehen. In China gab es kein wertvolleres Grundstück als dieses.

Als wir mit den Verhandlungen über das Bauvorhaben begannen, wurde mir klar, welchem Druck wir ausgesetzt sein würden. Ich wurde von Geschäftsleuten und ihren Verbündeten in der Partei hofiert, die sich ein Stück des Kuchens sichern wollten. Ein Vertreter des in Hongkong ansässigen Immobilienunternehmens Sun Hung Kai Properties Ltd., das weltweit zu den führenden Akteuren in diesem Bereich zählte, kam nach Beijing und lud uns und Tante Zhang zum Essen ein.

Die Mahlzeit war kaum beendet, als Whitneys Handy klingelte: Am anderen Ende war Chen Zuo'er, der stellvertretende Leiter des Büros für Hongkong und Macao beim Staatsrat. Whitney schaltete den Lautsprecher ein, und ich hörte mit, wie Chen darauf drängte, dass wir den Kontrollanteil an dem Projekt an Sun Hung Kai verkauften. Das war einigermaßen schockierend. Chen, ein Regierungsbeamter im Ministerrang, setzte sich ganz unverhohlen für ein Hongkonger Unternehmen ein, das sich an einem Immobiliengeschäft in Beijing beteiligen wollte. Sein Verhalten zeigte, wie eng die Beziehungen zwischen den für Hongkong zuständigen Parteifunktionären und der Geschäftselite der ehemaligen Kronkolonie waren. Wir versicherten ihm, dass wir über sein Angebot nachdenken würden.

Ich überdachte die Situation und bekam eine Ahnung davon, wie kompliziert das Projekt werden würde. Im Vergleich zu diesem Genehmigungsverfahren war der Kampf um das Flughafenprojekt ein Kinderspiel gewesen. Um eine Chance auf sämtliche erforderlichen Genehmigungen zu haben, würden wir wahrscheinlich nicht nur einen, sondern zwei Verbündete im Ständigen Ausschuss des Politbüros brauchen. Und selbst dann würde es politischen Druck geben. Ich wies meine Leute an, sich aus dem Vorhaben zurückzuziehen. Whitney war damit alles andere als glücklich.

Dann trieb ein weiteres Geschäft den nächsten Keil zwischen uns.

Anfang 2013 lieh ich einem Freund namens Ding Yi 30 Millionen Dollar für den Kauf eines an der Börse Hongkong notierten Unternehmens und sagte ihm eine zweite Kredittranche zu, damit er das Geschäft abschließen konnte. Ich kannte Ding Yi seit Jahren. Wie ich stammte er aus China und war im Ausland aufgewachsen, genauer gesagt in Australien. Wir hatten einander in den Neunzigerjahren nach meiner Rückkehr nach Hongkong kennengelernt. Wir hatten im Vergnügungsviertel Lan Kwai Fong und in der Kneipenstraße von Beijing viele Abende miteinander verbracht. Ich zählte ihn zu meinen engsten Freunden.

Ding Yi hatte für eine Schweizer Bank und eine chinesische Investmentfirma gearbeitet und ein Vermögen verdient, das er jedoch in der asiatischen Finanzkrise von 2007 wieder verloren hatte. Seine Frau vertrat ein internationales Metallhandelsunternehmen, das in China tätig war.

Eines Tages geriet die Firma seiner Frau in einen Streit mit einem Geschäftspartner. Eine Bank bezahlte Polizisten dafür, seine

Frau zu verhaften und als Geisel festzuhalten, was in China ein alltäglicher Vorgang war. Die Polizisten sperrten Ding Yis Frau in der abgelegenen Provinz Xinjiang im Nordwesten des Landes in einem Dorf ein, und Ding bemühte sich mehrere Jahre, sie freizubekommen. Schließlich gelang es ihm, was mich sehr beeindruckte, da er sich in der Zwischenzeit von seiner Frau hatte scheiden lassen, um die Empfangsdame zu heiraten, eine ehemalige Animierdame aus Shanghai, deren englischer Name Yvonne war. In China führten viele Menschen ein Leben voller Widersprüche. Jedenfalls war ich überzeugt, dass ein Mann, der sich so für seine Ex-Frau einsetzte, mein Vertrauen verdiente.

Im Oktober 2013 wurde die zweite Tranche des Kredits fällig. Ich bat Whitney um das Geld, aber sie lehnte ab. »Wir hatten eine Vereinbarung!«, hielt ich ihr in einer hitzigen Diskussion vor. »Ich will es nicht mehr machen«, antwortete sie.

Ich überbrachte Ding Yi die schlechte Nachricht, die ein schwerer Schlag für ihn war. Da er das für den Abschluss der Transaktion benötigte Geld nicht aufbringen konnte, bat ich ihn, seinen Anteil an dem Unternehmen zu verkaufen und mir die 30 Millionen Dollar zurückzuzahlen. Doch er weigerte sich.

Offenbar hatte seine zweite Frau Yvonne mit dieser Entscheidung zu tun. Bei einer Party in einem Nachtklub in Hongkong, die ihr Ehemann zu meinen Ehren veranstaltet hatte, hatte sie mir Avancen gemacht, die ich jedoch abgelehnt hatte. Dies war China, wo sich niemand eine Gelegenheit entgehen ließ, nach einem größeren Fisch zu angeln, und wo niemand einen Affront vergaß. Ich nahm an, dass sie Ding Yi dazu drängte, mir das Geld nicht zurückzugeben.

Ich wurde das Gefühl nicht los, dass mich Ding Yi hereinlegen wollte. Deshalb reiste ich oft nach Hongkong. Wir trafen uns jedes Mal, gingen zusammen essen und zogen von Bar zu Bar. Ding Yi war stets der gute Kumpel. Als ich schließlich das Geld von ihm verlangte, stand er einfach auf und verschwand. Mir blieb nichts anderes übrig, als einen Anwalt einzuschalten und Ding Yi zu verklagen. Er bestritt, das in die Aktiengesellschaft investierte Geld von mir erhalten zu haben.

Daheim wurden die Dinge nicht besser. Das Zusammenleben mit Whitney wurde immer angespannter. Wir wohnten mittlerweile in einer zum Hotel Four Seasons gehörenden Residenz, wo wir näher bei der Baustelle für das Hotel Bulgari waren. Ende Oktober 2013 zog ich aus der gemeinsamen Wohnung aus.

17

Am 31. Juli 2013, wenige Monate vor der Trennung von Whitney, hielt ich am Aspen Institute im Rahmen des Programms »Leadership in Action« einen Vortrag, in dem ich erklärte, in China wachse die Zahl der Bürger, die sich für ihre Freiheitsrechte interessierten. Ich äußerte die Einschätzung, dass sich die Kommunistische Partei öffne und versuche, sich den gesellschaftlichen Veränderungen anzupassen. Jeder kommunistische Herrscher, erklärte ich, habe mehr Macht mit einer kollektiven Führungsriege geteilt als sein Vorgänger.[19]

In meinen Augen war China nur formal ein kommunistisches Land, wurde in der Praxis jedoch vollkommen anders geführt. Jede Regierung, erklärte ich, müsse größere Rücksicht auf die öffentliche Meinung nehmen als die vorhergehende. »Mao war ein Alleinherrscher. Als Deng Xiaoping die Macht übernahm, musste er zwei oder drei führende Politbüromitglieder zurate ziehen. Jiang Zemin musste einer noch größeren Zahl von Personen sein Ohr leihen. Die Macht ist heute breiter gestreut – die Vorstellung, das chinesische System sei nicht wandlungsfähig, ist falsch.« Mein äußeres Erscheinungsbild – die legere Kleidung mit einem T-Shirt im Farbton eines Sonnenuntergangs, dunkler Jacke, Designer-Turnschuhen und unauffälligen Socken – unterstrich die Überzeugung, dass China sich dem Westen angleichen werde. Aber insgeheim hegte ich angesichts des Aufstiegs des neuen Parteichefs Xi Jinping wachsende Zweifel bezüglich der Entwicklung des Landes.

Ich war anfangs zuversichtlich in Bezug auf Xis Herrschaft gewesen, was teilweise daran lag, dass er, wie ich wusste, Chen Xi nahestand, der die Parteiorganisation an der Tsinghua-Universität geleitet hatte, als wir der Hochschule einen hohen Betrag gespendet hatten. Kurz nach seiner Ernennung zum Vizepräsidenten bot Xi seinem Freund Chen, der als Student sein Zimmergenosse gewesen war, einen Platz in seinem Kabinett an. Bei anderer Gelegenheit hatte Chen ein Angebot Xis, sich ihm anzuschließen, ausgeschlagen: Im Jahr 1999 hatte ihm Xi als Gouverneur der Provinz Fujian einen Posten in seiner Regierung angeboten. Aber diesmal war die Aussicht, für den mächtigsten Mann Chinas zu arbeiten, verlockend genug, um Chen Xi dazu zu bewegen, der Tsinghua den Rücken zu kehren.

Xi ließ Chen zum stellvertretenden Bildungsminister ernennen und sorgte für seine rasche Beförderung zum stellvertretenden Parteichef der Provinz Liaoning, wo Chen nur sieben Monate blieb, gerade genug, um seinen Lebenslauf um den verpflichtenden Aufenthalt im Hinterland zu erweitern. Im April 2011 wurde Chen nach Beijing zurückgeholt. Zwei Jahre später brachte Xi ihn in der Organisationsabteilung der Partei unter, die für die Beförderungen aller hochrangigen Parteifunktionäre zuständig ist. Im Jahr 2017 wurde Chen zum Leiter dieser Organisationsabteilung ernannt. Mit einem Verbündeten in der Schaltzentrale konnte Xi seine Gefolgsleute auf Posten in ganz China unterbringen.

Ein weiterer Grund dafür, dass mir Xis Aufstieg anfangs keine Sorgen machte, war die Tatsache, dass Whitneys Teepartner Wang Qishan dem neuen Parteichef anscheinend ebenfalls nahestand und sich in den Gesprächen mit Whitney sehr lobend über Xi äußerte. Da Chen und Wang den neuen Parteichef mochten, hatten wir den Eindruck, dass seine Herrschaft sogar eine Verbesserung gegenüber der des vorsichtigen Hu Jintau darstellen konnte.

Doch kurz nach seiner Ernennung zum Parteichef im November 2012 leitete Xi Jinping eine massive Kampagne zur Korruptionsbekämpfung ein. In unseren Augen ging er viel zu aggressiv vor. Obwohl er sein Regierungsamt als Präsident erst im März 2013 antreten sollte, ließ er bereits Tausende Parteifunktionäre und Beamte von den Strafverfolgungsbehörden untersuchen. Ein derart forsches Auftreten war in China unüblich und stellte einen Bruch mit den Traditionen der Partei dar. Wir befürworteten den Kampf gegen die Korruption. Es war an der Zeit, dass in China ausgemistet wurde. Aber als Xis Kampagne ins zweite Jahr ging, sprachen wir das Thema bei Treffen mit Chen und anderen an. Sie waren überzeugt, dass Xi Jinping bis in die Mitte seiner ersten Amtszeit an seinem aggressiven Kurs festhalten und anschließend einen Gang zurückschalten werde. In ihren Augen *musste* er das tun, denn die gegenwärtige Kampagne wirkte sich bereits auf die Wirtschaft aus und schwächte die Moral bei den Behörden. Die Leute hatten so viel Angst vor einer möglichen Untersuchung, dass sie zu keiner Entscheidung mehr fähig waren. Die Kampagne konnte nicht endlos fortgesetzt werden. Überdies war es eine Sache, dass Xi ein paar Hundert Funktionäre und Beamte verhaften ließ, aber wenn erst einmal Zehntausende Menschen ins Gefängnis geschickt worden wären, bestand die Gefahr, dass auch die Bevölkerung zu dem Schluss gelangte, dass dies nicht einfach ein paar faule Äpfel waren, sondern dass das ganze System im Kern verrottet war. Bis zum Jahr 2020 hatten die Behörden Korruptionsermittlungen gegen mehr als 2,7 Millionen Personen eingeleitet und mehr als 1,5 Millionen bestraft, darunter sieben hochrangige Parteifunktionäre auf nationaler Ebene und zwei Dutzend Generale.

Es gab noch weitere Entwicklungen, die uns Sorgen machten. Im Juli 2012, als sich Xi Jinping zur Machtübernahme anschickte, hatte das Generalbüro des ZK ein Dokument in Umlauf gebracht mit dem Titel »Bericht über die gegenwärtige ideologische Situation«. In dem auch als »Dokument Nummer 9« bezeichneten Bericht wurde davor gewarnt, dass gefährliche westliche Werte wie etwa die Meinungsfreiheit und die Unabhängigkeit der Justiz allmählich China infizierten und beseitigt werden müssten. Die Autoren des Dokuments bezeichneten diese westlichen Vorstellungen als »extrem schädlich«, weshalb sie nicht mehr an den Schulen und Universitäten Chinas unterrichtet werden dürften.

Darüber hinaus wurde die zunehmende Unabhängigkeit der Medien gerügt, und die Parteiorganisationen wurden aufgefordert, größere Anstrengungen zu unternehmen, um Enthüllungsjournalisten an die Kandare zu nehmen.

Die Sicherheitsdienste starteten prompt eine brutale Unterdrückungskampagne gegen Anwälte und andere Vertreter der Zivilgesellschaft. Die letzten Überreste von bis zu wenigstens einem gewissen Grad unabhängigen Medien wurden entweder zerschlagen oder linientreuen Journalisten anvertraut.

Auch in der Politischen Konsultativkonferenz des Chinesischen Volkes wurde ich Zeuge beunruhigender Veränderungen. Anfang des Jahres 2013 wurden die Delegierten der Beijinger Ortsgruppe der PKKCV zu einer Versammlung zitiert.

Es war auf Anhieb klar, dass ein neuer Wind wehte. Zum einen war der Vorsitzende der Beijinger Konferenz anwesend. Wir kamen in den Genuss einer Rede eines hochrangigen Parteifunktionärs, der die Gelegenheit nutzte, um jede Hoffnung auf eine politische Lockerung zu zerstören. Er übte direkte Kritik an Yu Keping – an dem Mann, den wir mit der Leitung unserer Denkfabrik Kaifeng betraut hatten –, weil dieser erklärt hatte, demokratische Reformen würden China stärken. Er wies die Vorstellung zurück, die PKKCV könne sich jemals in eine zweite Parlamentskammer verwandeln. Die Rede war ein Schlag ins Gesicht für uns und ein weiteres Beispiel für die von Xi Jinping eingeleitete Rückkehr zu einer harten politischen Linie.

Auch außenpolitisch schlug die Regierung nun sehr viel aggressivere Töne an. Ich beobachtete den Wandel bei meinen Reisen nach Hongkong. Die mit Großbritannien geschlossene Vereinbarung über die Rückgabe der Kronkolonie an China im Jahr 1997 sah »ein Land mit zwei Systemen« vor, und die chinesische Regierung hatte versprochen, die politische Eigenständigkeit Hongkongs fünfzig Jahre lang zu respektieren. China hatte sich auch bereit erklärt, die demokratischen Institutionen Hongkongs sowie die Grundrechte auf Religions-, Meinungs- und Versammlungsfreiheit nicht anzutasten. All diese Rechte wurden den Chinesen auf dem Festland vorenthalten.

Unter Xi Jinping begann China, diese Versprechen zu brechen. Xis Regierung schränkte die Demokratie in Hongkong ein. Die Partei schickte Beamte der Sicherheitsdienste nach Hongkong, um Verleger und Buchhändler zu entführen, die für Beijing unangenehme Publikationen veröffentlicht oder verkauft hatten. Und die Partei begann, das politische System Hongkongs aktiv zu untergraben. Aus Hongkong stammende Mitglieder der PKKCV wurden als Fußsoldaten in diesem Feldzug eingesetzt. Ich war einer dieser Fußsoldaten.

In den PKKCV-Versammlungen wurden wir von Parteifunktionären aufgefordert, uns in Hongkong politisch zu engagieren. Nachdem im Jahr 2014 die »Regenschirm-Bewegung« die Straßen Hongkongs erobert hatte, erhöhte sich der Druck auch auf uns. Ausgelöst hatte die Proteste die Anweisung der Kommunistischen Partei, dass jeder Kandidat für das Amt des Chief Executive, des Regierungschefs von Hongkong, von nun an der Zustimmung eines Komitees regierungstreuer Personen bedürfe. Der Zynismus dieser Anweisung lag auf der Hand: Was für einen Sinn hatte die Regel »Eine Person, eine Stimme«, wenn man nur Kandidaten wählen konnte, die der Regierung in Beijing genehm waren?

Kaum waren die Anhänger der Regenschirm-Bewegung im September auf die Straße gegangen, da erhielten wir von Funktionären der PKKCV die Anweisung, nach Hongkong zu reisen, um Gegendemonstrationen zu organisieren und zu finanzieren. Wer in Hongkong Unternehmen besaß, sollte die Angestellten für die Teilnahme an Kundgebungen bezahlen, auf denen die Positionen Beijings verfochten wurden. An einem heißen Tag im Oktober 2014 nahm ich an einer dieser Gegendemonstrationen teil.

Wir versammelten uns im Victoria Park in Causeway Bay, der ironischerweise auch der Ausgangspunkt aller Kundgebungen der Demokratiebewegung war. Vertreter von ungezählten kommunistischen Tarnorganisationen, Ortsverbänden, PKKCV-Gruppen aus anderen Teilen Chinas und anderen mit der KPCh verbündeten Gruppen patrouillierten in der Menge.

Ich achtete darauf, mich den Vertretern des Hongkonger Verbindungsbüros zu zeigen, der wichtigsten Regierungseinrichtung der Volksrepublik in der Stadt. Es war mir wichtig, dass meine Bemühungen zur Kenntnis genommen wurden. Die Parteifunktionäre versammelten uns für ein Gruppenfoto. Sie wollten ebenfalls sichergehen, dass ihre Anstrengungen in Beijing Anerkennung fanden. Apparatschiks des Verbindungsbüros verteilten chinesische Flaggen, und der Marsch begann.

Wir bewegten uns die Hennessy Road hinunter, eine wichtige Durchgangsstraße auf Hong Kong Island. Unser Weg kreuzte sich mit dem der Demokratiebewegung, und wir tauschten fröhliche Zurufe mit den gegnerischen Demonstranten aus. Die Beziehung zwischen den Gefolgsleuten Beijings und den Anhängern der Demokratie waren zu jener Zeit noch nicht feindselig. Als wir den Nachbarbezirk Wan Chai erreichten, stahlen sich einige Kundgebungsteilnehmer davon.

Die meisten Hongkonger Mitglieder der PKKCV lebten in Hongkong, aber ich war eigens aus Beijing angereist, um mich der Kundgebung anzuschließen. Ich hatte so viele organisierte Aktivitäten geschwänzt, dass ich es für klüger hielt, mich bei dieser Gelegenheit zu zeigen und bis zum Schluss durchzuhalten. Ich ging fast zwei Kilometer vom Victoria Park bis Admiralty, wo sich ehemals die britischen Kasernen befunden hatten, und achtete darauf, dass mich die Funktionäre des Verbindungsbüros auch am Ziel des Marschs bemerkten.

Das ganze Schauspiel schien mir lächerlich. Alle Beteiligten, von den Vertretern des Verbindungsbüros bis zu den Marschteilnehmern, spielten Theater. Kaum jemand glaubte an den Beweggrund für diese Kundgebung – an die Idee, Hongkong brauche *weniger* Demokratie und *weniger* Freiheit. Alle Teilnehmer handelten in ihrem persönlichen Interesse und wollten sich das Wohlwollen Beijings sichern. Ich selbst war nie der Meinung, dass sich

China in die Angelegenheiten Hongkongs einmischen sollte. Die Vorstellung, Hongkong brauche die Anleitung Beijings, schien mir widersinnig. Der Stadtstaat hatte sich ohne Einmischung Chinas sehr gut entwickelt.

Als im November 2013 die Wahlen zum Legislative Council, dem Parlament von Hongkong, anstanden, drückten uns Parteifunktionäre Listen willfähriger Kandidaten in die Hand und wiesen uns an, nach Hongkong zurückzukehren und Wähler für diese Personen zu mobilisieren. Im Jahr 2015 wiederholte sich der Vorgang. Irgendwann tauchte eine Kopie der parteiinternen Anweisungen im WeChat-Account eines Beteiligten auf. Die Partei reagierte auf diese peinliche Enthüllung und hörte auf, solche Listen in Umlauf zu bringen. Um unangenehme Enthüllungen in Zukunft dementieren zu können, übergaben uns die Parteifunktionäre stattdessen Kandidatenlisten aus einer Zeitung, in denen die Namen der von der Partei bevorzugten Personen rot unterstrichen waren. Die Partei verlangte von uns, über die Fortschritte unserer Bemühungen Bericht zu erstatten. Man fragte uns: »Wie viele Wähler haben Sie für unseren Kandidaten gewonnen?«

Eines der eigentümlichen Merkmale des Wahlsystems von Hongkong bestand darin, dass bestimmte Berufsgruppen ihren eigenen Vertreter ins Parlament entsandten, der nur von Angehörigen des entsprechenden Berufsverbands gewählt werden konnte. Eine dieser »funktionalen Wählergruppen« war die Ärzteschaft. Da unter den Hongkonger Ärzten viele Absolventen des Queen's College waren, wurde ich angewiesen, den Ehemaligenverband zu nutzen, um meine Klassenkameraden von früher dazu zu bewegen, jene Kandidaten aus der Ärzteschaft zu wählen, die man in Beijing guthieß.

Obwohl ich über Xi Jinping und die Richtung, in die er China führte, besorgt war, hegte ich zu jener Zeit keine besondere Sympathie für die Regenschirm-Bewegung und Occupy Central. Diese Gruppen schienen mir zu radikal und realitätsfremd; in meinen Augen waren sie Kopien der amerikanischen »Occupy Wall Street«-

Bewegung, die nur Illusionen hinterherlief. Ich hatte auch nicht den Eindruck, dass der Großteil der Hongkonger Bevölkerung auf ihrer Seite stand.

Ich war überzeugt davon, dass die chinesische Zentralregierung manipuliert wurde, wenn es um Hongkong betreffende Fragen ging. Also entschloss ich mich, mein Bestes zu tun, um der Partei dabei zu helfen, Hongkong besser zu regieren.

Nach der Rückkehr von der Gegendemonstration verfasste ich einen Bericht, den ein Freund an das Büro von Xi Jinping weiterleitete. Darin griff ich die Hongkonger »Plutokraten« an, das heißt jene reichen Familien, die ihre Verbindungen zu hochrangigen kommunistischen Vertretern nutzten, um Hongkong auf Kosten der Bevölkerungsmehrheit in China tatsächlich in ihr persönliches Sparschwein zu verwandeln. Ich schrieb, in Hongkong herrsche »Vetternwirtschaft«. Die Reichen würden immer reicher, während die Einkommen normaler Hochschulabsolventen seit einer Generation nicht gestiegen seien. Ich schlug eine demokratische Öffnung vor, insbesondere in der Organisation, die den Regierungschef von Hongkong nominierte. Ich sprach mich dafür aus, nicht nur Mitgliedern der beijingfreundlichen Wirtschaftselite, sondern auch Vertretern demokratischer Gruppen und der Jugend Sitze in diesem Komitee zu geben. Ich kritisierte auch die auf dem Festland verbreitete Einschätzung, die Proteste in Hongkong seien von den Farbenrevolutionen im Nahen Osten inspiriert und würden von »feindseligen Kräften im Westen« angefacht. Diese Fehlinterpretation der Natur des Problems werde dazu führen, dass sich Beijing für Lösungen entscheiden werde, die nicht funktionieren konnten. Die Regierung Chinas müsse auf alle Teile der Hongkonger Gesellschaft zugehen, anstatt nur der vermögenden Klasse des Stadtstaates ein Monopol auf die politische Macht zuzugestehen. Ich bezeichnete es als zumindest sonderbar, dass die KPCh, die sich bei der Machtergreifung auf die Volksmassen gestützt habe, die Masse der Bevölkerung in Hongkong derart vernachlässige.

Mein Freund ließ mich wissen, dass hochrangige Parteifunktionäre meinen Bericht gelesen hätten. Am Ende hatte er keinen Einfluss auf das Vorgehen der Partei. Man entschloss sich, Hongkong einer strengeren Kontrolle zu unterwerfen, was im Jahr 2019 Massenproteste auslöste, die bis ins folgende Jahr andauerten. Schließlich zwang Beijing Hongkong ein »nationales Sicherheitsgesetz« auf, mit dem die Redefreiheit praktisch abgeschafft wurde. Wie alle chinesischen Gesetze war auch dieses absichtlich unklar formuliert und wies zahlreiche Grauzonen auf, die den Kommunisten genug Spielraum gaben, um alle missliebigen Personen zu verfolgen.

Tausende Einwohner Hongkongs gehörten auf nationaler, Provinz-, Stadt- und Bezirksebene der PKKCV an. All diese Personen wurden angewiesen, sich an der Manipulation der Wahlen in Hongkong durch die Regierung in Beijing zu beteiligen. Es ist verblüffend, dass keiner von uns jemals öffentlich erklärt hat: »Ich habe mitgemacht, und es war falsch.« Es ist beängstigend, dass so viele Bürger von Hongkong die Zukunft ihres Landes verrieten, ohne Reue zu zeigen und zu sagen: »Es ist an der Zeit, damit aufzuhören.« Wir stellten uns ausschließlich aus Eigennutz in den Dienst der Regierung. Aber das zeigt auch, wie groß unsere Angst vor der Kommunistischen Partei und vor den möglichen Konsequenzen war, wenn wir stattdessen die Stimme erhoben hätten, um Nein zu sagen. Möglicherweise waren Parteifunktionäre wie Chen Xi, der ehemalige Zimmergenosse Xi Jinpings an der Tsinghua-Universität, in derselben Zwickmühle. Wir alle passten uns einem schlechten System an, weil jeder Widerstand uns selbst und unsere Familien den Lebensunterhalt, die Freiheit und unter Umständen sogar das Leben kosten konnte. Der Preis schien uns einfach zu hoch.

Während Xis Kampagne zur Korruptionsbekämpfung ihren Lauf nahm, gelangte ich schließlich zu der Erkenntnis, dass es ihm weniger um den Kampf gegen unlautere Machenschaften als um die Beseitigung potenzieller Widersacher ging. Xi hatte bereits seinen Teil zum Sturz seines Rivalen Bo Xilai beigetragen. Als Nächstes ließ er Zhou Yongkang, Bos Verbündeten im Ständigen Ausschuss des Politbüros, im Gefängnis verschwinden. Dann wandte er seine Aufmerksamkeit einer weiteren Fraktion im System zu, dem Kommunistischen Jugendverband.

Der Jugendverband war von Hu Jintao geführt worden, von dem Xi den Parteivorsitz geerbt hatte. Hus rechte Hand Ling Jihua – der Vater von Ling Gu, jenem jungen Mann, der sich einst meine Rennautos geborgt hatte – sollte Hus Platz als Leiter des Jugendverbands einnehmen, als dieser das Amt Ende des Jahres 2012 ablegte.

Ling Jihua hatte Hu Jintao als Leiter des Generalbüros des ZK gedient, das heißt, er hatte den Posten des »Chefeunuchen« bekleidet, den Wen Jiabao Anfang der Neunzigerjahre innegehabt hatte. Als Hu im November 2012 zurücktrat, ging man allgemein davon aus, dass Ling ins Politbüro und möglicherweise sogar in den Ständigen Ausschuss aufgenommen werden würde.

Whitney, die für den Tag vorsorgte, an dem sich Wen Jiabao aus der Politik zurückziehen würde, hatte sich sehr um Ling Jihua bemüht und den Kontakt zu seiner Familie gepflegt. Auf ihr Betreiben verwandelte ich mich in Ling Gus Mentor, und Whitney freundete sich mit Ling Jihuas Frau Gu Liping an, der Gründerin und Generalsekretärin von Youth Business China, einer gemeinnützigen Einrichtung, die Jungunternehmer finanziell unterstützte. Whitney spendete der Organisation mehrere Millionen Dollar in der Hoffnung, Gu Liping und ihr Ehemann Ling Jihua würden sich eines Tages in Figuren auf ihrem Schachbrett verwandeln.

Dann kam es zur Tragödie. Im Morgengrauen des 18. März 2012 kam Ling Gu, der Sohn von Gu Liping und Ling Jihua, mit einem Ferrari 458 Spider (es war keines meiner Autos) unweit seiner Wohnung von der Straße ab. Bei dem Unglück starben Ling und zwei teilweise unbekleidete Mitfahrerinnen. Der tödliche Autounfall war ein gefundenes Fressen für die chinesischsprachigen Boulevardblätter Hongkongs, die das ausschweifende Leben der

Abkömmlinge des roten Adels anprangerten. Aber ich kannte Ling Gu und hatte den Eindruck, dass an der Sache etwas faul war. Zweifellos liebte Ling schnelle Autos, aber er interessierte sich auch für Ideen, und es fehlte ihm an jener nihilistischen Wildheit, die ich bei anderen Söhnchen aus dem roten Adel kennengelernt hatte.

Der tragische Unfall geschah wenige Tage vor der Sitzung des Ständigen Ausschusses des Politbüros, in der die Entscheidung über die Aufnahme Ling Jihuas fallen sollte. Ling war überzeugt, dass sein Sohn in Wahrheit nicht bei einem Unglück gestorben, sondern dass der Autounfall inszeniert worden war, um ihn und die Fraktion des Jugendverbands auszuschalten. Als ich Freunden aus dem Westen von dieser Theorie erzählte, reagierten sie ungläubig: Sie glaubten nicht, dass die Partei zu einer solchen Schandtat fähig war. Aber die meisten ahnen nicht, wie tief die Partei sinkt, wenn es um die Macht geht.

Nach dem Tod seines Sohns beging Ling Jihua einen verhängnisvollen Fehler. Nach Aussage von Tante Zhang überzeugte er Zhou Yongkang, der in der Partei für die innere Sicherheit zuständig war, die Veröffentlichung von Informationen über den Unfall zu verhindern. Doch Parteichef Hu Jintao bekam Wind von dem Vorfall. Als er Ling Jihua danach fragte, bestritt dieser, dass sein Sohn in den Unfall verwickelt gewesen sei.

Hu Jintao erfuhr schließlich die Wahrheit, als ihn sein Amtsvorgänger Jiang Zemin mit den Fakten konfrontierte. Nachdem Lings Unaufrichtigkeit bewiesen war, konnte Hu ihn nicht mehr schützen. Und er verlor die Chance, einen Verbündeten auf der höchsten Machtebene zu hinterlassen.

Sechs Monate später begann Ling Jihuas eigentliche Demontage. Im September 2012 verlor er den Posten des »Chefeunuchen«. Am 15. November wurde ihm in der 18. Sitzung des ZK der KPCh ein Sitz im Politbüro vorenthalten.

Nachdem die Parteiführung Ling zwei Jahre lang im politischen Niemandsland hatte schmachten lassen, wurde im Dezember 2014 bekannt gegeben, dass die Zentrale Disziplinarkommission eine Untersuchung gegen ihn eingeleitet habe. Er wurde aus der Partei ausgeschlossen, der Korruption angeklagt und im Juli 2016 zu lebenslänglicher Haft verurteilt.

Es wurden auch Vorwürfe gegen seine Frau Gu Liping erhoben. Die Behörden warfen ihr vor, Bestechungsgelder von einer Firma angenommen zu haben, die sich politische Gefälligkeiten ihres Ehemanns sichern wollte. Whitney und ich kannten Gu Liping seit Jahren und hielten diese Vorwürfe für unglaubwürdig. Zum einen bekam Gu ihren Ehemann kaum zu Gesicht. Als »Chefeunuch« übernachtete er meistens in der Parteizentrale Zhongnanhai. Er hatte gar keine Zeit, gemeinsam mit seiner Frau ein korruptes Geschäftsimperium aufzubauen.

Zweitens hatte Whitney ihre Freundin nicht nur oft in Beijing getroffen, sondern auch gemeinsam mit ihr Einkaufstouren nach Hongkong unternommen. Dabei war ihr aufgefallen, wie schwer es Gu fiel, hohe Geldbeträge für Uhren und Kleidung auszugeben. Whitney war überzeugt, dass weder Gu noch ihr Ehemann besonders reich oder korrupt waren. Einmal nahm Whitney ihre Freundin mit zum Uhrenhändler Carlson im Einkaufsviertel von Hongkong. Bei Carlson werden Uhren für eine halbe Million Dollar angeboten. Aber Gu erschrak beim Anblick eines Preisschildes, das 20000 Dollar auswies. Whitney brachte Gu zu Chanel, wo sie sich ein Kostüm ansahen. Gu warf einen Blick auf den Preis und erklärte, das Kostüm sei zu teuer. Whitney war überzeugt, dass Gu nie zuvor in einem Chanel-Laden gewesen war. In Beijing trafen sich die beiden oft zum Tee im Grand Hyatt. Whitney brachte manchmal Leute mit, die Geschäftsideen vorschlugen. Gu Liping hörte aufmerksam zu, meldete sich jedoch nicht zu Wort. Tatsächlich hörte Whitney auf, sich mit ihr zu treffen, weil sie zu der Überzeugung gelangt war, es mangele Gu an politischem Rückhalt, an Visionen und an der Bereitschaft, etwas zu bewegen. »Sie redet nur und handelt nie«, beklagte sich meine Frau.

Gegen Gus toten Sohn Ling Gu wurden zweifelhafte Vorwürfe

erhoben. In den Staatsmedien wurde er beschuldigt, eine politische Geheimgesellschaft gegründet zu haben. Das war ein Witz. Er hatte einen Lesezirkel organisiert! Ich hatte seine Aktivitäten mit eigenen Augen verfolgt und sogar ein paar Vorschläge für die Lektüre gemacht.

Die Kommunistische Partei kann Beweise fälschen, Geständnisse erzwingen und beliebige Vorwürfe erheben, was auch immer die Tatsachen sind. Natürlich glauben viele Leute den Behauptungen der Partei, weil das System so undurchschaubar ist. Es ist wie beim Wirtschaftswachstum: Die Partei legt ein Wachstumsziel fest, und jedes Jahr wird wie durch ein Wunder genau die angepeilte Rate erreicht. Alle Beteiligten einschließlich ausländischer Beobachter plappern dieselbe Lüge nach, weil sich die Partei so gut darauf versteht, die Wahrheit zu verbergen und kritische Stimmen zum Schweigen zu bringen. Sie macht es fast unmöglich, Tatsachen von Erfindungen zu unterscheiden.

Im Fall der Lings gelangten wir aufgrund unserer persönlichen Bekanntschaft mit der Familie zu dem Schluss, dass die Vorwürfe gegen sie unbegründet und die von den staatlichen Medien verbreiteten Angaben zu ihrem Vermögen erfunden waren. Die allgemeine Einschätzung war, dass Ling nicht beseitigt worden war, weil er korrupter als der durchschnittliche Parteifunktionär war, sondern weil er ein Vertreter einer konkurrierenden politischen Fraktion war.

Dann war da der Fall von Sun Zhengcai. Sun war einer der Kandidaten für die Nachfolge von Xi Jinping nach dem Ende von Xis zweiter Amtszeit als Staats- und Parteichef im Jahr 2022–23. Nach dem Sturz Bo Xilais im Jahr 2012 hatte Sun als Parteisekretär die Führung von Chongqing übernommen und war von den Staatsmedien für seine Arbeit gepriesen worden.

Doch im Februar 2017 wendete sich sein Glück. Die Zentrale Disziplinarkommission warf ihm vor, Bos Einfluss in Chongqing nicht vollkommen ausgemerzt zu haben. Anfang Juli verlor er seinen Posten in Chongqing an einen Mann, der Xi Jinpings Propagandachef in der Provinz Zhejiang gewesen war. In der für die Kommunistische Partei typischen Art begannen die Zensoren, Sun aus Fotos und Videoclips zu entfernen. Ende Juli wurde bekannt gegeben, dass es gegen ihn eine Untersuchung wegen Verstößen gegen die Parteidisziplin geben werde, womit er seit Xis Machtantritt im Jahr 2012 das erste amtierende Mitglied des Politbüros war, das der Korruption bezichtigt wurde. (Zhou Yongkang wurde erst nach seinem Rücktritt belangt.) Im September 2017 wurde Sun aus der Partei ausgeschlossen, und am 8. Mai 2018 wurde er lebenslänglich ins Gefängnis geschickt, weil er angeblich Bestechungsgelder in Höhe von 24 Millionen Dollar angenommen hatte. Suns wichtigstem Rivalen Hu Chunhua erging es nicht viel besser. Er endete zwar nicht im Gefängnis, aber Xi verhinderte auch seinen Aufstieg. Eigentlich hätte Hu im Jahr 2017 einen Platz im Ständigen Ausschuss des Politbüros erhalten sollen, aber dann verharrte er in der Position eines einfachen Politbüromitglieds.

Unserer Meinung nach hatten die Sicherheitsdienste der Partei die Beweise gegen Sun und Ling im Auftrag von Xi Jinping gefälscht, um zu verhindern, dass Hu Jintao und Wen Jiabao Verbündete im Ständigen Ausschuss des Politbüros unterbrachten. Die Behauptungen darüber, ob und wie viel sie unterschlagen hatten, waren in unseren Augen frei erfunden. Xi gab den Befehl, diese Männer auszuschalten, und die Disziplinarkommission der Partei tat wie geheißen. Anschließend machten die Strafverfolgungsbehörden Gebrauch von der unbegrenzten Dehnbarkeit der chinesischen Gesetze, um die beiden im Gefängnis verschwinden zu lassen. Auf diese Art festigte Xi Jinping seine Machtposition.

Jeder mit ein bisschen Chinaverstand musste angesichts der Beseitigung Lings und Suns sofort begreifen, dass es hier nicht um eine Frage von Korruption ging. In meinen Augen waren dies politische Komplotte. Personen, mit denen Xi sich nicht anlegen wollte, darunter insbesondere Jiang Zemin, das Oberhaupt der Shanghai-Bande, sowie verbündete Angehörige des roten Adels, wurden nicht angetastet.

Im Januar 2014 befahl die Partei die Schließung einiger elitärer Nachtklubs in Beijing, aber David Lis Moutai Klub blieb geöffnet. Davids Schwiegervater, der alte Jia, war Jiang Zemins unerschütterlicher Verbündeter, und ohne Jiangs Unterstützung wäre Xi Jinping nicht an die Macht gekommen.

Sun hingegen hatte seit dem Tag im Jahr 2006, an dem er zum Landwirtschaftsminister ernannt worden war, alles getan, um in der Hierarchie aufzusteigen. Er sagte einmal zu Whitney, dass er es bis in den Ständigen Ausschuss des Politbüros schaffen werde, sollte er nicht über irgendeine Affäre stolpern, und wenn er nicht Staatspräsident werden würde, so zumindest Ministerpräsident. Jeder seiner Schritte diente diesem Ziel.

Und nun warf die Partei Sun vor, Prostituierte ausgehalten und Bestechungsgelder angenommen zu haben. Aber wir kannten ihn gut: Dieser Mann interessierte sich nicht für Geld oder Sex. Ihn gelüstete es nach Macht. Warum hätte er den Frauen nachstellen oder ein paar Millionen Dollar einstecken sollen, wenn er hoffen durfte, eines Tages über 1,4 Milliarden Menschen zu herrschen?

Whitney und ich hatten beobachtet, dass die Leute, die der Versuchung der Korruption nachgaben, normalerweise kurz vor der Pensionierung standen und etwas Geld fürs Alter zurücklegen wollten. Die Männer, die auf Machtpositionen schielten, hatten kaum Interesse daran. Wir hatten gesehen, wie sich Sun sein Leben lang gegen jeden Vorwurf unlauterer Aktivitäten abgesichert hatte. Zwar hatte er in seiner Zeit im Bezirk Shunyi einflussreichen Personen Gefälligkeiten erwiesen und ihnen Grundstücke zugeteilt, aber dies war, betrachtete man es unter rechtlichen Gesichtspunkten, keine Korruption. Dennoch hatten Xi Jinping und seine Handlanger anscheinend beschlossen, Vorwürfe gegen Sun zu fabrizieren, und er konnte sich nicht wehren. In der Geschichte Chinas wurden schon viele Prinzen von Kaisern getötet.

Wären Ling Jihua und Sun Zhengcai nicht aus dem Weg geräumt worden, so würden sie heute beide im Ständigen Ausschuss des Politbüros sitzen, und die KPCh hätte an der Vorstellung einer kollektiven Führung festgehalten, wie sie Deng Xiaoping in den Achtzigerjahren eingeführt hatte. Das war kein perfektes System, aber es verhinderte, dass China in eine Zeit zurückfiel, in der ein Mann – der »Große Vorsitzende« Mao – sämtliche Entscheidungen gefällt hatte. Jetzt war Xi Jinping, nachdem er alle Rivalen und potenziellen Nachfolger an den Rand gedrängt oder ins Gefängnis geschickt hatte, auf dem besten Weg, noch größere Macht anzuhäufen.

Im März 2018 setzte er eine Verfassungsänderung durch, mit der die zeitliche Begrenzung der Amtszeit des Staatspräsidenten aufgehoben wurde, womit für ihn der Weg zur lebenslangen Herrschaft frei war. Seine Gefolgsleute im Propagandaministerium verliehen ihm den Titel »Führer des Volkes«, ein Rückgriff auf den Persönlichkeitskult um Mao. Xis Gesicht tauchte auf Postern, Teetassen und Tellern auf. Sein Name erschien jeden Tag auf dem Titelblatt des Parteiorgans *Renminbi Ribao*. Angesichts seiner Machtfülle begannen die Chinesen, ihn als »den Vorsitzenden von allem« zu bezeichnen.

18

Eine Residenz im Hotel Four Seasons in Beijing verfügt auch über ein Konferenzzimmer, das Whitney und mir als neutrale Zone diente. Dort trafen wir uns hin und wieder, um über Aristons Erziehung und andere Fragen zu sprechen, die uns beide betrafen. An einem Nachmittag im August 2014 bat Whitney mich um ein Treffen. Sie kam so geradlinig wie eh und je auf den Punkt: »Ich will die Scheidung.«

Ich war nicht überrascht. Es hatte eine Reihe von Hinweisen in dieser Richtung gegeben. So hatte sie den Code des österreichischen Panzerschranks in unserer Wohnung geändert. Die Botschaft war klar: »Ich will nicht, dass du diese Dinge bekommst.« Da ich nicht glaubte, dass unsere Beziehung zu retten war, reagierte ich wenig emotional auf ihre Aussage. Auch wenn ich bedauerte, dass es so weit gekommen war.

Später gelangte ich zu der Überzeugung, dass sie mich mit ihrem Vorgehen hatte zwingen wollen, zu ihren Bedingungen zu ihr zurückzukehren. Als wir eine Zeit lang getrennt gelebt hatten, hatte sie ihre Mutter zu mir geschickt. Diese drängte mich dazu, wieder zu Hause einzuziehen. Whitney hatte auch meine Mutter gebeten, zwischen uns zu vermitteln. Aber ich hatte klargestellt, dass ich nur zu ihr zurückkehren würde, wenn sie bereit war, wirklich etwas an unserer Beziehung zu ändern. Ich wollte, dass wir gleichberechtigte Partner waren, anstatt dass sie mir gegenüber eine Machtposition einnahm. Sie hatte sich daran gewöhnt, alle beruflichen und privaten Entscheidungen für uns beide zu fällen. Das musste sich ändern. Zugegebenermaßen war Whitney in dunklen Zeiten eine gute Ratgeberin und Lehrerin für mich gewesen. Aber da ich mich weiterentwickelt hatte, durfte ich verlangen, dass sie mit mir wuchs, dass sie mir Raum gab und dass sie mich als gleichberechtigten Partner anerkannte.

Der Eindruck, dass sie mich zu ihren Bedingungen in die Ehe zurückholen wollte, wurde dadurch verstärkt, dass sie einen inakzeptablen Scheidungsvertrag vorschlug: Sie bot mir lediglich an, die 30 Millionen Dollar zu behalten, die ich meinem alten Freund Ding Yi in Hongkong geliehen hatte, Geld, das mir erst noch ein Gericht zusprechen musste.

Während einer besonders erbitterten Auseinandersetzung im Oriental Plaza eröffnete sie mir, dass sie mir im Fall einer Scheidung keinen Cent geben werde. »Hol dir das Geld von deinem Freund«, sagte sie. »Du hast das Geschäft gemacht. Er ist dein Kumpel.«

»Wenn du nicht plötzlich ausgestiegen wärst, wäre es gar nicht zu diesem Problem gekommen«, erwiderte ich.

»Pech gehabt«, sagte sie.

Im Grunde wollte Whitney mich zwingen, aus Geldnot auf allen vieren zu ihr zurückzukriechen. Wir hatten unser Geld stets auf den Konten von Great Ocean aufbewahrt. Ich persönlich verfügte kaum über Bargeld. Mein Name stand in keinem Dokument. Ich war in einer schwierigen Lage.

Nun musste ich einen Zweifrontenkrieg gegen meine ehemalige Frau und meinen ehemals besten Freund führen. Es begann die schwerste Zeit in meinem Leben. Das hier war sehr viel schlimmer als der Zusammenbruch von PalmInfo oder der Flächenbrand infolge des Verschwindens von Flughafenchef Li Peiying – ja, es war sogar schlimmer als die Veröffentlichung des Artikels in der *New York Times*.

Um die Situation zu bewältigen, rief ich mir die Lehren in Erinnerung, die ich aus früheren Krisen gezogen hatte. Ich begann wieder zu meditieren. Ich wandte mich erneut den philosophischen Texten zu, die ich in der Vergangenheit studiert hatte. Ich begann, mich von den alltäglichen Vorgängen zu lösen, und spaltete meine Emotionen ab. Und wie meine Eltern nach ihrer Einwanderung nach Hongkong tat ich, was getan werden musste, um zu überleben.

Am Stadtrand von Beijing gibt es einen Hügel namens Xiang, was so viel bedeutet wie »duftender Berg«. Dieser Hügel ist mit Pavillons übersät, die teilweise aus dem 12. Jahrhundert stammen. Tausende Steinstufen führen hinauf auf die Anhöhe. Von diesem Hügel nahm ich eine Lehre für den Alltag mit: Anstatt den Blick auf den Gipfel zu richten, konzentrierte ich mich auf die nächste Stufe, denn ich wusste, dass ich auf diese Art an meinen Bestimmungsort gelangen würde. Diese Lektion ist weiterhin wichtig für mein Leben: *Beeinflusse, was du beeinflussen kannst. Um alles andere kümmere dich nicht. Du wirst es immer aus der Talsenke schaffen.*

Trotzdem war es eine schwere Zeit. Ein Mann, mit dem ich seit zwanzig Jahren befreundet war, wollte mich betrügen. Und die Mutter meines Sohns versuchte, mich in die Armut zu treiben.

Ding Yi, der alte Freund, von dem ich 30 Millionen Dollar zurückverlangte, machte mir das Leben zusätzlich schwer, indem er in Dokumenten, die er dem Gericht in Hongkong vorlegte, den Artikel in der *New York Times* über das Vermögen der Familie Wen zitierte. Anscheinend wollte er den Richter dazu bringen, das Verfahren einzustellen. Zum Glück funktionierte das nicht. Aber Ding Yi hatte noch ein weiteres Ass im Ärmel: Während das Verfahren noch lief, meldete er Konkurs an, und ich habe den Verdacht, dass er das Geld auf einem Konto seiner Frau versteckte. Wir streiten immer noch vor Gericht.

Whitney war ebenfalls entschlossen, mich mit allen Mitteln zu bekämpfen. Obwohl wir in Hongkong geheiratet hatten, gelang es ihr, ein Gericht in Beijing dazu zu bringen, unser Scheidungsverfahren anzunehmen. Dort würde es ihr eher gelingen, Einfluss auf den Richter zu üben. In China gibt es so etwas wie gemeinsames Eigentum nicht. Sie hoffte auf einen totalen Triumph und wollte mir jegliche finanzielle Sicherheit entziehen.

Ich hatte nur eine Wahl: Ich musste mich auf einen schmutzigen Kampf einlassen. Es fiel mir schwer, mich dazu durchzuringen. Am Ende drohte ich ihr, für sie schädliche Information weiterzugeben. Außerdem setzte ich den Artikel in der *New York Times* ein. Die chinesischen Behörden hatten unsere Unternehmen ins Visier genommen, und in Anbetracht der bewusst dehnbaren Gesetze gab es immer Dinge, die als rechtswidrig ausgelegt werden konnten. Obwohl Whitney stets bemüht gewesen war, sich eine weiße Weste zu bewahren, bewegten meine Drohungen sie schließlich dazu, einer Einigung zuzustimmen, die mir ein Auskommen für ein angenehmes Leben sicherte. Am 15. Dezember 2015 unterschrieben wir die Scheidungspapiere.

Diese beiden qualvollen Auseinandersetzungen lehrten mich einiges darüber, wie ungewiss das Leben insbesondere in China war. Ich lernte, dass man sich auf Freunde und Ehepartner nicht verlassen konnte. Doch welche Beziehungen bleiben dann noch?

Natürlich gibt es solche Probleme überall auf der Welt. Meine Erfahrungen wiesen allerdings einige eigentümlich chinesische Merkmale auf. Da war zunächst einmal das hartherzige, berechnende, auf die Vernichtung der anderen Seite zielende Vorgehen Whitneys und dazu das von Ding Yi und sogar seiner zweiten Frau Yvonne, der ehemaligen Animierdame, die nach dem Bankrott ihres Ehemanns von ihm den Vorsitz in dem an der Hongkonger Börse notierten Unternehmen übernahm. Yvonnes bizarre Geschichte war ein weiteres Beispiel für eine in China in jenen Tagen nicht unübliche Art von »großem Sprung nach vorn«.

Der Grundsatz »Pardon wird nicht gegeben« ist ein Bestandteil des kommunistischen Gesellschaftssystems. Wir Chinesen werden schon als Kinder in einem erbarmungslosen Wettkampf aufeinander gehetzt und lernen, dass nur die Starken überleben. Wir lernen nicht, zu kooperieren oder im Team zu spielen. Stattdessen bringt man uns bei, die Welt in Verbündete und Feinde zu unterteilen – und wir lernen, dass Bündnisse nicht von Dauer und Verbündete ersetzbar sind. Man verlangt von uns, unsere Eltern, Lehrer und

Freunde zu verraten, wenn es die Partei verlangt. Und man lehrt uns, dass der Sieg das Einzige ist, was zählt, und dass nur Verlierer moralische Bedenken haben. Dies ist die Denkweise, mit der sich die Partei seit 1949 an der Macht hält. Machiavelli hätte sich in China zu Hause gefühlt, denn die Chinesen lernen von klein auf, dass der Zweck jedes Mittel heiligt. Unter der Herrschaft der Kommunistischen Partei ist China ein kaltherziges Land.

Das zweite sehr chinesische Merkmal dieser Auseinandersetzungen war, dass die Politik eine ungemein wichtige Rolle spielte. Whitney sorgte für eine Verlegung des Scheidungsverfahrens nach Beijing, weil sie glaubte, dort dank ihrer *guanxi* das Gerichtsurteil beeinflussen zu können. Mitten in einer Prozesssitzung zog sich der Richter zurück, um einen Anruf entgegenzunehmen. *Jetzt ist es so weit,* sagte ich zu mir selbst. *Sie hat hinter den Kulissen die Fäden gezogen, damit der Richter zu ihren Gunsten entscheidet.* Ich erfuhr nie, worum es in diesem Telefongespräch ging, aber die Erfahrung ließ bei mir die Überzeugung reifen, dass meine einzige Chance darin bestand, Whitney zu bedrohen. Auch Ding Yi versuchte, den Artikel in der *New York Times* und meinen daraus folgenden Ruf gegen mich einzusetzen, um sich in dem Prozess, den ich gegen ihn anstrengte, einen Vorteil zu verschaffen.

In dem einen Rechtsstreit ging es um eine Scheidung, im anderen um einen Streit zwischen Geschäftspartnern, aber beide Auseinandersetzungen wurden von der Politik kontaminiert. Und während das Scheidungsverfahren und der Rechtsstreit über den Kredit ihren Lauf nahmen, begann ich, mich zu fragen, ob es an der Zeit sei, China einmal mehr den Rücken zu kehren.

Meine Entfremdung vom chinesischen System vergrößerte sich auch in anderer Hinsicht. Auf Drängen Whitneys hatte ich Kontakte zu Angehörigen des roten Adels geknüpft. Bei meinen ersten Begegnungen mit gut vernetzten Personen wie David Li war ich fasziniert gewesen. Aber im Lauf der Zeit wuchs meine Enttäuschung über die Angehörigen dieser Klasse.

Die Söhne und Töchter der Mächtigen waren ein eigener Menschenschlag. Für sie galten andere Regeln als für normale Chinesen, und sie schienen in einer anderen Dimension zu leben, die nichts mit der Lebenswelt des Rests der Bevölkerung zu tun hatte. Ihre Häuser waren hinter hohen Mauern versteckt. Sie gingen nicht dort einkaufen, wo die Massen einkauften. Ihre Nahrungsmittel kamen aus anderen Kanälen. Sie bewegten sich in Limousinen mit Chauffeur, besuchten Schulen, zu denen die Normalbürger keinen Zugang hatten, wurden in eigenen Krankenhäusern medizinisch versorgt und verdienten Geld dadurch, dass sie Zugang zur Macht hatten, den sie verkauften oder vermieteten.

Dank Whitney begegnete ich regelmäßig Angehörigen dieser Gruppe und lernte sie näher kennen. Es waren beispielsweise Menschen wie Liu Shilai, der Enkel Gu Mus, eines Veteranen der Revolution und Verbündeten Deng Xiaopings.[20] Gu Mu war in den Siebziger- und Achtzigerjahren stellvertretender Ministerpräsident gewesen und hatte die Wirtschaftsreformen vorangetrieben. Liu war ein Nachbar von uns.

Er hatte sein Vermögen anscheinend auf eine für Angehörige des roten Adels typische Art gemacht: Er verkaufte seine politischen Verbindungen. Er beschaffte Diskothekenbetreibern behördliche Bescheinigungen, denen zufolge sie alle Brandschutzbestimmungen einhielten, und besorgte Schönheitschirurgen Klinikzulassungen. Als Gegenleistung erhielt er einen Anteil an den Gewinnen.

In Lius Augen waren er und die anderen Angehörigen des roten Adels echte Aristokraten. Er nahm rund um den Erdball an Poloturnieren teil, gewann Pokale in Thailand und richtete Turniere in Beijing aus. Auf den Zuschauerrängen drängten sich die Angehörigen der kommunistischen High Society, und die Damen trugen wie ihre Rollenvorbilder in der englischen Aristokratie spektakuläre Hüte.[21]

Ich erinnere mich an ein Gespräch mit Liu über die Niederschlagung der Demokratiebewegung im Jahr 1989. Liu war zu jener Zeit noch ein Teenager, aber er konnte sich noch daran erinnern, wie sehr sich seine Familie vor einem Sturz der Kommunistischen Partei gefürchtet hatte. Liu lebte mit seinem Großvater Gu Mu damals in einem Hofhaus im Zentrum Beijings. Er hielt den Abend des 3. Juni 1989 – den Vorabend des Militäreinsatzes auf dem Tiananmen – mit einer Kalaschnikow im Schoß dort Wache. Wenig später griff die Volksbefreiungsarmee draußen auf den Straßen die Demonstranten an.

Ein weiterer roter Aristokrat war ein Freund, den ich Wolfgang nennen möchte. Sein Großvater gehörte in den Dreißiger- und Vierzigerjahren der Führung der Kommunistischen Partei an. Nach der Revolution bekleidete er Schlüsselpositionen, fiel jedoch Ende der Fünfzigerjahre bei Mao in Ungnade, weil er den katastrophalen »Großen Sprung nach vorn« kritisiert hatte, der Millionen Menschen in den Hungertod trieb. Der Großvater verbrachte Jahrzehnte in der politischen Verbannung und wurde erst in den Achtzigerjahren von Deng Xiaoping rehabilitiert.

Seine Erfahrungen bewegten den Großvater dazu, seinem Sohn – Wolfgangs Vater – von einer politischen Laufbahn abzuraten, weshalb dieser ein naturwissenschaftliches Studium verfolgte und später einen Job in einer Forschungseinrichtung annahm. Als Deng die marktwirtschaftlichen Reformen einleitete, gründete Wolfgangs Vater einen kleinen Betrieb, der ein Produkt erzeugte, das in China breite Verwendung fand und dessen Produktion und Einsatz strikt geregelt waren. Dank seiner Herkunft erhielt Wolfgangs Vater öffentliche Aufträge.

Wolfgang wuchs als Mitglied des roten Adels in Beijing auf. Er besuchte mit anderen Kindern hochrangiger Parteifunktionäre die elitäre Jinshan-Grundschule. Als Teenager verließ er gemeinsam mit seiner Familie China. Wolfgang studierte in den Vereinigten Staaten, und dann holte sein Vater ihn, den einzigen Sohn, nach China zurück und stellte ihn in seiner Firma ein.

Die Firma erzielte weiterhin gute Gewinne. Tatsächlich profitierte Wolfgangs Unternehmen beinahe von jeder geschäftlichen Transaktion, die in China getätigt wurde, vom Kauf eines Kaffees bei Starbucks bis zum Erwerb einer viele Millionen Dollar teuren Villa in Shanghai. Mittlerweile war ein Unternehmen der Volksbefreiungsarmee im selben Sektor tätig geworden, aber auf dem Markt war genug Platz für zwei Firmen. Derartige Duopole waren üblich in China: Ein staatlicher Akteur teilte sich einen Markt mit einem Unternehmen, das von Angehörigen des roten Adels kontrolliert wurde.

Wolfgang erweiterte die Produktlinie des Unternehmens und wurde in Dienstleistungen aktiv, die seiner Firma Zugriff auf große Datenmengen erlaubten. Diese Daten waren von großem Interesse für die Sicherheitsdienste. Wolfgang gab die Information an die Polizei weiter, die ihm aufgrund seiner Herkunft vertraute. Im Gegenzug verschafften die Sicherheitsdienste Wolfgangs Unternehmen zusätzliche Einkommensquellen.

Wolfgang und ich sprachen oft über das chinesische System, und er erzählte mir, wie er Parteibonzen mit Prostituierten versorgt hatte. Er erklärte, eine besonders wirksame Methode, um eine enge Beziehung zu einem Parteifunktionär zu knüpfen, bestehe darin, einen Raum mit ihm und mehreren jungen Frauen zu teilen. Wolfgang war sich der Mängel des Systems bewusst; er sah die Korruption und wie die Seelen der Menschen verbogen wurden. Er verteidigte weder die Ideologie noch die Werte des kommunistischen China, aber er scheute nicht davor zurück, seine Herkunft zu nutzen, um ein Vermögen anzuhäufen. In meinen Augen hatte er eine gewisse Ähnlichkeit mit Michael Corleone aus *Der Pate:* Wolfgang war ein Mafioso wider Willen.

Auf den ersten Blick wirkte er vollkommen verwestlicht. Er sprach akzentfrei Englisch, seine Frau stammte aus Taiwan. Aber er hinterfragte das System nicht – tatsächlich trug er dazu bei, es zu stützen, indem er Daten mit den Sicherheitsdiensten teilte und sich um Aufträge des Staatssicherheitsdienstes bemühte.

Gleichzeitig besaß Wolfgang jedoch einen ausländischen Pass und hatte viel Geld im Ausland investiert. Ich diskutierte über Politik mit ihm. »Wo hast du dein Kapital geparkt?«, fragte ich ihn einmal. Ich wusste, dass der Großteil außerhalb Chinas versteckt war. »Welchen Reisepass hast du?«, fragte ich in dem Wissen, dass es kein chinesischer war.

Die westlichen Chinaexperten behaupteten jahrelang, im Ausland ausgebildete Chinesen wie Wolfgang würden ihr Land verändern: Sie würden universelle Werte aus dem Westen heimbringen und China in eine bessere Richtung lenken. Aber Menschen wie Wolfgang betrachteten das nie als ihre Aufgabe. Es war in seinem Interesse, dass in China alles blieb, wie es war. Deshalb war er ein sehr reicher Mann und konnte die Früchte zweier Systeme ernten: Er profitierte von der Freiheit im Westen und den unantastbaren Duopolen im autoritär geführten China.

Je besser ich Wolfgang und andere Angehörige seiner Klasse kennenlernte, desto klarer wurde mir, dass sie ihre Fähigkeiten einsetzten, um das Wachstum jenes Krebsgeschwürs zu fördern, das als Kommunismus bezeichnet wird. Für eine Kiste voller Gold hatten sie ihre Seelen verkauft. Whitney und ich hatten nach den Regeln gespielt, die diese Leute und ihre Eltern festgelegt hatten, und uns auf dieselbe Art bereichert. Aber uns war klar, dass es unfaire Regeln waren. Whitney fühlte sich in diesem perversen System wohl. Ich wollte ausbrechen.

Obwohl wir vor Gericht einen erbitterten Scheidungskrieg geführt hatten, bemühten Whitney und ich uns um eine gemeinsame Linie in der Erziehung unseres Sohns. Kurz nach Aristons Geburt hatte Whitney seinen Bildungsweg geplant. Zunächst hatte sie ihn in den Kindergarten einer kleinen internationalen Schule namens 3e in Beijing geschickt. Er erhielt Reitstunden in Liu Shilais Klub, eine Freizeitbeschäftigung, die seinem Status als Angehöriger der chinesischen Elite entsprach. Whitney hatte vor, ihn nach dem Kindergarten in einer Eliteschule unterzubringen, die zur Volksuniversität in Beijing gehörte. Zum Studium wollte sie ihn in die Vereinigten Staaten oder nach England schicken.

Aber die extreme Luftverschmutzung in Beijing – und mein Wunsch, China zu verlassen – löste bei Whitney einen Sinneswandel aus. Anfang des Jahres 2015 zog Ariston gemeinsam mit mir nach England. Whitney und ich wählten gemeinsam eine Bildungseinrichtung für ihn aus, und im April begann er, dort zur Schule zu gehen.

Noch im selben Jahr kam Whitney für einige Monate nach England und mietete unweit von unserem Wohnort ein Haus, um Ariston die Eingewöhnung nach dieser einschneidenden Veränderung zu erleichtern. Ich hatte bereits begonnen, mich auf die Betreuung unseres Sohns zu konzentrieren. Durch meine Studien über Familienvermächtnisse hatte ich gelernt, dass niemand im Nachhinein bedauert, zu viel Zeit mit seinen Kindern verbracht zu haben.

Ich bemühte mich auch, die Beziehung zu meinen Eltern zu verbessern, und lud sie zu Urlaubsreisen in alle Welt ein. Ich plante jeden Schritt der Reiseroute und sorgte dafür, dass sie sich wohlfühlten, gut aßen und versorgt wurden. Während einer Italienreise ließ meine Mutter bei einem Mittagessen in Florenz den Blick in die Ferne schweifen und sagte ins Leere: »Ich bin überrascht. Du hast dich zu einem guten Sohn entwickelt.«

Whitney signalisierte meiner Mutter weiterhin, dass sie an einer Aussöhnung interessiert war. Es war sonderbar, dass sie mich nach einer so umkämpften Scheidung immer noch zurückhaben wollte. Das zeigte mir, dass sie zu schätzen wusste, was wir gemeinsam aufgebaut hatten und was ich zu ihrem Leben beigetragen hatte. Ich hatte den Verdacht, dass sie im Grunde einsam war und sich davor fürchtete, in den geschäftlichen Auseinandersetzungen und im Kampf mit dem chinesischen System auf sich allein gestellt zu sein.

Whitney hatte einen komplizierten Charakter. Als sie während ihres Aufenthalts in England ein Auto kaufen wollte, bat sie mich, sie zum Händler zu begleiten und ihr bei der Wahl des Modells zu helfen.

»Es ist dein Auto«, sagte ich.

»Aber du sollst es aussuchen«, erwiderte sie. »Du weißt, welches am besten geeignet ist.«

Bei einer anderen Gelegenheit sagte sie zu mir: »Ich bin nicht gut in Beziehungsdingen. Ich bin sehr unsicher.« Ich war ungerührt. Ich wollte eine aufrichtige Entschuldigung, aber dafür war sie zu stolz.

Trotz allem glaubte sie weiterhin, China besser zu verstehen als ich. In ihren Augen wusste ich immer noch nicht, wie das Land funktionierte.

An einem Tag im Jahr 2016 trafen wir uns in Hongkong auf einen Kaffee. Ich riet ihr erneut, ihre Risiken zu streuen und einen Teil des Vermögens von Great Ocean außer Landes zu bringen. Es war einfach als freundschaftlicher Rat gemeint. Ich wies darauf hin, dass alle vermögenden Chinesen so vorgingen. Tatsächlich wollten so viele Leute Geld aus China herausbringen, dass die Regierung die Kapitalverkehrskontrollen verschärft hatte. Whitney grinste und erklärte, China werde »weiter Vollgas geben«. Und nach einer vielsagenden Pause fügte sie hinzu: »Man muss vorausschauend agieren« – so als hätte sie Vorahnungen und ich nicht. Im Jahr 2017 teilte sie mir während eines Besuchs in Beijing beiläufig mit, die Partei habe ihr verboten, das Land zu verlassen. Aber sie schien unbesorgt und schlug meine Aufforderung, China den Rücken zu kehren, erneut aus. »Das ist bald vorüber«, sagte sie.

Nachwort

Im August 2017 kam ein Freund in die Wohnung, die ich mit Whitney geteilt hatte, um Ariston abzuholen und nach England zurückzubringen, nachdem er den Sommer bei seiner Mutter verbracht hatte. Whitney begrüßte ihn, um sich zu verabschieden. Vor der Tür wartete ein Taxi, das unseren Sohn und den Freund zum Flughafen bringen würde. »Ich bin der Körper, der ihn zur Welt gebracht hat«, sagte sie mit einem matten Lächeln. »Von nun an wird er ohne mich leben.«

Es ist schwer zu sagen, ob Whitney eine Vorahnung hatte, dass sie bald abgeholt werden würde. Wenn sie etwas ahnte, hätte sie ihre Angelegenheiten regeln oder versuchen sollen, sich zu schützen. Doch das Bild einer einsamen Frau, die ihren Sohn weggab, ließ mich nicht mehr los.

Spürte Whitney, dass ihr die Häscher der Regierung auf den Füßen waren? Tausende Menschen waren in die Mühlen von Xi Jinpings Antikorruptionskampagne geraten. Whitney war vor Monaten mit einem Ausreiseverbot belegt worden. Sie schien es nicht ernst zu nehmen, aber zu dem Zeitpunkt, als sie mir davon erzählte, sprachen wir schon lange nicht mehr so offen miteinander wie früher einmal.

Wäre es vielleicht anders gekommen, wenn ich mich mehr bemüht hätte, ihr zuzuhören, wenn ich versucht hätte, ihr nicht als Ehemann, aber zumindest als vertrauenswürdiger Ratgeber zur Seite zu stehen? Die Frage beschäftigt mich. Mit meinem Auszug aus der gemeinsamen Wohnung und mit unserer Scheidung im Jahr 2015 hatte Whitney die einzige Person verloren, der sie alles anvertrauen konnte. Sie hatte durchaus enge Beziehungen zu anderen Menschen, aber niemand verstand sie so gut wie ich. Sie wurde von einem unbezähmbaren Ehrgeiz angetrieben. Sie hatte große Träume und wollte immer aufs Ganze gehen. Ich musste sie oft davon abhalten, Dinge zu tun, die mir zu gefährlich oder riskant erschienen. Durch unsere Trennung verlor sie ihren Gesprächspartner, ihren Rückhalt und vielleicht auch ihre Vorsicht. Als sie aus ihrem neuen Büro im von uns errichteten Komplex um das Hotel Bulgari abgeholt wurde, nahm ich auf der Suche nach ihr Kontakt zu sämtlichen Bekannten in China auf, ohne eine einzige Antwort zu erhalten.

Ich habe Gerüchte gehört. Ein führender chinesischer Wirtschaftswissenschaftler erzählte mir, er sei überzeugt, Whitney werde unter Drogen gesetzt und wahrscheinlich misshandelt; sollte sie jemals lebend wieder auftauchen, werde ihr von der kommunistischen Geheimpolizei eine Substanz ins Rückenmark injiziert worden sein, um sie in einen Zombie zu verwandeln. Sollte sie freikommen, sagte er, werde sie nicht mehr dieselbe sein.

Der ehemalige Geschäftsmann Guo Wengui, der mittlerweile ein Dissident ist, hat behauptet, die Parteibehörden hätten Whitney getötet, aber Guo ist ein Schwätzer, dessen Behauptungen sich selten als zutreffend erweisen. Auch der Journalist David Barboza von der *New York Times* gab in dem Bemühen, mich zum Reden zu bringen, Gerüchte über Whitneys Tod weiter.

Ich glaube, sie ist unter anderem deshalb nicht wieder aufgetaucht, weil sie ein Schuldeingeständnis verweigert hat. Sie sagte immer: »Selbst wenn sie meine Leiche aus dem Sarg holen und ausklopfen, werden sie keinen Schmutz finden.« Whitney ist (oder war) ein außergewöhnlich starrköpfiger Mensch.

Ihr Verschwinden bestätigte meine Einschätzung vom kommunistischen China. Ich wurde dazu erzogen, mein Land und die Partei zu lieben. Wie viele Angehörige meiner Generation entwickelte ich ein starkes Nationalgefühl. Seit ich als Junge Comichefte verschlungen hatte, in denen die Heldentaten der kommunistischen Revolutionäre geschildert wurden, hatte ich mich unbewusst der Aufgabe verschrieben, China wieder zu früherer Größe zu verhelfen. Als ich Ende der Achtzigerjahre in den Vereinigten Staaten studierte, verzichtete ich auf die mir zustehende dauerhafte Aufenthaltserlaubnis, weil ich in China meinen Weg gehen wollte. Zu Beginn des neuen Jahrtausends widmete ich mich in Beijing der Aufgabe, eine neue Hauptstadt zu errichten. Ich baute den Flughafen umfassend aus und gestaltete den vermutlich spektakulärsten Hotel- und Geschäftskomplex des Landes.

Aber was ist das für ein System, in dem willkürliche Entführungen wie die von Whitney Duan möglich sind? Was ist das für ein System, in dem Ermittlungsbehörden das Recht haben, Menschen verschwinden zu lassen und nicht einmal ihre Eltern oder Kinder über ihren Verbleib aufzuklären? Natürlich vermisst Ariston seine Mutter, aber am meisten quält ihn und uns alle, dass wir nicht wissen, was mit ihr geschehen ist. Wo ist Whitney Duan? Lebt sie überhaupt noch?

Es gibt in China durchaus Regeln für den Umgang mit Verdächtigen. Das Gesetz über Strafrechtsverfahren aus dem Jahr 1997 erlaubt es der Polizei, Verdächtige bis zu 37 Tage festzuhalten, bevor sie entweder auf freien Fuß gesetzt oder offiziell verhaftet werden müssen. Aber dieses Gesetz ist nur ein grausamer Scherz: Whitney ist seit *Jahren* verschwunden, ohne dass wir ein Lebenszeichen von ihr erhalten hätten.

Dass das System moralisch fragwürdig ist, zeigt sich auch am undurchschaubaren Vorgehen der Partei bei Ermittlungen gegen ihre eigenen Mitglieder.

Für die Verfahren ist die Zentrale Disziplinarkommission zuständig. Im Jahr 1994 installierte die Partei ein als *shuanggui* bezeichnetes System, ein internes Disziplinarverfahren, das es den Ermittlern erlaubt, Personen festzuhalten, denen Verstöße gegen die parteiinternen Regeln vorgeworfen werden. Aber dem *shuanggui*-System sind keinerlei gesetzliche Grenzen gesetzt. Theoretisch kann eine Person ihr Leben lang festgehalten werden.

Ich glaube, dass Whitney ein Opfer dieser Praxis ist. Was ist das für ein System, das es einer politischen Partei erlaubt, sich über das

Gesetz zu stellen und Personen, die sie in Verdacht hat, jahrelang in Isolationshaft zu halten? Whitney ist nicht die Einzige, die dieses Schicksal erlitten hat, aber niemand anderer ist länger ohne ein Lebenszeichen festgehalten worden.

Meine Zweifel an China begannen im Jahr 2008 während der zweiten Amtszeit von Parteichef Hu Jintao und wuchsen weiter unter Ministerpräsident Wen Jiabao. Das leninistische System, das seit den Tagen Mao Zedongs im Wesentlichen unverändert geblieben ist, erfordert die totale Kontrolle der Partei über die Gesellschaft. Nur in Krisenzeiten lockert die KPCh ihren eisernen Griff und gesteht den Chinesen wirtschaftlichen Spielraum und mehr Freiheit zu. Aber das tut sie nur widerstrebend, und sie stellt stets den ursprünglichen Zustand wieder her. Im Jahr 2008 begann die Partei, die Wirtschaft, die Medien, das Internet und das Bildungswesen erneut einer strengeren Kontrolle zu unterwerfen. Journalisten wurden auf die Straße gesetzt, Verleger wurden verhaftet, Professoren verloren ihren Lehrstuhl, das Internet wurde einer strengen Zensur unterworfen, und sämtlichen Privatunternehmen wurde ein Parteikomitee aufgezwungen. Das Wirtschaftswachstum gab der Partei Gelegenheit, ihre Vormachtstellung wieder zu festigen.

Ich gelangte zu dem Schluss, dass die Flitterwochen der Partei mit Unternehmern wie Whitney und mir wenig mehr als eine in der bolschewistischen Revolution entwickelte leninistische Taktik gewesen war, um den Feind zu spalten und anschließend zu vernichten. Die Partei hatte vorübergehend ein Bündnis mit den Unternehmern geschlossen, um die totale Kontrolle über die Gesellschaft zurückzuerlangen. Als wir nicht länger gebraucht wurden, um die Wirtschaft aufzubauen, im Ausland zu investieren oder bei der Einschränkung der Freiheitsrechte in Hongkong zu helfen, wurden wir im Handumdrehen zu Feinden.

Die Rückkehr zur systematischen Unterdrückung der Freiheit begann schon lange vor Xi Jinpings Machtantritt im Jahr 2012. Xi hat den Prozess lediglich beschleunigt. Er hat die Partei nicht nur darauf eingestellt, ihre Kontrolle über China zu festigen, sondern drängt sie auch dazu, das repressive chinesische System in alle Welt zu exportieren. Auch dieses Vorgehen entspricht der Logik des Systems. Je stärker die KPCh wird, desto mehr wird sie sich bemühen, ihre Position in einer unablässig wachsenden Sphäre zu festigen. Das zeigt sich an der Verabschiedung des nationalen Sicherheitsgesetzes in Hongkong im Jahr 2020, das absichtlich vage gehalten ist, in der Praxis jedoch jegliche Kritik an der Regierung Hongkongs überall in der Welt verbietet. Wenn das kein imperialistischer Größenwahn ist.

Die KPCh verbreitet die Lüge, sie gebe den Interessen des Kollektivs Vorrang vor dem individuellen Eigennutz. Im Westen übernehmen viele Leute, die von der westlichen Besessenheit mit dem Individualismus enttäuscht sind, die Fantasievorstellung, die chinesischen Kommunisten bemühten sich um das Gemeinwohl. In Wahrheit besteht das vorrangige Ziel der Partei darin, den Interessen der Söhne und Töchter der Parteigranden zu dienen. Sie sind die Hauptnutznießer des Systems, sie sind diejenigen, die an den wirtschaftlichen und politischen Schalthebeln sitzen.

Vor dreißig Jahren brachten mich meine Eltern aus dem kommunistischen China nach Hongkong, wo ich in einer freiheitlichen, kapitalistischen, westlich geprägten Kultur aufwuchs und den Wert des menschlichen Potenzials kennenlernte. Als die KPCh Ende der Siebzigerjahre begann, den Chinesen mehr Freiheiten zuzugestehen, damit sich das Land von den katastrophalen Fehlern der Kommunisten erholen konnte, öffnete sich das Fenster einen Spalt, und die Welt konnte sehen, welche Möglichkeiten sich in einem freieren, offeneren China boten. Whitney und ich zwängten uns durch diesen Spalt und ergriffen eine einzigartige Chance, uns zu entfalten, unsere Träume zu verwirklichen und zum Aufbau Chinas beizutragen.

Jetzt, da die Kommunistische Partei über ausreichende Mittel verfügt, zeigt sie wieder ihr wahres Gesicht. Dadurch ist mir klar geworden, dass die Menschenwürde und die grundlegenden Freiheitsrechte kostbarer als Wohlstand oder beruflicher Erfolg sind. Ich möchte in einer Gesellschaft leben, die sich dessen bewusst ist. Deshalb habe ich nicht nur für mich, sondern auch für meinen Sohn der westlichen Welt den Vorzug vor China gegeben.

Nachwort zur Taschenbuchausgabe: Ein Jahr später

Ein Wunder! Das ist das einzige Wort, mit dem ich beschreiben kann, was seit der Veröffentlichung meiner eingehenden Schilderung der atemberaubenden und manchmal gefährlichen und ungemein frustrierenden Jahre geschehen ist, die ich in China verbrachte, während die Kommunistische Partei Schritt für Schritt die Freiheitsrechte der Bürger zurechtstutzte.

Mit der Veröffentlichung meines Erfahrungsberichts wollte ich vor allem eines bewirken: die Freilassung meiner Ex-Frau. Dieses Ziel wurde wenige Tage vor Erscheinen des Buchs in aller Welt erreicht. Noch heute, während ich dieses Schlusswort für die Taschenbuchausgabe des Buchs schreibe, scheint mir diese dramatische Geschichte unglaublich.

Die englischsprachige Originalausgabe des Buchs, *Red Roulette*, sollte am Dienstag, dem 7. September 2021, weltweit erscheinen. Dieser Erscheinungstermin war gewählt worden, weil die amerikanischen Verlage Neuveröffentlichungen normalerweise dienstags in den Buchhandel bringen. Der Tag kam dem vierten Jahrestag der Verschleppung meiner Ex-Frau Whitney Duan durch die chinesischen Behörden am 5. September 2017 am nächsten. Nachdem ich etwa ein Jahr lang nichts über Whitneys Schicksal und das ihrer gemeinsam mit ihr verschwundenen Mitarbeiter erfahren hatte, entschloss ich mich im Herbst 2018, meine Erinnerungen an unser gemeinsames Leben in China niederzuschreiben, damit unser Sohn Ariston verstehen konnte, woher seine Eltern kamen und wie es ihnen gelungen war, sich im oft undurchschaubaren chinesischen System durchzusetzen. Als ich nach mehr als zwei Jahren immer noch kein Lebenszeichen von Whitney erhalten hatte, reifte Anfang des Jahres 2020 der Entschluss in mir, meinen Bericht zu veröffentlichen.

Whitney und ich waren zum Zeitpunkt ihres Verschwindens bereits seit einiger Zeit geschieden, aber wir hatten das gemeinsame Sorgerecht für unseren Sohn und liebten ihn beide innig. Ariston vermisste seine Mutter und litt sehr unter ihrem Verschwinden, daher war ich empört darüber, dass die chinesischen Behörden keine Erklärung für Whitneys Verschleppung gaben und nicht einmal bereit waren, ihre Verhaftung zu bestätigen.

Als der Veröffentlichungstermin am 7. September 2021 näher rückte, fand ich nachts keinen Schlaf mehr. Alle Sorgen und Zweifel, die ich mit der Entscheidung für die Veröffentlichung des Buchs auszuräumen gehofft hatte, kehrten zurück. Ich litt unentwegt unter quälenden Gedanken. Noch größer wurde meine Beklemmung, als wenige Tage vor dem Erscheinungstermin die Medienberichterstattung über das Buch einsetzte.

Am Freitag, dem 3. September, erschien in der *Financial Times* eine Reportage unter dem Titel »Das Geheimnis der verschwundenen Frau, die Geschäfte mit Chinas ›Rotem Adel‹ machte«. Das *Wall Street Journal* folgte mit einer Story über den »Insiderbericht über die Verachtung der KPCh für ›verzichtbare‹ Unternehmer«. Mehr als ein Jahr lang hatten mein Lektor und der Presseagent des Verlags alles getan, um zu verhindern, dass die Öffentlichkeit zu früh von dem Buch erfuhr. Der Verlag befürchtete, Teile der KPCh könnten aktiv werden, um das Erscheinen meines Berichts zu verhindern. Als ich die beiden Zeitungsartikel überflog, dachte ich: »Die Katze ist aus dem Sack … jetzt ist es offiziell.« Bis dahin war mir nicht wirklich bewusst gewesen, dass ich derjenige sein würde, der die politischen und geschäftlichen Umtriebe auf höchster Ebene der Kommunistischen Partei aufdeckte.

Nun schwirrten mir alle möglichen beängstigenden Gedanken durch den Kopf: »Wie wird die KPCh auf das Buch reagieren?

Werden sie mein Telefon anzapfen und meine E-Mail-Konten hacken? Werden mich die bezahlten Blogger der Partei im Internet unter Beschuss nehmen, diese Soldaten der sogenannten ›Wu Mao-Armee‹ – auch ›Fünfzig-Cent-Armee‹ genannt, weil das als ihr Honorar gilt? Wird die Partei Agenten losschicken, um meine Familie zu schikanieren und meinen Angehörigen vielleicht sogar körperlich Schaden zuzufügen?« Als die Veröffentlichung auf den Weg gebracht war, hatte ich mir geschworen, alle Befürchtungen auszublenden, aber jetzt gelang es mir angesichts der Möglichkeit, dass Millionen Menschen in aller Welt das Buch lesen würden, nicht mehr, meine Ängste zu unterdrücken. Es waren endlose Nächte.

Am Sonntag, dem 5. September, dem vierten Jahrestag von Whitneys Verschwinden, wachte ich gegen vier Uhr morgens auf und konnte nicht mehr einschlafen. Ich lag im Dunkeln und schaltete mein Smartphone ein, als ich sah, dass meine Mutter mir eine Textnachricht geschickt hatte: Ich solle Whitney anrufen. Offenbar hatte meine Ex-Frau vergeblich versucht, mich zu erreichen, und sich daraufhin an meine Mutter gewandt. Die Nachricht traf mich wie ein Blitzschlag, mein Herz setzte einige Schläge aus. Es fiel mir schwer zu verstehen, was das bedeutete. Whitneys Telefonanschluss war seit vier Jahren tot. Ihre Mutter hatte es sich zur Gewohnheit gemacht und jeden Tag versucht, Whitney zu erreichen. Sie hatte sich geweigert, die Hoffnung aufzugeben, eines Tages wieder die Stimme ihrer Tochter am anderen Ende der Leitung zu hören. Im Juni 2021 war sie gestorben.

Hätte sie nur drei Monate länger gelebt …

Ich beschloss, Whitney sofort anzurufen, auch wenn ich mich unwillkürlich fragte, wer abheben würde. Die Situation war so surreal. Ich stellte mir Whitney vor, wie sie in einer Zelle saß, an ihrer Seite ein Wärter oder Parteifunktionär, der dafür sorgen würde, dass sie aufsagte, was man ihr eingeschärft hatte.

Schließlich wählte ich ihre Nummer. Es klingelte nur ein- oder zweimal, dann war sie am Apparat. Ich hatte den Eindruck, dass sie auf meinen Anruf gewartet hatte. Sie war sehr emotional, bat mich schluchzend um Verzeihung und sagte, sie bedaure ihr Verhalten mir gegenüber, zumal es ihr sehr leidtue, dass sie mir die alleinige Verantwortung für Aristons Erziehung aufgebürdet habe. Sie sei nicht sicher gewesen, ob sie sich bei mir melden solle –, ob die Kontaktaufnahme für meine jetzige Familie eine »Belästigung« darstelle und wir ein glückliches Leben führten. Ich war überwältigt und brachte kein Wort heraus. Die Gewissheit, dass sie am Leben war, und ihr emotionaler, ängstlich besorgter Ton brachten mich aus dem Gleichgewicht: Sie klang vollkommen anders als bei unserem letzten Gespräch vor vier Jahren, das eisig und feindselig gewesen war. Etwa eine Minute lang ließ ich sie reden, ohne selbst ein Wort zu sagen. Schließlich fasste ich mich und fragte, wo sie sei. Sie erklärte mir, man habe sie vorläufig entlassen und sie sei zu Hause. Sie habe eine Vereinbarung unterschrieben, nach der eine erneute Verhaftung jederzeit möglich war.

Sie bat darum, mit Ariston sprechen zu dürfen. Ohne das Licht einzuschalten, stolperte ich zu seinem Zimmer. Ich rüttelte ihn wach und sagte ihm, dass seine Mutter am Telefon sei und mit ihm sprechen wolle. Ariston sah mich verschlafen und verständnislos an: Was hatte ich gesagt? Ich konnte seine Verwirrung nachvollziehen, aber wir hatten keine Zeit für Erklärungen. Ich befürchtete, das Gespräch könne unterbrochen werden. Ich drückte ihm das Telefon in die Hand und drängte ihn, mit seiner Mutter zu sprechen.

Ich hörte jedes Wort ihrer Unterhaltung. Whitney versicherte Ariston in Tränen aufgelöst, wie sehr sie es bedaure, nicht bei ihm gewesen zu sein, mich mit ihm allein gelassen zu haben. Sie fragte ihn, wie groß er jetzt sei, wie viel er wiege, welche Schule er besuche, ob ihm das Lernen leichtfalle. Ich wischte mir über die Augen: Eine »normale« Mutter hätte solche Fragen nie stellen müssen. Ariston war sehr ruhig und schweigsamer, als ich es erwartet hätte. Später gestand er mir, dass nach all den Jahren das plötzliche Auftauchen seiner Mutter ein Schock für ihn gewesen sei. Es war, als wäre sie aus einem schwarzen Abgrund aufgetaucht, und er war sich unsicher, ob es wahr war oder ob er all das vielleicht nur geträumt hatte.

Nach ihrem kurzen Gespräch bat Whitney unseren Sohn, erneut mit mir allein sprechen zu dürfen. Ich ging mit dem Handy in der Hand hinauf ins Wohnzimmer im Obergeschoss. Whitney eröffnete mir, dass sie seit vier Jahren keinerlei Nachrichten von der Außenwelt mehr erhalten hatte. Sogar vom Tod ihrer Mutter hatte sie erst nach ihrer Entlassung erfahren. Ich nahm an, dass sie auch nichts von Covid wusste, von der Krankheit, die das Leben der Menschen in aller Welt verändert hatte. Ich fragte sie, warum die Partei sie verschleppt hatte: Welche Vergehen warf man ihr vor, wie lautete die Anklage? Sie antwortete kurz angebunden, über dieses Thema könne sie nicht sprechen. Diese ausweichende, ja groteske Antwort machte mich wütend. Whitney war eine der erfolgreichsten und bekanntesten Unternehmerinnen Chinas gewesen. Dass die Partei es wagte, einfach so die Menschenrechte mit Füßen zu treten, indem sie meine Ex-Frau ohne Gerichtsverfahren für vier lange Jahre in Isolationshaft gehalten und sich nicht einmal die Mühe gemacht hatte, Anklage gegen sie zu erheben oder sie zu verurteilen! Und das Leid ihres Sohns? Das hatten sie als Kollateralschaden einfach so in Kauf genommen!

Doch rasch wurde klar, was der *wahre* Grund dafür war, dass sich Whitney bemüht hatte, mich zu erreichen. Sie wusste nichts darüber, was in den vergangenen vier Jahren in der Welt geschehen war, aber sie wusste alles über mein Buch. Sie war darüber im Bilde, dass es in wenigen Tagen erscheinen sollte. Sie forderte mich auf, die Veröffentlichung von *Chinesisches Roulette* zu verhindern. Mich beschlich der Verdacht, dass der einzige Zweck des bisherigen Gesprächs darin bestanden hatte, das Eis zu brechen. Es sollte eine vertrauensvolle Atmosphäre schaffen, bevor sie mit dem eigentlichen Grund des Anrufs rausrückte. *Jetzt kommt die Botschaft der Kommunistischen Partei Chinas,* wappnete ich mich. Ich würde Whitney Gelegenheit geben, alles zu sagen, was sie mir mitteilen sollte. Los ging es mit der Warnung, welche Folgen es haben werde, die Partei zu provozieren. Sie betonte, welchen Schaden die Veröffentlichung meines Buchs *ihr* zufügen werde – sie sei nur vorläufig freigelassen worden und könne jederzeit wieder eingesperrt werden. Dann schlug sie einen anderen Kurs ein und stellte eine Reihe beunruhigender Fragen: »Was, wenn dir etwas Schlimmes widerfährt, Desmond? Wie würde sich das auf Ariston auswirken? Was, wenn Ariston etwas zustößt? Wie würdest du als sein Vater dich fühlen?« Ich schwieg. Sie schloss ihre Botschaft mit einer Parole der KPCh ab und rief mir in Erinnerung, dass jene, die sich gegen die Kommunistische Partei und den chinesischen Staat stellten, ein schlimmes Ende finden. Es war in dieser Reihenfolge gemeint: erst die Partei, dann der Staat.

Ich berichtete meinem Verleger und meinem Literaturagenten in New York von dem Gespräch. Sie reagierten sehr erstaunt – es ging ihnen ähnlich wie mir, als ich die Textnachricht meiner Mutter gelesen hatte. Wir freuten uns darüber, dass Whitney am Leben war. Aber wir waren uns einig, dass sie teilweise einen Auftrag erfüllt hatte, denn sie musste vermutlich zumindest seelisch gefoltert worden sein, damit sie diese verhüllten Drohungen seitens der Partei an uns weitergab. Und natürlich freuten wir uns darüber, dass die Veröffentlichung des Buchs dank ihres Auftauchens in aller Munde sein würde. Ein Mitglied des Verlagsteams fragte, ob ich das Gespräch mit Whitney zufällig aufgenommen habe. Das war mit nicht in den Sinn gekommen. Aber die Frage brachte mich auf eine Idee: Ich entschloss mich, zukünftige Gespräche mit Whitney aufzunehmen – sofern es dazu kommen würde.

Tatsächlich rief sie noch am selben Tag erneut an. Es war kurz nach sechs Uhr abends. Diesmal klang sie ruhig. Sie hatte es stets verstanden, die zur Gelegenheit passende Miene aufzusetzen; diese Fähigkeit hatte sie genutzt, um im chinesischen »Guanxi«-System zu navigieren. Sie begann das Gespräch mit der Erklärung, sie sei in der Haft »erzogen« worden und verstehe jetzt, dass sie Verbrechen begangen habe. Da ich ihr Geschäftspartner gewesen war, sagte sie damit indirekt, dass ich ebenfalls Verbrechen begangen hätte. Auf meine Frage, um welche Verbrechen es sich handle, gab sie eine unklare Antwort: »Das solltest du selbst wissen.« Sie ritt weiter auf diesem Thema herum, was mich zunehmend nervte.

Als ihr klar wurde, dass ich mich nicht auf ihre Argumentation einlassen würde, änderte sie ihre Taktik und verlangte von mir, die Veröffentlichung des Buchs hinauszuzögern. Das werde uns Zeit verschaffen, um in Verhandlungen mit der KPCh eine gute Lösung zu finden. Ich hatte jahrelang mit der Partei und ihren Bürokraten zu tun gehabt und machte mir keine Illusionen über das Ergebnis solcher Verhandlungen. Meine Entscheidung für die Veröffentlichung würde mein Schicksal als Feind der KPCh und des chinesischen Staats besiegeln. Es gab somit keinen Weg zurück, denn die Partei wusste offensichtlich von dem Buch. Ich sagte Whitney, dass ich nicht vom Kurs abweichen würde, und erklärte ihr, dass die Berichterstattung über das Buch das Regime in Beijing dazu bewegt habe, sie freizulassen. Ich war überzeugt, dass der beste Weg, ihre Freiheit zu garantieren, darin bestand, ihren Fall im Rampenlicht zu halten. Dazu war ich fest entschlossen.

Als sie begriff, dass ihre Taktik nicht die gewünschte Wirkung erzielte, stieß sie eine weitere Drohung aus, die mir das Blut in den Adern gefrieren ließ: »Ich bin schon alt, aber unser Kind hat noch einen langen Weg vor sich. Zerstöre nicht ein Leben.« Ich war mit meiner Geduld am Ende. »Drück dich klar aus«, sagte ich. »Wessen Leben? Deins? Meins? Das von unserem Kind?« Whitney nahm sich zurück: »Ich wollte sagen, dass unsere Eltern schon alt sind.«

Am Tag darauf – am Vortag des Erscheinungstermins – rief sie ein drittes Mal an. Diesmal hinterließ sie eine Nachricht auf meinem Anrufbeantworter, die sehr geplant wirkte. Sie reihte in einem betont dramatischen Ton Parolen der KPCh aneinander: Beiße nicht die Hand, die dich füttert. Verunglimpfe nicht Partei und Staat. Wer sich dem Staat entgegenstellt, wird ein schlimmes Ende finden …

Es kamen keine weiteren Anrufe. *Chinesisches Roulette* erschien wie geplant. Von meiner lange verschwundenen Ex-Frau und Mutter meines Sohns hörte ich nichts mehr.

Nachdem ein Monat vergangen war, ohne dass sich Whitney gemeldete hatte, begann ich, mir Sorgen zu machen. Ich befürchtete, dass sie erneut verhaftet worden war. Zum Glück erfuhr ich von einem meiner Cousins, der den Kontakt zu Whitney aufrechterhalten hatte, dass sie in Beijing erreichbar war. Ich vermutete, dass sie einfach nicht mit mir sprechen wollte. Ich war erleichtert.

Whitney war offenkundig aus der Haft entlassen worden, um mich unter Druck zu setzen, damit ich das Buch zurückzog. Doch wie so viele Manöver von Diktatoren und autoritären Staatsapparaten bewirkte auch dieses das Gegenteil. Anstatt *Chinesisches Roulette* verschwinden zu lassen oder seine Öffentlichkeitswirkung zu verringern, lieferte die KPCh den Medien erst die entscheidenden Schlagzeilen, indem sie Whitney als Botin einsetzte. Es war eine dramatische Entwicklung: Das Wiederauftauchen einer bekannten chinesischen Milliardärin, die vier Jahre lang verschollen gewesen war – bis heute hat das chinesische Regime keinen Menschen für längere Zeit verschleppt – fiel mit dem Verschwinden eines weiteren chinesischen Magnaten zusammen: Jack Ma von Alibaba war wie vom Erdboden verschluckt.

Die Methoden der KPCh waren nur allzu transparent.

Über meine Geschichte berichteten die *Washington Post,* die *New York Times* und das *Wall Street Journal* in den Vereinigten Staaten, die *Financial Times,* die *Sunday Times* und der *Telegraph* in Großbritannien und die *Straits Times* in Singapur. Auch Wirtschaftszeitungen, darunter der *Economist* und *Bloomberg,* brachten Reportagen über das Buch. In Großbritannien wurde ich für die BBC-Sendung *Newsnight* interviewt, und in den Vereinigten Staaten sprach ich in *CNN* live mit Christiane Amanpour und Erin Burnett sowie in *Fox News* mit Maria Bartiromo. Die von Steve Inskeep moderierte *NPR*-Sendung *Morning Edition* strahlte ein Interview mit mir aus. Auf der anderen Seite der Welt sahen sich fast vier Millionen Menschen einen Bericht in *60 Minutes Australia* an.

Die amerikanische Originalausgabe *Red Roulette* schaffte es auf die vorderen Plätze der Bestsellerliste der *New York Times* und war zu einem Zeitpunkt das meistverkaufte Buch in Australien. Mein begeisterter australischer Verleger wies darauf hin, dass sich mein Buch in Down Under ebenso gut verkaufe wie *Gefahr. Die amerikanische Demokratie in der Krise*, das Buch des legendären Journalisten Bob Woodward. Das alles musste ich erst einmal verdauen. Bei der Veröffentlichung des Buchs hätte so viel schiefgehen können, und ich hatte dunkle Vorahnungen gehabt, aber *Chinesisches Roulette* sollte am Ende sehr viel mehr Leser finden, als ich es je erwartet habe.

Ich werde oft von Journalisten, Nachrichtensprechern und den Moderatoren von Online-Medien gefragt, warum ich das Buch schreiben wollte. In den fast zwei Jahren, die zwischen dem Zeitpunkt, an dem ich mit der Niederschrift meiner Erinnerungen begann, und der Entscheidung für eine Veröffentlichung vergingen, habe ich viel über diese Frage nachgedacht. Ich gelangte zu der Überzeugung, dass die Veröffentlichung meines Berichts gut für Ariston und Whitney sein würde, genauso wie für Hongkong und den Rest der Welt.

Wie erwähnt, war es wichtig für mich, meinem Sohn zu erklären, wer seine Eltern sind. Ein Jahr nach dem Verschwinden seiner Mutter hatte Ariston ein Alter erreicht, in dem damit gerechnet werden musste, dass er im Internet nach Informationen über sie suchen würde. Diese Möglichkeit hielt mir einer seiner Lehrer taktvoll vor Augen. Er riet mir, auf Hinweise zu achten und mich darauf vorzubereiten sowie dem Jungen Orientierungshilfe zu geben.

Zu jener Zeit waren die im Internet zugänglichen Informationen über seine Mutter überwiegend frei erfunden und teilweise bösartig. Dass ich nichts über Whitneys Schicksal wusste, auch nicht, ob Ariston seine Mutter je wiedersehen würde, bewegte mich dazu, mit der Niederschrift meiner Erinnerungen zu beginnen.

Ich bin nach wie vor überzeugt, dass Whitney und ich in einer turbulenten Phase der chinesischen Geschichte unser Bestes getan haben, um unserem Land zu dienen. Es war eine Zeit des exponentiellen Wirtschaftswachstums, eines rasanten Anstiegs des Lebensstandards in China und einer Öffnung der Gesellschaft für neues Wissen und neue Ideen. Wir hatten das Gefühl, auf einer Woge des Erfolgs zu surfen und im Gegenzug unseren Beitrag zu einer offeneren, freieren und zivilisierteren chinesischen Gesellschaft zu leisten. Ich bin weiterhin stolz auf unsere Leistungen und glaube, dass auch Ariston stolz auf seine Eltern sein kann. Ich wollte, dass er unsere Geschichte hörte –, wenn nicht von uns beiden, so zumindest von mir.

Aber abgesehen davon, dass ich für Ariston ein vollständiges Bild von unserem Werdegang zeichnen wollte, wollte ich Whitney helfen – sofern sie noch am Leben war. Zu dem Zeitpunkt, als ich mich zur Veröffentlichung unserer Geschichte entschloss, war Whitney seit zweieinhalb Jahren spurlos verschwunden. Ich versuchte, Kontakt zu Personen aufzunehmen, deren Aufstieg sie befördert hatte, denn ich hatte die Hoffnung, sie würden sich diskret nach Whitneys Aufenthaltsort und ihrem Gesundheitszustand erkundigen. Doch meine Bemühungen blieben erfolglos. Ich gelangte zu der Überzeugung, dass es ihr nicht schaden konnte, die Öffentlichkeit auf ihren Fall aufmerksam zu machen. Es konnte nur von Vorteil für sie sein.

Ein weiterer Beweggrund für meine Entscheidung war das Schicksal Hongkongs. Mein Herz hängt an diesem Ort. In bin in dieser Stadt aufgewachsen, dort lebt die Mehrheit meiner engen Freunde, und meiner Meinung nach isst man nirgendwo besser als dort. Hongkong ist eine außergewöhnliche Metropole, in der moderne westliche Wertvorstellungen und vorrevolutionäre chinesische Traditionen miteinander verschmelzen.

Mitte des Jahres 2017 bekam ich eine erste Ahnung von Chinas unlauteren Absichten in Bezug auf Hongkong, als das chinesische Außenministerium erstmals einseitig erklärte, die chinesisch-britische Joint Declaration über die Zukunft Hongkongs sei ein »historisches Dokument«, das keine praktische Bedeutung mehr habe. Seitdem waren die Meinungsfreiheit und die bürgerlichen Freiheitsrechte in Hongkong immer weiter eingeschränkt worden, ein Prozess, den die Regierung mit dem Versuch beschleunigte, die Auslieferung von Regimekritikern an China zu legalisieren. Vom Kampf der Hongkonger Demokratiebewegung inspiriert, flog ich im Juni 2019 nach Hongkong, um gemeinsam mit einer Million Einwohnern in der glühenden Sommerhitze der Welt zu zeigen, was das Volk wirklich wollte.

Indem ich in meinem Buch die wahre Natur der KPCh beleuchte, ihren politischen Apparat beschreibe und erkläre, wie sie die Politik Hongkongs infiltriert, hoffe ich zu zeigen, wie schwer es die Bevölkerung der Stadt in ihrem täglichen Kampf für die Freiheit hatte. Leider bin ich zu der Überzeugung gelangt, dass Hongkong mittlerweile verloren ist. Doch als Hongkonger wollte ich meinen Teil zum Kampf für die Demokratie beitragen. (In Hongkong ist der Verkauf meines Buchs verboten, aber das hat meine Freunde nicht daran gehindert, Exemplare bei Amazon USA zu bestellen und die Gebühren für die internationale Lieferung zu bezahlen.)

Letztendlich war es mein Ziel, der Welt zu zeigen, was wirklich in China vorgeht. Es gibt zahlreiche Missverständnisse über die Volksrepublik, die teilweise von der KPCh gezielt verbreitet werden. Es bleibt jedem Land überlassen, wie es mit China umgehen will, aber ich glaube, dass die Regierungen eher die richtige Entscheidung fällen können, wenn sie wissen, was dort wirklich los ist.

Journalisten und Experten von Denkfabriken haben mir berichtet, dass *Chinesisches Roulette* insbesondere unter gewählten Politikern, politisch Verantwortlichen und Unternehmensführern zahlreiche aufmerksame Leser gefunden hat. Vor einigen Monaten hatte ich die Ehre, vor der Inter-Parliamentary Alliance on China

(IPAC) zu sprechen, einer internationalen Gruppe von Parlamentariern, die es sich zum Ziel gesetzt hat, »den Umgang demokratischer Länder mit China« zu »reformieren«. Fast zwei Dutzend Abgeordnete nahmen an der Veranstaltung teil. Ich war erfreut zu hören, dass sie alle mein Buch entweder gelesen hatten oder gerade damit beschäftigt waren.

Ich hoffe, dass *Chinesisches Roulette* einen festen Platz in der Literatur zur Entwicklung Chinas in dieser historischen Epoche finden wird. Der Aufstieg des Landes in den vergangenen zwei Jahrzehnten hat die Welt in jeder Hinsicht verändert, geopolitisch, wirtschaftlich wie ideologisch. Es sind zahlreiche Bücher über das rasante Wachstum des Landes geschrieben worden. Ich hoffe, dass die Einschätzungen der Experten die persönlichen Erfahrungsberichte von Menschen, die Teil dieser Geschichte gewesen sind, nicht an den Rand drängen werden.

Mein Buch ist mittlerweile in 15 Sprachen erschienen und dazu in Form einer Raubkopie im Iran. Es steht auf vier Kontinenten in den Bücherregalen. Ich habe beobachtet, dass sich viele Nachbarländer Chinas die Veröffentlichungsrechte gesichert haben, darunter Japan, Korea, Thailand, Vietnam, Taiwan und die Mongolei (ein Land, das nur selten Lizenzen von amerikanischen Verlagen erwirbt).

Ich möchte über die Erfahrung mit der chinesischen Ausgabe berichten. Ende des Jahres 2021 erwarb ein taiwanesischer Verleger die Rechte an meinem Buch. Der verantwortliche Lektor teilte mir mit, dass sein Verlag das Buch möglichst rasch auf den Markt bringen wolle, und engagierte zwei Übersetzer, um den angestrebten Erscheinungstermin einhalten zu können. Kurze Zeit später wurde ein taiwanesisches Firmenkonglomerat, das einen großen Teil seiner Geschäfte in China abwickelt, von der chinesischen Regierung mit einer Geldstrafe von 60 Millionen Dollar belegt, weil es der taiwanesischen Regierungspartei, der Demokratischen Fortschrittspartei (DPP), Geld gespendet hatte. Der Vorfall wurde sehr wohl von den taiwanesischen Unternehmen wahrgenommen, die auf dem chinesischen Markt tätig waren, und sie suchten, sich gegen ähnliche Strafmaßnahmen abzusichern. Wenig später erhielt ich einen weiteren Anruf vonseiten des Verlags, in dem man mir mitteilte, der Verlag habe den Vertrag gekündigt und werde die chinesische Ausgabe meines Buchs nicht herausbringen.

Glücklicherweise hatte diese Geschichte ein Happy End: Ein Jahr später sprang ein anderer Verlag aus Taiwan in die Bresche, dem es wichtig schien, *Chinesisches Roulette* in Taiwan und anderen chinesischen Gemeinschaften in aller Welt zugänglich zu machen. So erschien die chinesische Ausgabe im Februar 2023 in Taiwan und schaffte dort auf Anhieb den Sprung auf die Bestsellerliste.

Doch wie bei so vielen anderen Produkten findet man auch von diesem Buch ohne viel Anstrengung Raubkopien im Internet. Ich habe aus verschiedenen Quellen in Taiwan und China erfahren, dass einige sehr rudimentäre, mit KI-Übersetzungssoftware angefertigte Versionen des Buchs in Umlauf sind, die über WeChat und per E-Mail weitergegeben werden. Mir wurde sogar ein Exemplar zugeschickt. So enttäuschend es ist, erleben zu müssen, dass das eigene Urheberrecht verletzt wird, empfand ich es als Bestätigung, als ich erfuhr, dass *Chinesisches Roulette* bei den chinesischen Eliten zu den am intensivsten diskutierten Büchern zählt und Thema vieler Tischgespräche ist. Das ist nachvollziehbar. Die Aktivitäten der Mitglieder der chinesischen Führung werden seit jeher wie Staatsgeheimnisse behandelt, weshalb sogar hochrangige Bürokraten großes Interesse daran haben dürften, sich ein Bild von den Vorgängen innerhalb des Machtapparats zu machen.

Mich ermutigen die Reaktionen auf mein Buch und der Dank dafür, dass ich den Mut aufgebracht habe, mich dem Willen der Kommunistischen Partei zu widersetzen und ihrem Narrativ zu widersprechen. Darüber hinaus haben mir zahlreiche Bekannte im Westen bestätigt, dass ihnen mein Buch dabei geholfen hat, Antworten auf Fragen zu China zu finden, die sie seit Langem beschäftigen.

Die Kritik von Lesern im Westen zielt dabei auf andere Punkte als die von Chinesen.

Im Westen stößt vor allem die in meinem Buch beschriebene hemmungslose Prasserei auf Ablehnung. Eine abschätzige Bezeichnung, die mich geradezu verfolgt, lautet »korruptes kapitalistisches Schwein«. Als ich meinen Bericht verfasste, war ich mir dessen bewusst, dass der beschriebene ostentative Konsum ein unvorteilhaftes Bild von mir zeichnete, aber es ging mir darum, den verschwenderischen Lebensstil der chinesischen Eliten in jener goldenen Epoche wahrheitsgetreu zu dokumentieren. Whitney und ich waren nicht die einzigen, die damals extravagante Konsumgewohnheiten hatten, und Herr Hui von Evergrande ist ebenfalls keine Ausnahme. Rückblickend sehe ich, dass wir uns im Grunde wie neugierige Höhlenmenschen verhielten, die zum ersten Mal ans Tageslicht kommen und sich gierig auf die materiellen Genüsse des Lebens stürzen.

Mit der chinesische Kritik an meinem Buch hat es eine andere Bewandtnis, sie muss in einem Zusammenhang mit den Auseinandersetzungen zwischen verschiedenen Fraktionen in der Kommunistischen Partei betrachtet werden. Die meisten Angehörigen der chinesischen Elite bestreiten die in *Chinesisches Roulette* beschriebenen Fakten nicht. Die Debatte kreist dort vielmehr um die Frage, welcher der verschiedenen Fraktionen ich zuzuordnen wäre.

Einige Leute haben die Vermutung geäußert, das Buch sei ein Angriff auf den früheren Ministerpräsidenten Wen Jiabao, und verweisen darauf, dass der Erscheinungstermin der amerikanischen Originalausgabe sehr nahe bei Wens Geburtstag lag. Andere, die eine ähnlich ausgeprägte Vorliebe für sinnlose Spekulationen haben, behaupten, ich hätte das Ergebnis der 6. Plenarsitzung des 19. ZK der KPCh beeinflussen wollen, die zwei Monate nach Erscheinen des Buchs auf dem Programm stand. Wieder andere glauben, ich hätte das Buch einfach deshalb geschrieben, weil ich bei den gegenwärtigen chinesischen Machthabern in Ungnade gefallen sei. Und alle haben ihre eigene Meinung dazu, ob *Chinesisches Roulette* innerhalb der Fraktionskämpfen der KPCh als Waffe eingesetzt wurde, bevor Xi seine dritte Amtszeit antrat.

Ich möchte meine Kritiker lediglich auffordern, das Buch anhand der darin enthaltenen Fakten zu beurteilen. Ich begrüße eine Debatte, die auf den *Fakten* beruht. Ich respektiere jede Meinung, die sich die Leser und Leserinnen gestützt auf die *Fakten* über mich, die im Buch beschriebenen Personen und über China bilden.

Seit der Veröffentlichung des Buchs werde ich oft beiläufig gefragt, ob ich Leibwächter engagiert habe. Die meisten Menschen nehmen an, dass man für den Widerstand gegen ein totalitäres Regime einen Preis bezahlen muss.

Ein Kommentar meines Sohns lässt mich nicht los. Nachdem wir den Netflix-Dokumentarfilm *Spycraft* gesehen hatten, rief er aus: »Ich glaube, die KPCh wird uns mit einem furchtbaren Gift töten.«

Ja, ich mache mir Sorgen. Wir machen uns Sorgen. Bevor das Buch erschien, ging Ariston jeden Morgen allein zur Schule. Das ist vorbei. Früher schlenderte ich unbesorgt durch die Straßen Londons. Das ist vorbei. Meine Familie hat sich neue Gewohnheiten zugelegt. Es gibt Länder, die wir nicht mehr besuchen. Gelegentlich sehe ich mir die sogenannten Red Notices von Interpol an, etwas, was mir in meinem früheren Leben nicht in den Sinn gekommen wäre.

Wir wissen, dass unsere Befürchtungen begründet sind, und wir haben gelernt, uns ihnen zu stellen. Ein erbarmungsloses totalitäres Regime hält sich nicht an Regeln, kennt keine moralischen und ethischen Grenzen und ist zu allem fähig. Die KPCh hat uns bewusst die Furcht ins Herz gesetzt: Sie will uns dazu zwingen, dass wir selbst unser Verhalten ändern und uns anpassen, dass wir unsere Meinungsäußerungen selbst zensieren und gewisse Grenzen nicht überschreiten, die uns die Partei zieht. Ich weigere mich, so zu leben.

Eine Journalistin fragte mich: »Welchen Plan haben Sie für die Zukunft?« Es eröffnen sich jeden Tag neue Chancen, wenn man die Augen offenhält. Im Augenblick konzentriere ich mich auf die Veröffentlichung meines Buchs in verschiedenen Sprachen. Ich schöpfe Kraft aus der Bemerkung eines Freunds, der mit Blick auf die Kernaussage des Buchs sagte: »Das ist eine Botschaft, die verbreitet werden *muss.*«

Also setze ich meinen Weg fort und verbreite die Botschaft.

Desmond Shum,
im März 2023

Danksagungen

Dieses Buchprojekt hat seinen Ursprung in Mut und Liebe. Darin, zu lieben und geliebt zu werden.

Ich habe es aus Liebe zu meinem Sohn Ariston geschrieben. Er gibt mir die Chance, der Vater zu sein, der ich immer sein wollte. Ich will, dass er weiß, wer sein Vater und seine Mutter wirklich sind, was sie erreicht und was sie durchgemacht haben.

Geliebt werden. Ohne die Unterstützung meiner Liebsten hätte ich nie den Mut aufgebracht, den ganzen Weg zu gehen. Ci Sun, meine bessere Hälfte, ist ein Segen für mein Leben. Ohne ihren Rückhalt wäre es mir viel schwerer gefallen, wieder Fuß zu fassen, nachdem ich China den Rücken gekehrt hatte. Sie hat jeden meiner Schritte mit Nachsicht und Ermutigung begleitet.

Auch opfert sie einen Teil ihres Lebens, um an meiner Seite den Stürmen zu trotzen, die nach Erscheinen dieses Buches tatsächlich über uns hereingebrochen sind. Sie ist darauf gefasst, dass sie möglicherweise nie wieder nach China zurückkehren kann. Es war eine sehr schwere Entscheidung für sie.

Ich möchte auch meiner Ex-Frau Whitney Duan danken. Ohne sie wäre ich nicht, was ich heute bin. Sie ist meine stille Partnerin bei diesem Buchprojekt. Sodann sind da meine Eltern, die mich auf ihre Art lieben. Sie haben dieses Projekt ebenfalls unterstützt und sich auf eine mögliche Verfolgung durch die Kommunistische Partei Chinas eingestellt.

Mut. Ich muss allen meinen Mut aufbringen, um mich zu Wort zu melden und die Wahrheit über die skrupellose Macht zu sagen, die als KPCh bezeichnet wird. Viele Personen haben mir bei diesem Unterfangen geholfen. Keith Berwick war mein Mentor im Crown Fellowship Program am Aspen Institute. Er inspirierte mich, als ich nach einer höheren Berufung suchte, und zeigte mir den Weg zu Mut, Rechtschaffenheit und Liebe. Und er motiviert mich weiter und spricht mir Mut zu. Meine Studienkollegen in der 9th Symphony-Klasse inspirierten mich mit ihrer Bereitschaft, anderen zu helfen, und ihrem Wunsch, ein Leben nicht nur für sich selbst, sondern auch für andere zu führen. Ich erinnere mich immer noch an Jordan Kassalows Geschichte darüber, wie er einem Sturm an einem offenen Fenster trotzte. Ein weiterer Teilnehmer von Aspen Crown, Bill Browder, hat mich mit der Veröffentlichung seines mutigen Buchs *Red Notice* inspiriert. Dieser Bericht und Browders folgende Handlungen wiesen all denen den Weg, die skrupellosen autoritären Regimes gegenüberstehen. Und dann ist da Matthew Pottinger, der vier Jahre lang im Nationalen Sicherheitsrat der Vereinigten Staaten saß. Die Erinnerung daran, wie er in makellosem Mandarin eine Zeile aus einem alten Gedicht von Fan Zhongyan rezitierte – »Besser die Stimme erheben und sterben, als schweigen und leben« –, begleitet mich bis heute. Fans Gedicht ist das Motto dieses Buchs, und diese Zeile ist dem Buch vorangestellt.

Natürlich dürfen wir die unerschrockenen Bürger Hongkongs nicht vergessen, die große Opfer für die Menschenwürde gebracht haben. Ihre Tapferkeit erfüllt mich mit Ehrfurcht, und ich möchte meinen Teil beitragen, um der Stadt zu helfen, die einmal meine Heimat war.

Dieses Buch wäre nicht zustande gekommen ohne meinen Mitautor John Pomfret. Seine Kenntnis Chinas sorgte dafür, dass unsere Zusammenarbeit reibungslos und produktiv wurde. Seine Bedachtsamkeit und Sorgfalt machten die gemeinsame Arbeit zu einem Vergnügen. Ich bin glücklich, ihn zum Freund zu haben.

Ich möchte auch meinen Freunden danken, die mir während der Arbeit an diesem Projekt für einen stetigen Gedankenaustausch zur Verfügung standen. Andrew Small ist seit seinem Studienabschluss in Oxford ein Freund, der sich in einen führenden Forscher auf dem Gebiet der Geopolitik verwandelt. Ich freue mich auf weitere Gespräche mit ihm und weiß, dass ich immer etwas Neues von ihm lernen kann. Ken Zhou ist ein führender Experte für Taiwan und dessen Beziehungen zu China. Sein unkonventionelles Denken inspiriert mich seit einem Jahrzehnt. Thomas Eymond-Laritaz ist stets ein Rückhalt und ein aufmerksamer Freund gewesen. Sein Wissen über Weltpolitik und Weltwirtschaft ist wirklich außergewöhnlich. Es wären noch weitere Personen zu nennen, aber mit Blick auf die erbärmliche Neigung der KPCh, Freunde und Verwandte von Andersdenkenden zu bestrafen, behalte ich ihre Namen lieber für mich.

Modische und stilvolle Kleidung gehört zu den Dingen, die mir seit meiner Jugend Freude machen. Die Mode hat mir Mut gegeben, nach den Sternen zu greifen und meine Möglichkeiten neu zu bewerten. Mein lebenslanger Freund Stephen Luk hat mich mit dieser Welt bekannt gemacht. Nach vierzig Jahren tauschen wir immer noch Modeideen und Informationen über die besten Schneider und Schuhmacher aus.

Ich bin ChinaVest, der führenden Beteiligungsfirma in China in den frühen Neunzigerjahren, für immer dankbar. Jenny Hui stellte mich ein. Dennis Smith und Alex Ngan halfen mir beim Entwurf guter Geschäftspläne und bei der Entwicklung meines Riechers für gute Geschäfte.

Ich möchte meinen Kollegen bei Great Ocean danken: Gemeinsam haben wir namhafte Bauprojekte in China vorangetrieben. Aus Angst vor Vergeltungsmaßnahmen der KPCh kann ich sie nicht namentlich nennen. Aber sie wissen, wer gemeint ist. Ich danke ihnen für ihre Unterstützung.

Ich möchte auch meinen literarischen Agenten Amy und Peter Bernstein danken. Sie erkannten das Potenzial meiner Geschichte und legten das Projekt führenden Verlagen vor. Sie begleiteten mich durch den Prozess. Scribner hat sich als idealer Partner erwiesen. Mein Lektor Rick Horgan hat ein außergewöhnliches Maß an Toleranz gegenüber diesem Novizen sowie Klugheit und beispielhafte Geduld bewiesen. Ich möchte dem ganzen Team von

Scribner danken, das die Bedeutung dieser Geschichte erkannte. Das schließt die Verlagsleiterin Nan Graham, den PR-Chef Brian Belfiglio, den Leiter der Rechtsabteilung, Paul O'Halloran, die Marketingchefin Brianna Yamashita, den leitenden Lektor Mark LaFlaur, die künstlerische Leiterin Jaya Miceli und den Lektoratsassistenten Beckett Rueda ein. Meg Handler leistete ausgezeichnete Arbeit bei den Fotos.

Anmerkungen

1 David Sheff, »Betting on Bandwidth«, Wired, 1. Februar 2001, https://www.wired.com/2001/02/tian/.

2 Charles R. Smith, Deception: How Clinton Sold America Out to the Chinese Military (La Porte: Pine Lake Media Group, 2004), S. 166.

3 Philip P. Pan, Out of Mao's Shadow: The Struggle for the Soul of a New China (New York: Simon & Schuster, 2008), S. 4.

4 David Barboza, Jessica Silver-Greenberg und Ben Protess, »JPMorgan's Fruitful Ties to a Member of China's Elite«, *New York Times,* 13. November 2013, https://dealbook.nytimes.com/2013/11/13/a-banks-fruitful-ties-to-a-member-of-chinas-elite/.

5 Konsulat Shanghai, »Carlyle Group Representative on Leadership Issues«, Wikileaks Cable: 07SHANGHAI622_a. 20. September 2007, https://wikileaks.org/plusd/cables/07SHANGHAI622_a.html.

6 Konsulat Shanghai, »Carlyle Group Representative on Leadership Issues«, Wikileaks Cable: 07SHANGHAI622_a. 20. September 2007.

7 Michael Forsythe, »Chinese Businessman Linked to Corruption Scandals Dies in Prison, Reports Say«, *New York Times,* 6. Dezember 2015, https://www.nytimes.com/2015/12/07/world/asia/china-xu-ming-dies-prison.html.

8 Michael Forsythe, David Enrich und Alexandra Stevenson, »Inside a Brazen Scheme to Woo China: Gifts, Golf and a $ 4,254 Wine«, *New York Times,* 14. Oktober 2019, https://www.ny times.com/2019/10/14/business/deutsche-bank-china.html.

9 Cao Guoxing, »Everest 5100: The Political and Business Alliance Behind a Bottle of Mineral Water«, Radio France Internationale, 7. Juli 2011.

10 »Beijing Capital International Airport Air Cargo Clearance Base Lays Foundation«, Amtliche Website der Zentralregierung der Volksrepublik China, 29. Juni 2006, http://www.gov.cn/jrzg/2006-06/29/content_323047.htm.

11 Patrick E. Tyler, »China's First Family Comes Under Growing Scrutiny«, *New York Times*, 2. Juni 1995, https://www.nytimes.com/1995/06/02/world/china-s-first-family-comes-under-growing-scrutiny.html.

12 Bill Savadove, »Jia Qinglin: Tainted survivor with a powerful patron«, *South China Morning Post*, 23. Oktober 2007, https://www .scmp.com/article/612592/jia-qinglin-tainted-survivor-powerful-patron.

13 Sean O'Kane, »EV startup Canoo's mysterious backers named in new harassment lawsuit«, *The Verge*, 8. Oktober 2019, https://www.theverge.com/2019/10/8/20899436/discrimination-lawsuit-canoo-foreign-backers-ev-startup-british-chinese-government.

14 Juliette Garside und David Pegg, »Panama Papers reveal offshore secrets of China's red nobility«, *Guardian*, 6. April 2016, https://www.theguardian.com/news/2016/apr/06/panama-papers-reveal-offshore-secrets-china-red-nobility-big-business.

15 Konsulat Shanghai, »Pension Scandal Claims More, Politics as Usual«, Wikileaks Cable 06SHANGHAI16957_a. Datiert 27. Oktober 2006, https://wikileaks.org/plusd/cables/06SHANGHAI6957_a.html.

16 David Barboza, »Billions in Hidden Riches for Family of Chinese Leader«, *New York Times*, 25. Oktober 2012, https://www.nytimes.com/2012/10/26/business/global/family-of-wen-jiabao-holds-a-hidden-fortune-in-china.html.

17 »Xi Jinping Millionaire Relations Reveal Fortunes of Elite«, Bloomberg News, 29. Juni 2012, https://www.bloomberg.com/news/articles/2012-06-29/xi-jinping-millionaire-relations-reveal-fortunes-of-elite.

18 Yuan Huai, »Chen Yun Appointed Me to Work under Li Rui of the

Central Organization Department«, Mirror History Channel, 10. November 2020, https://www.mingjingnews.com/article/48411-20.

19 »Leadership in Action Series: David Rubenstein; The China Model; Madeleine Albright«, The Aspen Institute, 31. Juni 2013, https://archive.org/details/Leadership_in_Action_Series_-_David_Rubenstein_The_China_Model_Madeleine_Albright.

20 »A man, his horse, his mallet, his life«, *China Daily,* 26. Oktober 2011, http://www.chinadaily.com.cn/cndy/2011-10/26/content_13976808.htm.

21 John O'Sullivan, »China: Wealthy elite revives the spirit of the emperors«, *Financial Times,* 26. Mai 2012, https://www.ft.com/content/f6ace4c8-9da1-11e1-9a9e-00144feabdc0.

Leonid Wolkow
Putinland

Der imperiale Wahn, die russische Opposition und die Verblendung des Westens

Was der Westen nicht wissen wollte: die brisante Analyse des »Außenministers der russischen Opposition«

Unter Putin hat sich Russland in eine imperialistische Diktatur verwandelt, die die Werte und das Lebensmodell des Westens bedroht. Wie das passiert ist und warum Europa es bis zuletzt ignoriert hat – das analysiert Leonid Wolkow, ein enger Vertrauter des inhaftierten Dissidenten Alexei Nawalny. Anhand persönlicher Erfahrungen im Kampf gegen Korruption und Willkürherrschaft legt er die brutale imperialistische Dynamik in Putins Reich offen und zeigt, was man in Deutschland und Europa nicht wahrhaben wollte. Wer Russland, Putin und den Angriffskrieg gegen die Ukraine verstehen will, kommt an seiner brisanten Analyse nicht vorbei.

Als Wahlkampfmanager, enger Mitarbeiter und Freund Nawalnys hat Wolkow die Entstehung der russischen Diktatur hautnah miterlebt und war selbst mehrfach inhaftiert. Aus dem Exil heraus analysiert er nun, was in Deutschland und Europa aufgrund wirtschaftlicher Interessen und geopolitischer Naivität geflissentlich ignoriert wurde.

Wolkow ist politischer Direktor der von Alexei Nawalny begründeten Antikorruptionsstiftung FBK. Seit 2019 lebt er in Litauen.

> »Sein Alleinstellungsmerkmal liegt dabei in dem detaillierten Blick in die Arbeit der Opposition sowie der Analyse möglicher künftiger Szenarien. Punkte, über die noch viel zu reden sein wird – und weshalb eine Lektüre lohnt.«
>
> *DLF*